Über Zäune und Mauern

W0171555

Naomi Klein, geboren 1971 in Montreal, studierte an der Universität von Toronto, wo sie Chefredakteurin der Campus-Zeitung war. Danach arbeitete sie mehrere Jahre als Kolumnistin und Chefredakteurin. Kleins erstes Buch *No Logo!* wurde zum internationalen Bestseller. 2001 gewann sie als bisher jüngste Autorin den National Business Book Award. Heute publiziert sie ihre Artikel in zahlreichen internationalen Zeitungen und Magazinen.

Naomi Klein

ÜBER ZÄUNE UND MAUERN

Berichte von der Globalisierungsfront

Aus dem Englischen von
Heike Schlatterer und Helmut Dierlamm

Campus Verlag
Frankfurt/New York

Die kanadische Originalausgabe *Fences and Windows* erschien 2002 bei
Vintage Canada Edition. Copyright © Naomi Klein

Redaktion: Werner Wahls

Mit freundlicher Unterstützung von:

Canada Council   Conseil des Arts
for the Arts   du Canada

Bibliografische Information der Deutschen Bibliothek

Die Deutsche Bibliothek verzeichnet diese Publikation in der Deutschen National-
bibliografie. Detaillierte bibliografische Daten sind im Internet über
http://dnb.ddb.de abrufbar.

ISBN 3-593-37216-9

Besuchen Sie uns im Internet: www.campus.de

INHALT

Vorwort
Zäune der Begrenzung, Fenster der Möglichkeiten   13

I
FENSTER DES WIDERSTANDS

Seattle
Das Coming-out der Bewegung   33

Washington D.C.
Kapitalismus – die Wiedergeburt eines Begriffs   37

Was nun?
Die Bewegung gegen die globale Konzernherrschaft
muss sich nicht auf einen Zehnpunkteplan einigen,
damit sie etwas bewirkt   44

Los Angeles
Die Ehe zwischen Geld und Politik durchleuchten   60

Prag
Die Alternative zum Kapitalismus ist nicht
der Kommunismus, sondern die Dezentralisierung
der Macht   66

Toronto
Der Kampf gegen die Armut und die Gewaltfrage   69

II
DAS EINZÄUNEN DER DEMOKRATIE

DIE KOLLATERALSCHÄDEN DES FREIHANDELS

Demokratie in Ketten
Wer profitiert vom Freihandel?   77

Das panamerikanische Freihandelsabkommen
Die Politik ist sich vielleicht einig, aber auf den Straßen
der lateinamerikanischen Städte ist die Debatte
in vollem Gang   82

Zur Hölle mit dem IWF
Argentinien, der einstige Musterschüler des IWF,
fordert eine Wende in der Regierungspolitik   86

Kein Platz für Demokratie
Weil sich eine Stadt einem lukrativen Handelsvertrag
in den Weg stellt, klagt ein Unternehmen vor einem
internationalen Gericht   91

Argentinien = Rep. für IWF Politik, die in die Armut treibt.

Der Krieg gegen die Gewerkschaften
In Mexiko fordern Fabrikarbeiter, dass Nike Wort hält . . 95

Die NAFTA-Bilanz
Nach sieben Jahren ergeben die Zahlen, die die Vorteile
des Abkommens preisen, keinen Sinn 99

Hohe Zäune an der Grenze
Wenn die Barrieren für den Handel niedriger werden,
erhöhen sich die Barrieren für die Menschen 108

Die Regeln bestimmen – und brechen
Herr Premierminister, wir sind keine Globalisierungsgegner, sondern echte Internationalisten 112

DER MARKT SCHLUCKT DAS GEMEINWESEN

Gentechnisch veränderter Reis
Public Relations kann man nicht essen 123

Genetische Umweltverschmutzung
Da manipuliertes Saatgut von einem Feld zum anderen
wandert, wird es bald überhaupt nicht mehr möglich
sein, Lebensmittel mit dem Etikett »GMO-frei« zu
versehen 128

Die Opferlämmer der Maul- und Klauenseuche
Das wichtigste Ziel der Tötung von Vieh in Europa
ist die Erhaltung von Märkten, nicht der Schutz
der öffentlichen Gesundheit 132

Das Internet als Tupper-Party
Wie die Mediengiganten versuchen,
sich den Online-Tausch von Dateien anzueignen 136

Den Widerstand integrieren
Wie die Multis ihre Markenidentitäten der
Post-Seattle-Ära anpassen 140

Wirtschaftliche Apartheid in Südafrika
Nach dem Sieg im Freiheitskampf werden die
alten rassischen Trennlinien durch neue Systeme
der Ausgrenzung ersetzt 144

Giftpolitik in Ontario
Wenn Grundbedürfnisse zu Waren werden 148

Amerikas schwächste Front
Der staatliche Sektor 152

III
DAS EINZÄUNEN DER BEWEGUNG:
DIE KRIMINALISIERUNG DES PROTESTS

Grenzüberschreitende Kontrolle
Die Polizei tauscht Einschüchterungstricks aus 159

Präventivgewahrsam
Die Polizei nimmt Puppenspieler in Windsor,
Ontario, fest 163

Überwachung
Es ist einfacher, Aktivisten auszuspionieren, als offen
mit ihnen zu diskutieren   167

Angst schüren
Die Polizei lässt Demonstrationen bewusst abschreckend
wirken, wer will da noch demonstrieren?   171

Die Petition von »Citizens Caged«
Ein offener Brief an Jean Chrétien vor dem Amerika-
gipfel   175

Infiltration
Polizisten in Zivil verhaften friedlichen Organisator
beim Protest gegen die panamerikanische Freihandels-
zone   179

Willkürliches Tränengas
Giftige Dämpfe bei den FTAA-Protesten bringen
ungleiche Gruppen einander näher   183

Gewöhnung an Gewalt
Jahre der Brutalität kulminierten schließlich im Tod
des italienischen Demonstranten Carlo Giuliani   188

Drohungen
Die italienische Regierung greift nach Genua hart
durch   191

Im Spektakel gefangen
Wird das ein McMovement?   195

IV
AUS DEM TERROR KAPITAL SCHLAGEN

Die brutale Rechnung mit dem Leiden
Wenn manche Leben mehr zählen als andere 201

Die neuen Opportunisten
Die Verhandlungen über Handelsabkommen werden
nun im Geist eines heiligen Krieges geführt 211

Kamikaze-Kapitalisten
Bei den WTO-Gesprächen in Katar waren die Mitglieder
der Verhandlungsdelegationen die wahren Gläubigen . . 215

Die furchtbare Wiederkehr der großen Männer
Wenn einige wenige beschließen, überlebensgroß zu sein,
werden wir alle zertrampelt 219

Amerika ist kein Hamburger
Amerikas Versuch, seine »Markenidentität« im Ausland
zu erneuern, könnte ein schlimmerer Flop werden als
New Coke 223

V
FENSTER ZUR DEMOKRATIE

Demokratisierung der Bewegung
Beim ersten Weltsozialforum konnte keine einzelne
Agenda die Diversität fassen 233

Rebellion in Chiapas
Subcomandante Marcos und die Zapatisten inszenieren
eine Revolution, die mehr auf Worte als auf Kugeln
vertraut 249

Italiens soziale Zentren
In besetzten Lagerhäusern öffnen sich Fenster
zur Demokratie 266

Die Grenzen politischer Parteien
Der Sprung vom Protest zur Macht muss an der Basis
vorbereitet werden 270

Vom Symbol zur Substanz
Nach dem 11. September sind konkrete politische
Alternativen sowohl zum religiösen als auch zum
ökonomischen Fundamentalismus wichtiger denn je . . . 277

Danksagung 292

Quellenverzeichnis 295

Register 298

Vorwort

Zäune der Begrenzung,
Fenster der Möglichkeiten

Dies ist kein Nachfolger von *No Logo,* dem Buch über die Entstehung des konzernkritischen Aktivismus', das ich zwischen 1995 und 1999 schrieb. *No Logo* entwickelte sich aus einem Forschungsprojekt für eine Doktorarbeit. *Zäune und Fenster* besteht aus »Frontberichten« von einer »Schlacht«, die etwa zu dem Zeitpunkt losbrach, als *No Logo* erschien. Das Buch lag noch beim Drucker, als die Existenz der bis dahin weitgehend untergründigen Bewegungen, über die es berichtete, auch dem Mainstream der industrialisierten Welt bewusst wurde, was vor allem den Protesten gegen die Welthandelsorganisation (WTO) im November 1999 in Seattle zu verdanken war. Ich selbst wurde dadurch mitten in eine internationale Debatte über die dringlichste Frage unserer Zeit geworfen: Welche Werte sollen das Zeitalter der Globalisierung beherrschen?

Was als eine zweiwöchige Lesereise begonnen hatte, wurde zu einem Abenteuer, das zweieinhalb Jahre dauerte und 22 Länder umfasste. Es führte mich in die mit Tränengas vernebelten Straßen von Quebec City und Prag, auf Nachbarschaftstreffen in Buenos Aires, auf Campingreisen mit Atomkraftgegnern in der südaustralischen Wüste und in förmliche Debatten mit europäischen Staatsoberhäuptern. Nach der vierjährigen Isolation bei den Recherchen für *No Logo* war ich darauf eher schlecht vorbereitet. Obwohl ich in den Medien als eine der »Führungs-persönlichkeiten« oder »Sprecherinnen« der globalen Protest-bewegung bezeichnet wurde, war ich in Wirklichkeit noch nie politisch aktiv gewesen und hatte keine große Vorliebe für Men-schenmengen. Als ich das erste Mal eine Rede über die Globali-sierung hielt, senkte ich den Blick auf meine Notizen, begann zu lesen und blickte erst nach anderthalb Stunden wieder auf.

Doch es war nicht die richtige Zeit, um schüchtern zu sein. Jeden Monat fanden neue Demonstrationen mit Zigtausenden, ja Hunderttausenden von Teilnehmern statt, darunter viele Menschen wie ich, die zuvor nie geglaubt hatten, dass sich wirk-lich politische Veränderungen erreichen ließen. Anscheinend waren die Mängel des herrschenden wirtschaftlichen Modells plötzlich nicht mehr zu übersehen – und das war vor der Enron-Pleite zu Beginn des Jahres 2002. Weil die Regierungen rund um den Erdball glaubten, die Bedürfnisse internationaler Investo-ren erfüllen zu müssen, versäumten sie es, an die Bedürfnisse ihrer Wähler zu denken. Einige dieser nicht erfüllten Bedürf-nisse waren grundlegend – es fehlte an Wohnungen, Ackerland, Wasser oder Medikamenten –, andere waren weniger greifbar, so zum Beispiel das Bedürfnis nach nicht kommerzialisierten kulturellen Räumen, in denen man kommunizieren, sich ver-sammeln und Erfahrungen miteinander teilen konnte, sei es im Internet, in Radio und Fernsehen oder auf der Straße. Dem allem lag das fundamentale Bedürfnis nach Demokratien zugrunde, die auf die Anliegen ihrer Wähler reagieren und par-tizipatorisch sind und nicht von Enron oder dem Internationa-len Währungsfonds (IWF) gekauft und bezahlt wurden.

Die Krise kannte keine nationalen Grenzen. Eine boomende Global Economy auf der Jagd nach kurzfristigen Profiten erwies sich als unfähig, auf die zunehmenden ökologischen und menschlichen Probleme zu reagieren; als unfähig, sich von fossilen Brennstoffen auf nachhaltige Energiequellen umzustellen; als unfähig, trotz aller Versprechen und allem Händeringen die notwendigen Ressourcen für eine wirksame Bekämpfung der Aids-Epidemie in Afrika bereitzustellen; als nicht willens, internationale Vereinbarungen zur Bekämpfung des Hungers einzuhalten oder sich wenigstens in Europa um grundlegende Mängel in der Nahrungsmittelversorgung zu kümmern. Es ist schwer zu sagen, warum die Protestbewegung ausgerechnet um 1999 explodierte, obwohl die meisten der genannten sozialen und ökologischen Probleme schon seit Jahrzehnten chronisch waren, aber eine Teilursache ist gewiss in der Globalisierung selbst zu sehen. Wenn früher die Schulen finanziell schlecht ausgestattet oder die Gewässer verschmutzt waren, führte man das auf die schlechte Finanzpolitik oder blanke Korruption der Regierung des betroffenen Nationalstaats zurück. Heute dagegen werden solche Probleme dank eines regen grenzüberschreitenden Informationsaustauschs als lokale Auswirkungen einer ganz bestimmten weltweit wirksamen Ideologie erkannt, einer Ideologie, die von einzelstaatlichen Politikern durchgesetzt, aber im Wesentlichen von einer Hand voll Großkonzerne und internationaler Institutionen wie der Welthandelsorganisation, dem Internationalen Währungsfonds und der Weltbank entwickelt wurde.

Es ist paradox, dass die Medien unserer Protestbewegung ausgerechnet das Etikett »Antiglobalisierung« aufgedrückt haben, denn für uns ist die Globalisierung vermutlich mehr gelebte Realität als für die Manager der multinationalsten Konzerne oder die ruhelosesten Jetsetter. Bei Zusammenkünften wie dem Weltsozialforum in Pôrto Alegre, bei den »Gegengipfeln« während der Konferenzen der Weltbank und in Kommunikationsnetzen wie www.tao.ca oder www.indymedia.org beschränkt sich die Globalisierung nicht auf eine kleine Anzahl von Handelsgeschäften und touristischen Unternehmungen. Vielmehr ist sie ein komplizierter Prozess, bei dem Tausende ihre Schicksale zueinander in Bezug setzen, indem sie einfach Ideen austauschen und davon erzählen, welche Auswirkungen abstrakte wirtschaftswissenschaftliche Theorien auf ihr tägliches Leben haben. Diese Bewegung hat keine Führer im traditionellen Sinne, sondern besteht nur aus Menschen, die gewillt sind zu lernen und das Gelernte weiterzugeben.

Wie andere, die sich in diesem globalen Netzwerk wieder fanden, hatte auch ich zunächst die Auswirkungen des neoliberalen Wirtschaftssystems nicht völlig verstanden; noch am ehesten wusste ich, wie es sich auf junge Leute in Nordamerika und Europa auswirkte, die mit Unterbeschäftigung und übermäßigem Marketing konfrontiert waren. Indes wurde auch ich wie so viele andere durch die Bewegung globalisiert: Ich machte einen Schnellkurs über die Auswirkungen der neoliberalen Marktbesessenheit auf die landlosen Bauern in Brasilien, auf die Lehrer in Argentinien, auf die Angestellten von Fastfood-Restaurants in Italien, auf die Kaffeepflanzer in Mexiko, auf die Bewohner von Barackensiedlungen in Südafrika, auf die Beschäftigten von Telemarketing-Unternehmen in Frankreich, auf die Wanderarbeiter, die in Florida Tomaten pflücken, auf die Gewerkschafter auf den Philippinen und auf die obdachlosen Kinder in Toronto, der Stadt, in der ich lebe.

Die vorliegende Sammlung ist das Protokoll dieses Lernprozesses. Sie ist ein kleiner Teil eines gewaltigen basisdemokratischen Informationsaustauschs, der eine Unzahl von Menschen, die keine studierten Wirtschaftswissenschaftler, internationale Handelsjuristen oder Patentexperten sind, ermutigt hat, an der

Debatte über die Zukunft der Weltwirtschaft teilzunehmen. Die hier gesammelten Kolumnen, Essays und Reden sind für *Globe and Mail*, den *Guardian*, die *Los Angeles Times* und viele andere Publikationen geschrieben worden. Sie wurden nach Protestaktionen in Washington und Mexico City spät in der Nacht in irgendeinem Hotelzimmer hastig in den Computer getippt, oder sie entstanden in unabhängigen Medienzentren oder auf den viel zu vielen Flügen. (Ich habe inzwischen meinen zweiten Laptop, seit in einer überfüllten Air-Canada-Maschine der Mann vor mir seine Sitzlehne zurückstellte und ein schrecklich knirschendes Geräusch ertönte.) Die vorliegenden Texte enthalten sowohl die schärfsten Argumente und Fakten, die ich in Diskussionen mit neoliberalen Wirtschaftswissenschaftlern finden konnte, als auch die bewegendsten Erlebnisse, die ich auf den Straßen mit anderen Aktivisten hatte. Manche Artikel entsprangen dem Versuch, hastig Informationen zu verarbeiten, die ich erst Stunden zuvor per E-Mail erhalten hatte, oder sind Reaktionen auf eine der vielen Desinformationskampagnen über das Wesen und die Ziele der Protestaktionen. Einige Texte, insbesondere die Reden, werden in diesem Buch erstmals veröffentlicht.

Warum es sich lohnt, diese verstreuten Schriften in einem Buch zu sammeln? Zum Teil, weil sich einige Monate nach dem Beginn von George Bushs »Krieg gegen den Terrorismus« die Erkenntnis durchsetzte, dass etwas zu Ende war. Einige Politiker (vor allem solche, die von der Protestbewegung besonders hart kritisiert werden) beeilten sich zu erklären, dass die Bewegung selbst am Ende sei. Ihre Kritik an den Mängeln der Globalisierung sei frivol gewesen und habe sogar »dem Feind« Argumente geliefert. Tatsächlich haben die Militäreinsätze und die zunehmende staatliche Unterdrückung im Lauf des letzten Jahres in Rom, London, Barcelona und Buenos Aires Demonstrationen ausgelöst, die größer waren als je zuvor. Außerdem haben viele Aktivisten, die bisher nur gegen internationale Gipfel protestiert oder symbolischen Protest angemeldet hatten, auf die negative Entwicklung mit konkreten Aktionen zur Deeskalation der Gewalt reagiert. So dienten sie beispielsweise während der Belagerung der Geburtskirche in Bethlehem als »menschliche Schutzschilde«, oder sie versuchten, in Europa und Australien die Abschiebung von Flüchtlingen zu verhindern. Während die Bewegung dieses hochinteressante neue Stadium erreichte, wurde mir bewusst, dass ich Zeugin von etwas ganz Besonderem geworden war, nämlich von dem aufregenden Moment, in dem der »Mob« aus der realen Welt in den exklusiven Expertenklub einbrach, der über unser aller Schicksal bestimmt. Ich berichte also nicht von einem Ende, sondern von einem Anfang – von einer Periode, die in Nordamerika mit den ausgelassenen Protesten in Seattle beginnt und durch die unvorstellbare Zerstörung am 11. September in ein neues Kapitel ihrer Geschichte katapultiert worden ist.

Noch etwas anderes motivierte mich, diese Texte als Buch herauszubringen. Vor einigen Monaten stieß ich, als ich auf der Suche nach einer verlorenen Statistik meine Zeitungsausschnitte durchblätterte, auf eine Reihe sich wiederholender Themen und Bilder. Das erste Bild war der Zaun. Sie tauchten immer wieder auf, die Barrieren, die Menschen von ehemals öffentlichen Ressourcen trennten, ihnen den Zugang zu dringend benötigtem Land und Wasser versperrten, ihre Möglichkeiten zur Überquerung von Grenzen einschränkten, sie am Artikulieren politischer Kritik hinderten, ihnen das Demonstrieren auf öffentlichen Straßen unmöglich machten und sogar Politiker dran hinderten, im Interesse ihrer Wähler Politik zu machen.

Einige dieser Zäune sind kaum zu erkennen, aber sie existieren trotzdem: Ein unsichtbarer Zaun legt sich um die Schulen in Sambia, wenn die Regierung auf Anraten der Weltbank eine »Nutzungsgebühr« erhebt, die Millionen Menschen vom Schulbesuch ausschließt. Ein Zaun legt sich um den bäuerlichen Familienbetrieb in Kanada, wenn die Politik der Regierung die Landwirtschaft im kleinen Maßstab zu einem Luxus macht, den sich in einer Welt der fallenden Rohstoffpreise und Agrarfabriken niemand mehr leisten kann. Ein ganz realer, aber ebenfalls unsichtbarer Zaun schiebt sich zwischen die Bewohner von Soweto in Südafrika und sauberes Wasser, wenn die Wasserpreise wegen der Privatisierung der Wasserversorgung explodieren und Bewohner des Townships gezwungen sind, schmutziges Wasser zu verwenden. Und es legt sich ein Zaun um den demokratischen Gedanken selbst, wenn der Internationale Währungsfonds der argentinischen Regierung mitteilt, dass sie keinen neuen Kredit erhält, wenn sie nicht die Sozialausgaben weiter kürzt, weitere Ressourcen privatisiert und die Unterstützung ihrer heimischen Industrie einstellt, und all das mitten in einer Wirtschaftskrise, die durch solche Maßnahmen nur noch weiter verschärft wird. Diese Zäune sind natürlich genauso alt wie der Kolonialismus. »Diese Art von Wucher brachte freie Nationen hinter Gitter« schreibt Eduardo Galeano in *Die offenen Adern Lateinamerikas*. Er bezieht sich auf die Bedingungen für einen Kredit, den die Briten 1824 an Argentinien vergaben.

Zäune sind schon immer ein notwendiger Bestandteil des Kapitalismus gewesen, der einzige Weg, um Eigentum vor möglichen Räubern zu schützen, doch die doppelte Moral, mit der sie errichtet werden, ist in letzter Zeit immer unübersehbarer geworden. Die Enteignung von Konzernbesitz dürfte für die internationalen Finanzmärkte so ziemlich die größte Sünde sein, die eine sozialistische Regierung begehen kann (Hugo Chávez in Venezuela und Fidel Castro auf Kuba können ein Lied davon singen). Doch der Schutz, der in den Freihandelsabkommen dem Vermögen von Konzernen gewährt wird, erstreckt sich nicht auf das Vermögen der argentinischen Bürger, die ihre Lebensersparnisse auf den Konten der Citybank, der Scotiabank und der HSBC deponierten und nun erfahren müssen, dass sich ihr Geld größtenteils in Luft aufgelöst hat. Noch erstreckte sich die Ehrfurcht der Finanzmärkte vor dem Privateigentum auf die Beschäftigten von Enron, die feststellen mussten, dass sie von ihren privaten Wertpapierbeständen »ausgesperrt« worden waren und diese nicht verkaufen konnten, obwohl die Topmanager des Konzerns genau dies fieberhaft taten.

Zugleich befinden sich einige sehr notwendige Zäune in großer Gefahr: Im Rahmen des Privatisierungsbooms sind die Barrieren, die früher den öffentlichen und den privaten Raum fast gänzlich voneinander trennten, fast alle niedergerissen worden – etwa die Barrieren, die früher die Werbung aus der Schule und profitorientierte Unternehmen aus dem Gesundheitswesen fern hielten, oder die Barrieren, denen es zu verdanken war, dass Fernsehsender nicht zu bloßen PR-Anstalten für die Firmen ihrer Besitzer verkamen. Alle geschützten öffentlichen Räume sind aufgebrochen worden, nur um vom Markt wieder eingezäunt zu werden.

Ein weiterer Zaun, der im öffentlichen Interesse liegt, aber schwer bedroht ist, ist die Trennlinie zwischen genetisch modifizierten und noch unveränderten Feldfrüchten. Die Giganten des Samenhandels haben beim Schutz der Umwelt vor ihren manipulierten Pflanzen so schlechte Arbeit geleistet, dass deren Samen auf benachbarte Felder geweht wurden, dort Wurzeln schlugen und andere Pflanzen befruchteten, sodass in vielen Teilen der Welt nicht einmal mehr die Möglichkeit besteht, gentechnisch nicht manipulierte Nahrung zu essen – weil bereits die gesamte Nahrungsmittelversorgung kontaminiert ist. Es sieht so aus, als ob die Zäune, die im öffentlichen Interesse liegen, zunehmend verschwinden, während diejenigen, die unsere Freiheit beschneiden, sich rapide vermehren.

Als ich zum ersten Mal bemerkte, dass das Bild des Zauns in vielen Diskussionen und in meinen eigenen Texten immer wieder auftauchte, kam mir das bedeutsam vor. Schließlich wurde die wirtschaftliche Integration des vergangenen Jahrzehnts mit den Verheißungen von niedergerissenen Barrieren, gesteigerter Mobilität und größerer Freiheit vorangetrieben. Und doch sind wir 13 Jahre nach dem gefeierten Zusammenbruch der Berliner Mauer doch wieder von Zäunen umgeben, die uns abschneiden – voneinander, von der Erde und von unserer eigenen Fähigkeit, uns vorzustellen, dass Veränderungen möglich sind. Der wirtschaftliche Prozess, der sich unter dem Euphemismus »Globalisierung« vollzieht, erfasst inzwischen alle Aspekte des Lebens und macht sämtliche Aktivitäten und alle natürlichen Ressourcen zu Waren, die einen Preis haben und Eigentum sind. Wie der in Hongkong ansässige gewerkschaftliche Experte Gerard Greenfield nachweist, geht es im gegenwärtigen Stadium des Kapitalismus nicht mehr nur um Handel in dem traditionellen Sinne, dass mehr Waren jenseits der Grenzen verkauft werden. Es geht auch darum, den unstillbaren Wachstumsbedarf des Marktes dadurch zu befriedigen, dass ganze Bereiche nun als »Produkte« definiert werden, die früher als »Allgemeinbesitz« galten und nicht in den Handel kamen. Die Invasion des Privaten in das Öffentliche hat schon seit längerer Zeit Bereiche wie das Gesundheits- und Bildungswesen erreicht. Inzwischen jedoch werden auch Ideen, Gene oder Samen gekauft, patentiert und eingezäunt, und dasselbe gilt auch für die traditionellen Heilmittel von Ureinwohnern, es gilt für Pflanzen, für Wasser und sogar für menschliche Stammzellen. Da die USA inzwischen mehr am Export von Urheberrechten verdienen als an irgendeinem anderen Produkt (einschließlich Industriegüter oder Waffen), darf man die Funktion des internationalen Handelsrechts nicht mehr darin sehen, dass es bestimmte Handelsbarrieren beseitigt, sondern vor allem darin, dass es ständig neue Barrieren produziert, die der Allgemeinheit den Zugang zu Wissen, Technologien und frisch privatisierten Ressourcen versperren. Es sind diese handelsbezogenen Rechte an geistigem Eigentum, die Bauern daran hindern, von Monsanto patentiertes Saatgut wieder auszusäen, und es armen Ländern verbieten, patentierte Medikamente billiger herzustellen, damit sie ihre kranke Bevölkerung damit versorgen können.

Die Globalisierung steht heute auf dem Prüfstand, weil sich auf der anderen Seite all dieser virtuellen Zäune reale Menschen befinden, die aus Schulen, Krankenhäusern und Arbeitsstätten sowie aus ihren eigenen Bauernhöfen, Häusern und Gemeinden ausgeschlossen werden. Die massive Privatisierung und Deregulierung hat Armeen von ausgeschlossenen Menschen hervorgebracht, deren Dienste nicht mehr benötigt werden, deren Lebensstil als »rückständig« abgeschrieben wird und deren Grundbedürfnisse nicht mehr erfüllt werden. Diese Zäune der sozialen Ausgrenzung können ganze Industrien treffen, und sie können auch ein ganzes Land ins Abseits stellen, wie es mit Argentinien geschehen ist. Wie man an Afrika sieht, kann sogar ein ganzer Kontinent in das globale Schattenreich verbannt werden, von der Karte und aus den Nachrichten gestrichen, es sei denn, es herrscht Krieg und seine Bewohner werden als potenzielle Mitglieder von Milizen, als mögliche Terroristen oder als antiamerikanische Fanatiker verdächtigt.

Tatsächlich greifen von den Menschen, die durch die Globalisierung ausgegrenzt werden, erstaunlich wenige zur Gewalt. Die meisten ziehen einfach vom Land in die Stadt und von einem Staat in den anderen. Und dabei werden sie dann mit gänzlich unvirtuellen Zäunen konfrontiert, mit Zäunen aus Maschendraht und Natodraht, betonverstärkt und von Maschinengewehren bewacht. Wann immer ich den Begriff »Freihandel« höre, fallen mir unwillkürlich die eingezäunten Fabriken ein, die ich auf den Philippinen und in Indonesien besucht habe. Die Tore der Fabrikareale sind von Wachtürmen und Soldaten bewacht, damit die hoch subventionierten Produkte drinnen und die Gewerkschafter draußen bleiben. Auch an eine kürzlich unternommene Reise in die australische Wüste muss ich denken, wo ich das berüchtigte Abschiebelager von Woomera besuchte. Woomera ist ein ehemaliger Militärstützpunkt, der in einen privatisierten Flüchtlingspferch verwandelt wurde und einer Tochterfirma des amerikanischen Sicherheitsunternehmens Wackenhut gehört. In Woomera werden Hunderte von afghanischen und pakistanischen Flüchtlingen gefangen gehalten. Sie sind vor Diktatur und Unterdrückung in ihren Heimatländern geflohen und wollen so verzweifelt, dass die Welt erfährt, was sich hinter dem Zaun des Abschiebelagers abspielt, dass sie Hungerstreiks veranstalten, von den Dächern ihrer Baracken springen, Haarwaschmittel trinken und sich den Mund zunähen.

Zurzeit sind die Zeitungen voll mit grausigen Geschichten über Asylsuchende, die versuchen, über die Grenze zu kommen und sich zwischen Produkten verstecken, die mehr Bewegungsfreiheit haben, als sie selbst. Im Dezember 2001 wurden die Lei-

chen von acht rumänischen Flüchtlingen, darunter zwei Kinder,
in einem Schiffscontainer mit Büromöbeln entdeckt; die Flücht-
linge waren während der langen Seereise erstickt. Im selben
Jahr wurden in Eau Claire, Wisconsin, die Leichen zweier
Flüchtlinge in einer Ladung Badezimmerinventar aufgefunden.
Ein Jahr zuvor erstickten 54 Flüchtlinge aus der chinesischen
Provinz Fujian im Laderaum eines Lastwagens in der engli-
schen Stadt Dover.

All diese Zäune sind miteinander verbunden: Die realen
Zäune aus Stahl und Natodraht werden zur Verstärkung der
virtuellen Zäune gebraucht, die so viele Menschen von ihren
Ressourcen und ihrem Wohlstand trennen. Es ist schlichtweg
unmöglich, so viel von unserem kollektiven Reichtum wegzu-
schließen, ohne dass man über eine Strategie zur Kontrolle der
Opfer und ihrer Mobilität verfügt. Sicherheitsfirmen machen
ihr größtes Geschäft in den Städten, wo die Kluft zwischen
Arm und Reich am größten ist – Johannesburg, São Paulo, Neu-
Delhi. Sie verkaufen gepanzerte Autos und raffinierte Alarm-
systeme und vermieten Heerscharen von privaten Wachleuten.
Die Brasilianer geben beispielsweise 4,5 Milliarden US-Dollar
pro Jahr für private Sicherheitsdienste aus, und diese sind mit
400 000 Wachleuten fast viermal so stark wie die staatliche Polizei. Im zutiefst gespaltenen Südafrika haben die jährlichen Ausgaben für private Sicherheit 1,6 Milliarden Dollar erreicht, mehr
als dreimal so viel, wie die Regierung jährlich für sozialen Wohnungsbau ausgibt. Inzwischen hat es den Anschein, als seien die
umzäunten Wohnbezirke, die die Besitzenden von den Habe-
nichtsen trennen, der Mikrokosmos eines in schnellem Wachstum begriffenen globalen Sicherheitsstaats – nicht das globale
Dorf mit seinen geschleiften Mauern und niedergerissenen Barrieren, das man uns versprochen hat, sondern ein Netz von

Festungen die durch stark militarisierte Handelskorridore miteinander verbunden sind.

Wenn uns dieses Bild extrem erscheint, dann wahrscheinlich nur, weil wir im Westen die Zäune und die Maschinengewehre fast nie zu Gesicht bekommen. Die schwer bewachten Fabriken und Abschiebelager liegen gut versteckt an abgelegenen Orten, damit sie die verführerische Rhetorik von einer grenzenlosen Welt, nicht allzu direkt Lügen strafen. Einige Zäune sind in den letzten Jahren jedoch ins Blickfeld gerückt. Oft geschah dies angemessenerweise während der Gipfelkonferenzen, auf denen das brutale Modell der Globalisierung vorangetrieben wird. Inzwischen ist es eine Selbstverständlichkeit geworden, dass die führenden Politiker der Welt, wenn sie sich versammeln und über ein neues Handelsabkommen diskutieren wollen, durch eine moderne Festung mit Panzerwagen, Tränengas, Wasserwerfern und scharfen Hunden vor dem Volkszorn geschützt werden müssen. Als Quebec City im April 2001 den Amerikagipfel beherbergte, traf die kanadische Regierung die beispiellose Maßnahme, nicht nur um das Konferenzzentrum, sondern um den ganzen Stadtkern einen Käfig zu bauen, sodass die Anwohner nur noch mit Ausweis in ihre Wohnungen und zu ihren Arbeitsplätzen gelangen konnten. Eine andere beliebte Strategie besteht darin, die Konferenzen an unzugänglichen Orten abzuhalten: Der G-8-Gipfel von 2002 fand tief in den kanadischen Rocky Mountains statt, und die WTO-Konferenz 2001 wurde in den autoritären Golfstaat Katar gelegt, dessen Emir politische Demonstrationen ohnehin verbietet. Der »Krieg gegen den Terrorismus« hat sich zu einem weiteren Zaun entwickelt, hinter dem sich die Organisatoren verstecken können, indem sie erklären, dass öffentliche Missfallenskundgebungen in diesen schlimmen Zeiten nicht möglich seien, oder, schlimmer noch, bedrohliche Parallelen zwischen legitimem Protest und menschenfeindlichem Terror ziehen.

Was in den Medien als bedrohliche Konfrontationen dargestellt wird, sind in Wahrheit jedoch oft vergnügte Ereignisse, auf denen nicht nur Kritik an existierenden Gesellschaftsmodellen geübt, sondern auch lustvoll mit Alternativen experimentiert wird. Als ich das erste Mal an einem dieser Gegengipfel teilnahm, hatte ich das sichere Gefühl, es würde sich eine Art politisches Tor öffnen – eine Einfahrt, ein Fenster, »ein Riss in der Geschichte«, um Subcomandante Marcos' schöne Wendung zu gebrauchen. Diese Öffnung hatte nur wenig mit der zerbrochenen Scheibe beim lokalen McDonald's-Restaurant zu tun, die die Fernsehreporter magisch anzog. Es war etwas anderes: ein Gefühl neuer Möglichkeiten, ein Stoß frische Luft, Sauerstoff für das Gehirn. Bei diesen Protestveranstaltungen, die eigentlich aus wochenlangen intensiven Unterrichtsmarathons über Weltpolitik, aus nächtlichen Strategiesitzungen mit sechsfacher Simultanübersetzung und aus Musik- und Straßentheaterfestivals bestehen, hat man das Gefühl, sich in einem Paralleluniversum zu befinden. Über Nacht verwandelt sich der Veranstaltungsort in eine Art alternative globale Stadt, wo Engagement an die Stelle von Resignation tritt, wo die logo-geschmückten Stützpunkte der Konzerne bewaffnete Wächter benötigen, wo Autos einfach besetzt werden, wo überall Kunst ist, wo Fremde miteinander reden und wo die Vorstellung von einem radikalen politischen Kurswechsel nicht mehr wirkt wie eine seltsame und anachronistische Idee, sondern wie der logischste Gedanke der Welt.

Selbst die strengen Sicherheitsmaßnahmen werden von den Aktivisten für ihre Botschaft genutzt: Die Zäune, die die Gipfelkonferenzen umschließen, werden zu Metaphern für ein Wirt schaftsmodell, das Milliarden an den Rand und in die Armut drängt. An den Zäunen kommt es zu Konfrontationen, aber nicht nur zu solchen mit Knüppeln und Pflastersteinen: Tränengaskanister werden mit Hockeyschlägern zurückgeschlagen, Wasserwerfer respektlos mit Wasserpistolen angegriffen und heranschwirrende Hubschrauber mit Schwärmen von Papierflugzeugen begrüßt. Beim Amerikagipfel in Quebec City baute eine Gruppe von Demonstranten ein mittelalterliches Katapult aus Holz, rollte es an den drei Meter hohen Zaun heran, der das Stadtzentrum umschloss, und schoss Teddybären hinüber. Bei einer Konferenz der Weltbank und des Internationalen Währungsfonds in Prag traten die italienischen Tutte Bianches der schwarz gekleideten Bereitschaftspolizei nicht mit ähnlich martialisch wirkenden Skimasken und Stirnbändern entgegen, sondern marschierten in weißen Overalls, die mit Autoreifen und Styropor gepolstert waren, auf die Polizeireihen zu. In der Auseinandersetzung zwischen Darth Vaders und Michelin-Männchen konnte die Polizei nicht gewinnen. Unterdessen wurde der steile Hang, der zum Konferenzzentrum hinaufführte, von einer Gruppe »Pink Fairies« erstiegen. Sie trugen possenhafte silberne und rosa Perücken, Abendkleider und Plattformschuhe. Solche Aktivisten nehmen ihr Anliegen, die bestehende Wirtschaftsordnung zu stören, sehr ernst, aber sie vermeiden konsequent, sich in klassische Machtkämpfe zu verstricken. Ihr Ziel, das ich in den letzten Texten dieses Buches untersuche, besteht nicht darin, für sich selbst Macht zu erwerben, sondern die Zentralisierung von Macht prinzipiell in Frage zu stellen.

Auch andere Arten von Fenstern öffnen sich. Ganz unauffällig werden privatisierte Räume und Werte für die Allgemeinheit zurückerobert: Schüler verbannen die Werbung aus ihren Klassenzimmern, sie tauschen im Internet Musik oder gründen unabhängige Medienzentren mit frei verfügbarer Software. Thailändische Bauern bauen auf hervorragend bewässerten Golfplätzen biologisches Gemüse an. Landlose Bauern in Brasilien reißen Zäune nieder und gründen landwirtschaftliche Kooperativen auf dem ungenutzten Land. Bolivianische Arbeiter machen die Privatisierung ihrer Wasserversorgung rückgängig, und die Bewohner südafrikanischer Townships schließen mit der Parole »Power to the People« ihre Nachbarn wieder ans Stromnetz an. Und wenn diese Räume erst zurückerobert sind, werden sie auch neu gestaltet. In Nachbarschaftsversammlungen, in Stadträten, in unabhängigen Medienzentren, in gemeinschaftlich bewirtschafteten Wäldern und Farmen entsteht eine neue lebendige Kultur direkter Demokratie, die vom Engagement ihrer Teilnehmer lebt und nicht in dumpfe, resignierte Passivität versinkt.

Trotz aller Privatisierungsversuche stellt sich bei manchen Dingen heraus, dass sie einfach nicht Privateigentum sein wollen. Musik, Wasser, Saatgut, Elektrizität, Gedanken – sie brechen immer wieder aus den Gehegen aus, die um sie errichtet werden. Sie haben eine natürliche Abneigung gegen Käfige, eine Tendenz abzuhauen, sich gegenseitig zu befruchten, durch Zäune zu fließen und durch offene Fenster zu fliehen.

Während ich dies niederschreibe, ist noch nicht klar, was aus diesen befreiten Räumen wird und ob das, was entsteht, stabil genug ist, um den immer härteren Angriffen von Polizei und Militär zu widerstehen. Denn die Trennlinien zwischen Terrorismus und Protest werden absichtlich verwischt. Die Frage, was als Nächstes geschieht, beschäftigt mich sehr, genau wie alle anderen auch, die sich dieser internationalen Bewegung verbunden fühlen. Trotzdem ist dieses Buch nicht der Versuch, diese Frage zu beantworten. Es bietet lediglich einen Einblick in das frühe Leben einer Bewegung, die in Seattle explodierte und sich durch die Ereignisse am 11. September und ihre Folgen weiterentwickelt hat. Ich habe die Artikel in diesem Buch nicht umgeschrieben, abgesehen von einigen, meistens durch eckige Klammern markierten, kleinen Veränderungen, die in der Regel einen Zusammenhang erklären oder eine Argumentation ausbauen. Die Texte werden (in mehr oder weniger chronologischer Ordnung) als das präsentiert, was sie sind: Postkarten von dramatischen Ereignissen, ein Bericht über das erste Kapitel einer sehr alten, immer wiederkehrenden Geschichte: Sie handelt von Menschen, die sich gegen die Barrieren auflehnen, die sie im Zaum halten sollen, und die Fenster aufreißen und in tiefen Zügen den Geschmack der Freiheit atmen.

I

FENSTER DES WIDERSTANDS

Aktivisten reißen
die ersten Zäune nieder – auf den Straßen
und in ihren Köpfen

SEATTLE

Das Coming-out der Bewegung

Dezember 1999

»Wer sind diese Leute?« Das ist die Frage, die in dieser Woche überall in den Vereinigten Staaten gestellt wird, bei den Hörersprechstunden im Radio, in den Leitartikeln der Zeitungen und vor allem in den Korridoren beim Treffen der WTO in Seattle.

Noch vor sehr kurzer Zeit waren Verhandlungen über internationale Handelsverträge eine vornehme Veranstaltung nur für Experten. Es standen keine Demonstranten vor der Tür und schon gar nicht Demonstranten, die als riesige Meeresschildkröten verkleidet waren. Diese Woche jedoch ist die WTO-Konferenz alles andere als vornehm: In Seattle ist der Notstand ausgerufen worden, die Straßen sehen aus wie ein Kriegsschauplatz und die Verhandlungen sind zusammengebrochen.

Es sind eine Menge Theorien über die geheimnisvolle Identität der 50000 Aktivisten von Seattle im Umlauf. Einige behaupten, sie seien Möchtegern-Radikale mit einer nostalgischen Sehnsucht nach den sechziger Jahren. Oder Anarchisten, die es nur auf Zerstörung abgesehen hätten. Oder Maschinenstürmer, die gegen die Globalisierungswelle ankämpften, die sie bereits überschwemmt habe. Michael Moore, der Generaldirektor der WTO, beschreibt seine Gegner als egoistische Protektionisten, die den Armen auf der Welt schaden wollten.

Es ist verständlich, dass über die politischen Ziele der Demonstranten eine gewisse Verwirrung herrscht. Es handelt sich um die erste politische Bewegung, die in den chaotischen Pfaden des Internets geboren ist. In ihren Rängen gibt es keine Hierarchie, die den großen Gesamtplan erklären könnte, keine allgemein anerkannten Führer, die einfache Erklärungen liefern, und keiner weiß, was als Nächstes passieren wird.

Eines ist jedoch sicher: Die Demonstranten in Seattle sind nicht globalisierungsfeindlich, sie sind genauso sicher vom Globalisierungsvirus infiziert wie die Handelsjuristen in der offiziellen Konferenz. Wenn diese neue Bewegung überhaupt »feindlich« ist, dann ist sie konzernfeindlich. Sie findet es nicht logisch, dass alles, was gut für das Geschäft ist – weniger Vorschriften, mehr Mobilität, mehr Marktzugang – per Trickle-Down-Effekt irgendwann einmal auch der Allgemeinheit etwas nützen soll.

Die Wurzeln der Bewegung liegen in Protestkampagnen, die diese Logik in Frage stellen, indem sie das erbärmliche Verhalten einer Hand voll multinationaler Konzerne in den Bereichen Menschenrechte, Arbeitsbedingungen und Umweltschutz anprangern. Viele junge Leute, die sich in dieser Woche auf den Straßen von Seattle tummeln, haben sich ihre ersten Sporen als Aktivisten in den Kampagnen gegen die Hungerlöhne und miserablen Arbeitsbedingungen in den Sweatshops von Nike, gegen die Menschenrechtsverletzungen von Royal Dutch/Shell im Nigerdelta oder gegen die gentechnische Manipulation der Welternährungsversorgung durch Monsanto verdient. In den letzten drei Jahren sind diese drei Konzerne zu Symbolen für die Mängel der globalisierten Wirtschaft geworden. Sie sind letztlich die logo-geschmückten Portale, die die Aktivisten auf die vornehme Welt der WTO aufmerksam machten.

Da sich das Netz von Aktivisten auf Weltkonzerne und ihre Wirkung rund um den Erdball konzentrierte, entwickelte es sich rasch zu einer Bewegung, die internationaler orientiert und globaler vernetzt ist, als jede andere Bewegung zuvor. Es gibt keine gesichtslosen mexikanischen Arbeiter oder chinesischen Arbeiter mehr, die »uns unsere« Arbeitsplätze wegnehmen, zum Teil, weil die Vertreter dieser Arbeiter inzwischen auf denselben E-Mail-Listen stehen und an denselben Konferenzen teilnehmen wie die Aktivisten im Westen und weil viele in dieser Woche sogar nach Seattle gereist sind und an den Demonstrationen teilnehmen. Wenn die Demonstranten die Übel der Globalisierung anprangern, dann rufen die meisten nicht nach einer Rückkehr zu dem engen Nationalismus der Vergangenheit, sondern eher nach einer Erweiterung der Grenzen der Globalisierung, nach einer Verbindung des Handelsrechts mit Arbeitsrecht, Umweltschutz und Demokratie.

Folgendes unterscheidet die jungen Demonstranten in Seattle von ihren Vorgängern in den sechziger Jahren: Im Zeitalter von Woodstock galt allein schon die Weigerung, nach den Regeln von Staat und Schule zu spielen, als politischer Akt. Heutzutage sind die Gegner der WTO – selbst wenn sie sich selbst als Anarchisten bezeichnen – empört darüber, dass die Konzerne *zu wenig* Regeln unterworfen werden, und sie sind entsetzt, wie unverhohlen bei der Anwendung bestehender Regeln in armen und reichen Ländern mit zweierlei Maß gemessen wird.

Sie kamen nach Seattle, weil sie herausfanden, dass Tribunale der WTO Umweltgesetze zum Schutz bedrohter Arten für nichtig erklärten, weil sie angeblich unfaire Handelshindernisse darstellten. Oder sie hatten erfahren, dass die WTO die französische Entscheidung, hormonverseuchtes Rindfleisch zu verbieten, als inakzeptablen Eingriff in die Freiheit des Marktes betrachtete. Was in Seattle auf dem Prüfstand steht, ist nicht der Handel oder die Globalisierung, sondern der weltweite Angriff auf das Recht von Staatsbürgern, Regeln aufzustellen, die dem Schutz der Menschen und des Planeten dienen.

Alle behaupten natürlich, ganz entschieden für Regeln zu sein, von US-Präsident Clinton bis zu Microsoft-Chef Bill Gates. Durch eine seltsame Wendung der Ereignisse ist die Notwendigkeit eines »auf Regeln gestützten Handels« in einer Ära der Deregulierung zum Mantra der Entscheidungsträger geworden. Doch die WTO hat schon immer versucht, den Handel von allem und allen getrennt zu halten, auf die er Einfluss hat: von den Arbeitern, der Umwelt, der Kultur. Deshalb ist Clintons gestern geäußerte Vermutung so verfehlt, dass sich die Kluft zwischen den Demonstranten und den WTO-Delegierten durch ein paar kleine Kompromisse überbrücken ließe.

Die Frontlinie verläuft nicht zwischen Globalisierern und Protektionisten, sondern zwischen zwei radikal unterschiedlichen Vorstellungen von Globalisierung. Die eine hatte in den letzten zehn Jahren das Monopol. Die andere hatte gerade erst ihre Coming-out-Party.

WASHINGTON D. C.

Kapitalismus – die Wiedergeburt eines Begriffs

April 2000

Vorher · Mein Freund Mez steigt am Samstag in einen Bus nach Washington D. C. Ich frage ihn, warum. Er sagt mit großer Leidenschaft: »Also weißt du, ich habe Seattle verpasst. Keine Chance, dass ich Washington verpasse.«

Ich hatte schon zuvor Leute mit ähnlich ungehemmter Sehnsucht von einem Ereignis sprechen hören, aber in der Regel war dann von einem schlammigen Musikfestival oder einem Theaterstück wie *Die Vagina-Monologe* die Rede, das in New York eine kurze Laufzeit erleben durfte. Nie jedoch hatte ich jemand auf diese Art von einer politischen Protestveranstaltung reden hören. Und schon gar nicht von einer gegen öde Bürokratien wie die Weltbank und den Weltwährungsfonds. Und auf gar keinen Fall, wenn es um etwas so Unattraktives ging wie um eine jahrzehntealte Kreditpolitik namens »strukturelle Anpassung«.

Und doch sind sie da: Studenten, Künstler, Anarchisten, klassische Stahlarbeiter mit der Vesperdose im Gepäck, die mit Bussen aus allen Ecken und Enden des Kontinents nach Washington D. C. gekommen sind. In ihren Hosentaschen und Umhängetaschen stecken Informationsbroschüren über das Verhältnis von Gesundheitsausgaben und Schuldenrückzahlung in Mozambique (zweieinhalbmal so viel für den Schuldendienst) und über den Anteil der Weltbevölkerung, der ohne Elektrizität leben muss (zwei Milliarden Menschen).

Vier Monate zuvor hatte dasselbe Bündnis von Umweltschützern, Gewerkschaftern und Anarchisten ein Gipfeltreffen der WTO zum Stillstand gebracht. In Seattle hatte eine eindrucksvolle Bandbreite von Ein-Punkt-Organisationen – einige konzentrierten sich auf umstrittene Konzerne wie Nike oder Shell, andere auf Diktaturen wie Burma – ihren Horizont erweitert und zu einer strukturelleren Kritik an den internationalen Regulierungsgremien gefunden, die bei einem weltweiten Wettlauf ins Elend den Schiedsrichter spielen.

Nachdem die Befürworter des beschleunigten Freihandels von der Stärke und dem Organisationsgrad ihrer Gegner zunächst überrascht worden waren, gingen sie danach natürlich in die Offensive und griffen die Demonstranten als Feinde der Armen an. Am denkwürdigsten war die Titelseite des *Economist*, die das Bild eines verhungernden indischen Kindes mit der Behauptung verband, es seien diese Kinder, denen die Demonstranten vor allem schaden würden. WTO-Generaldirektor Michael Moore konnte sich kaum halten vor Empörung: »Wer die Ansicht vertritt, dass wir unsere Arbeit einstellen sollten, dem sage ich: Sagen Sie das den Armen, den Ausgegrenzten auf der ganzen Welt, die auf unsere Hilfe hoffen.«

Die Neuerfindung der WTO und des globalisierten Kapitalismus als tragisch missverstandenes Programm zur Abschaffung der Armut ist die abstoßendste Einzelwirkung der Schlacht von Seattle. Es ist schon befremdlich, dass man in Genf nun allen Ernstes so tut, als sei der Freihandel eine wahre Ausgeburt der Menschenfreundlichkeit und als würden die multinationalen Konzerne hinter den explodierenden Gewinnen ihrer Aktionäre und den aufgeblähten Gehältern ihrer Topmanager nur ihre waren Absichten verbergen, nämlich weltweit die Kranken zu heilen, die Mindestlöhne zu erhöhen und die Bäume zu retten.

Nichts jedoch ist besser geeignet, die betrügerische Gleichsetzung von humanitären Zielen mit dereguliertem Handel zu entlarven, als die Leistungsbilanz der Weltbank und des IWF, die die Armut auf der Welt mit ihrem fanatischen, fast mystischen Vertrauen in die Trickle-Down-Theorie nur noch verschärft haben.

Die Weltbank lieh den ärmsten und verzweifeltsten Ländern Geld, um ihre Volkswirtschaften so umzubauen, dass sie auf Megaprojekten in ausländischem Besitz, auf landwirtschaftlicher Exportproduktion, auf dem Export von Industrieprodukten, die aufgrund von Niedriglöhnen konkurrenzfähig waren, und auf dem Zustrom spekulativen Finanzkapitals basierten. Diese Projekte waren eine Wohltat für die multinationalen Bergbau-, Textil- und Agrarkonzerne rund um den Erdball, führten aber in vielen Ländern zu Umweltzerstörung, massiver Abwanderung der Landbevölkerung in städtische Ballungsräume, Währungszusammenbrüchen und einer Sweatshop-Industrie, die sich als entwicklungspolitische Sackgasse erwies.

Und wenn diese negativen Phänomene schließlich überhand nehmen, dann bieten Weltbank und IWF ihre berüchtigten Hilfsprogramme an, die stets mit Bedingungen verbunden sind. So sollten in Haïti die Mindestlöhne eingefroren, in Thailand die Beschränkungen für Auslandsinvestitionen abgeschafft und in Mexiko die Studiengebühren erhöht werden. Und wenn die jeweils neuesten Sparmaßnahmen wieder einmal nicht zu einem dauerhaften Wirtschaftswachstum führen, dann ist die Abhängigkeit der betroffenen Länder zusammen mit ihrem Schuldenberg nur gewachsen.

Wenn die internationale Öffentlichkeit an diesem Wochenende ihre Aufmerksamkeit der Weltbank und dem IWF zuwendet, dann wird es nicht einfach sein, sie davon zu überzeugen, dass die Demonstranten von Seattle nur gierige nordamerikanische Protektionisten waren, die die Früchte des Wirtschaftsbooms unbedingt für sich behalten wollten. Als die Gewerkschaftsmitglieder und Umweltschützer in Seattle auf die Straße gingen und gegen die Einflussnahme der WTO auf Umwelt- und Arbeitsrecht protestierten, hatten sie nämlich keineswegs versucht, den Entwicklungsländern »unsere« Maßstäbe aufzuzwingen. Vielmehr schlossen sie sich einer Bewegung für Selbstbestimmung an, die sich zuvor schon in den südlichen Ländern der Welt formierte. Und zwar in Ländern, wo das Wort »Weltbank« gespuckt wird, statt gesprochen, und das Akronym IWF [IMF] auf Protestplakaten mit »Ich bin gefeuert« [»I'M Fired«] übersetzt wird.

Nach Seattle war es relativ einfach für die WTO, die Interpretationshoheit über das Ereignis zu erringen, denn es hatten so wenige Menschen vor den Protesten überhaupt von der WTO gehört, dass die Behauptungen der Organisation größtenteils unwidersprochen blieben. Mit der Weltbank und dem IWF jedoch ist es eine andere Geschichte: Man braucht sie nur ein bisschen zu schütteln, und schon fallen ihre Skelette aus dem Schrank. In der Regel sind diese Skelette nur in den armen Ländern zu sehen – verfallende Schulen und Krankenhäuser; Bauern, die von ihrem Land vertrieben sind; übervölkerte Städte, vergiftetes Wasser. An diesem Wochenende jedoch ändert sich das alles; die Skelette folgen den Bankiers in ihre Hauptverwaltungen, nach Washington D.C.

Nachher · Okay, ich gebe es zu: Ich habe verschlafen.

Ich ging nach Washington, um gegen die Weltbank und den Internationalen Währungsfonds zu demonstrieren, aber als zu einer unchristlichen Zeit mein Handy klingelte und man mir den neuen Plan mitteilte, sich am Montag schon um vier Uhr morgens zu treffen, schaffte ich es einfach nicht.

»Okay, wir sehen uns dann dort«, murmelte ich und notierte die Wegbeschreibung mit einem Kuli, dessen Mine leer war. Ich kam einfach nicht aus den Federn. Ich war todmüde, weil ich am Tag zuvor 13 Stunden lang auf der Straße gewesen war, also schloss ich mich den Demonstranten zu einem zivileren Zeitpunkt wieder an. Wie es den Anschein hatte, trafen einige Tausend andere Leute dieselbe Entscheidung, sodass die Delegierten der Weltbank, als sie vor dem Morgengrauen mit Bussen ankamen, in verschlafenem Frieden an ihre Arbeitsplätze gelangten.

»Eine Niederlage!«, verkündeten viele Zeitungen, die nach einem Ende dieser unordentlichen Form von demokratischer Meinungsäußerung lechzten.

Der kanadische Washington-Korrespondent David Frum konnte nicht schnell genug an den Computer kommen und die Protestaktionen zu »einem Flop«, »einem Desaster« und – aller guten Dinge sind Drei –»einem zusammengesackten Soufflé« zu erklären. Er meinte, die Demonstranten seien durch ihre Unfähigkeit, die IWF-Konferenz am Sonntag zu blockieren, so demoralisiert gewesen, dass sie am nächsten Tag lieber im Bett blieben, statt sich auf die regnerischen Straßen zu wagen.

Stimmt schon, es war nicht leicht, am Montagmorgen den Arsch aus dem Bett zu kriegen, aber nicht wegen des Regens oder der Polizei. Es war schwer, weil wir in einer einzigen Protestwoche schon so viel erreicht hatten. Die Blockade einer Konferenz ist zweifellos ein hehres Ziel für einen guten Aktivisten, aber die wirklichen Siege werden nicht unbedingt auf den Barrikaden errungen.

Das erste Anzeichen eines Sieges zeigte sich schon in den Wochen vor den Demonstrationen, als zahlreiche frühere Beamte der Weltbank und des IWF ins Lager der Kritiker überliefen und sich von ihren ehemaligen Arbeitgebern distanzierten. So sagte Joseph Stiglitz, der frühere Chefökonom der Weltbank, dass der IWF eine große Dosis Demokratie und Transparenz bitter nötig habe.

Als Nächstes warf ein Konzern das Handtuch. Die Organisatoren der Protestaktionen hatten angekündigt, dass sie ihrer Forderung nach »fairem« statt »freiem« Handel vor den Türen der Kaffeebarkette Starbucks Ausdruck verleihen würden, und sie forderten den Konzern auf, in Zukunft Kaffee von Pflanzern auszuschenken, die von ihrer Arbeit auch leben können. Letzte Woche, vier Tage vor der geplanten Protestaktion, verkündete Starbucks, dass es Kaffee mit dem Fair-Trade-Zertifikat in sein Sortiment aufnehmen würde – kein welterschütternder Sieg, aber doch ein positives Zeichen der Zeit.

Und schließlich bestimmten die Demonstranten die Tagesordnung. Noch bevor ihre gigantischen Pappmaché-Puppen trocken waren, wurde das Scheitern vieler von der Weltbank finanzierter Megaprojekte und vieler Hilfsprogramme des IWF in den Zeitungen und den Talkshows besprochen. Sogar mehr als das, die Kritik am Kapitalismus erlebte ein riesiges Comeback.

Das radikal anarchistische Kontingent, der so genannte Schwarze Block, taufte sich in Antikapitalistischer Block um. »Wenn du denkst, der IWF und die Weltbank seien furchteinflößend, warte nur, bis du den Kapitalismus kennen lernst«, schrieben College-Studenten mit Kreide auf den Gehweg. Die Verbindungsstudenten an der American University schrieben ihre eigene Gegenparole auf Plakate und hängten sie ins Fenster: »Der Kapitalismus hat euch Wohlstand gebracht. Nehmt ihn an!« Selbst die Kommentatoren von CNN nahmen am Sonntag plötzlich das Wort »Kapitalismus« in den Mund, anstatt einfach »die Wirtschaft« zu sagen. Und das Wort erscheint nicht nur einmal, sondern sogar zweimal auf der Titelseite der gestrigen *New York Times.* Nach mehr als einem Jahrzehnt ungetrübter Triumphe ist der Begriff »Kapitalismus« (statt Euphemismen wie »Globalisierung«, »Konzernherrschaft« und »wachsende Kluft zwischen Reich und Arm«) wieder zu einem legitimen Gegenstand der öffentlichen Debatte geworden. Diese Wirkung ist so bedeutsam, dass sie die Störung eines Routinetreffens der Weltbank fast unwichtig erscheinen lässt. Die Tagesordnung der Weltbank-Konferenz und die Pressekonferenz danach wurden völlig von den Demonstranten beherrscht. Das übliche Gerede von Deregulierung, Privatisierung und der Notwendigkeit, die Märkte in der Dritten Welt zu »disziplinieren«, wurde ersetzt durch die Selbstverpflichtung, die Entschuldung verarmter Länder zu beschleunigen und »unbegrenzte Summen« zur Bekämpfung der Aids-Epidemie in Afrika auszugeben.

Natürlich ist dies nur der Beginn eines langwierigen Prozesses. Aber wenn man aus Washington eine Lehre ziehen kann, dann die, dass man eine Barrikade nicht nur körperlich, sondern auch geistig überwinden kann. Das Ausschlafen am Montagmorgen war nicht der bleierne Schlaf der Besiegten, sondern die wohlverdiente Ruhe der Sieger.

WAS NUN?

Die Bewegung gegen die globale Konzernherrschaft muss sich nicht auf einen Zehnpunkteplan einigen, damit sie etwas bewirkt

Juli 2000

»Diese Konferenz ist keine normale Konferenz«, wurde uns Rednern und Rednerinnen auf der Veranstaltung »Re-Imagining Politics and Society« (Eine neue Vision von Politik und Gesellschaft) eingeschärft, schon bevor wir in der Riverside Church in New York ankamen. Wir sollten mit unseren Vorträgen, die wir an drei Tagen im Mai vor etwa 1 000 Delegierten hielten, zur Lösung eines ganz bestimmten Problems beitragen: Die Bewegung gegen die globale Konzernherrschaft besaß keine »einheitliche Vision und Strategie«.

Dies sei ein sehr ernstes Problem, wurden wir belehrt. Die jungen Aktivisten, die in Seattle die Konferenz der Welthandelsorganisation blockierten und in Washington D.C. gegen die Weltbank und den Internationalen Währungsfonds protestierten, waren in der Presse als Trommeln schlagende, als Lämmer verkleidete Wirrköpfe beschimpft worden. Und die Foundation of Ethics and Meaning, die die Konferenz organisiert hatte, sah unsere Aufgabe als Redner darin, dieses Chaos auf den Straßen in eine strukturierte, medienfreundliche Form zu gießen. Die Konferenz war nicht das übliche unverbindliche Diskussionsforum. Sie sollte »eine vereinigte Bewegung für ganzheitlichen sozialen, wissenschaftlichen und politischen Wandel hervorbringen.«

Als ich diskret in den verschiedenen Hörsälen ein- und ausging und mir die Visionen von Arianna Huffington, Michael
Lerner, David Korten, Cornel West und Dutzender weiterer Redner anhörte, ging mir plötzlich auf, wie vergeblich das ganze
gut gemeinte Unternehmen war. Selbst wenn wir es schaff-
ten, einen Zehnpunkteplan von brillanter Klarheit, eleganter
Kohärenz und einheitlicher Erscheinung zu verfassen, wem
genau würden wir dann diese Zehn Gebote überreichen? Die
konzernkritische Protestbewegung, die letzten November in
den Straßen von Seattle die Aufmerksamkeit der Weltöffentlichkeit auf sich zog, ist nicht in einer politischen Partei organisiert
oder in einem nationalen Netzwerk mit Zentralbüro vereinigt,
sie wählt nicht alljährlich ihre Führung und hat weder Zellen
noch Ortsvereine. Sie ist durch die Ideen einzelner Organisatoren und Intellektueller geprägt, aber sie erkennt keinen von
ihnen als Führer an. In diesem amorphen Kontext waren die
Ideen und Pläne, die in der Riverside Church ausgebrütet wurden, zwar nicht gerade irrelevant, aber sie waren auch nicht so
wichtig wie erhofft. Anstatt von den Aktivisten als politische
Linie übernommen zu werden, würden sie einfach von der normalen Informationsflut aufgesaugt und umhergeschleudert
werden wie all die leidenschaftlichen Ergüsse, Web-Tagebücher,
Manifeste von Nichtregierungsorganisationen (NROs), akade-
mischen Referate, selbst gemachten Videos, die im Internet tagtäglich produziert und konsumiert werden.

Die viel kritisierte Tatsache, dass es den jungen Leuten auf
der Straße an einer klaren Führung fehlt, hat die Kehrseite, dass
es in der Bewegung auch keine eindeutigen Anhänger gibt. Wer
nach ähnlichen Strukturen wie in den sechziger Jahren sucht,
dem erscheint die konzernkritische Bewegung aus diesem
Grund empörend gesichtslos: Ihre Mitglieder sind offensicht-

lich so desorganisiert, dass sie nicht einmal auf perfekt organisierte Organisationsversuche ansprechen. Sie bestehe aus MTV-
gesäugten Aktivisten, kann man die alte Garde murren hören:
verstreut, chaotisch und ziellos.

Diese Kritik hat etwas Verführerisches. Wenn sich die Rechte
und die Linke über eine Sache einig sind, dann über den Wert
eines klaren, gut strukturierten ideologischen Arguments. Vielleicht jedoch ist das Problem nicht ganz so einfach. Vielleicht
wirkten die Protestaktionen in Seattle und Washington D.C. nur
deshalb ziellos, weil es sich gar nicht um Aktionen *einer* Bewegung handelte, sondern um Konvergenzen vieler kleiner Bewegungen. Jede ist auf einen bestimmten multinationalen Konzern
(wie Nike), einen bestimmten Industriezweig (wie die Agrarindustrie) oder eine neue Handelsinitiative (wie die panamerikanische Freihandelszone, FTAA) konzentriert. Trotzdem haben
all diese kleineren gezielten Bewegungen ein klares gemeinsa-
mes Anliegen: Sie sind alle der Ansicht, dass die Probleme, mit
denen sie sich herumschlagen, allesamt auf die konzerngesteu-
erte Globalisierung zurückzuführen sind, das heißt auf ein Programm, das Macht und Reichtum in immer weniger Händen
konzentriert. Natürlich gibt es auch Meinungsverschiedenhei-
ten: über die Rolle des Nationalstaats, über die Reformierbar-
keit oder Unreformierbarkeit des Kapitalismus, über die erfor-
derliche Geschwindigkeit des Wandels. In den meisten dieser
kleinen Bewegungen kristallisiert sich jedoch allmählich der
Konsens heraus, dass eine Dezentralisierung der Macht und der
Aufbau eines von überschaubaren Gemeinschaften getragenen
Entscheidungspotenzials – sei es in Gewerkschaften, Stadtvierteln, Farmen, Dörfern, anarchistischen Kollektiven oder durch
die Selbstregierung von Ureinwohnern – entscheidend ist, wenn
man der Macht der multinationalen Konzerne trotzen will.

Trotz dieser gemeinsamen Basis sind die verschiedenen gezielten Kampagnen nicht zu einer Bewegung verschmolzen. Doch sie sind über viele Kanäle eng miteinander verbunden, wie sie auch im Internet durch »Hotlinks« vernetzt sind. Diese Analogie zum Internet ist kein Zufall, sondern der Schlüssel zum Verständnis einer neuen Art von politischer Organisation. Viele haben erkannt, dass die jüngsten Massenproteste ohne das Internet nicht möglich gewesen wären, aber sie haben nicht bemerkt, dass die Kommunikationstechnologie, die diese Kampagnen ermöglicht, die Bewegung nach ihrem eigenen netzartigen Bild formt. Dank des Internets ist Mobilisierung fast ohne Bürokratie und fast ohne hierarchische Strukturen möglich; mühevolle Konsensfindung und angestrengte Manifeste verlieren an Bedeutung und werden durch eine Kultur des permanenten, locker strukturierten, bisweilen geradezu zwanghaften Informationsaustauschs ersetzt.

Was in den Straßen von Seattle und Washington das Licht der Welt erblickt hat, ist ein Aktivismusmodell, das den organisch miteinander verbundenen Pfaden des Internets entspricht – ein zum Leben erwachtes Internet.

Das Forschungszentrum TeleGeography in Washington hat sich die interessante Aufgabe gestellt, die Architektur des Internets zu kartografieren, als ob das Net ein Sonnensystem wäre. Letztes Jahr verkündete TeleGeography, dass das Internet eigentlich nicht wie ein gigantisches Gewebe strukturiert sei, sondern eher wie ein Netz aus »Naben und Speichen«. Die Naben sind die Handlungszentren und die Speichen die Verbindungen zu anderen Zentren, die jeweils autonom, aber miteinander verbunden sind.

Dies wirkt wie eine perfekte Beschreibung der Protestaktionen in Seattle und Washington D.C. Die massenhaften Versammlungen waren aktivistische Naben, die aus Hunderten, vielleicht Tausenden autonomer Speichen bestanden. Bei den Demonstrationen nahmen die Speichen die Gestalt von »Bezugsgruppen« an: Fünf bis 20 Demonstranten wählten jeweils einen Sprecher oder eine Sprecherin, die sie in regelmäßigen Treffen des »Speichenrats« vertraten. Alle Bezugsgruppen hatten sich auf bestimmte Grundregeln gewaltfreien Verhaltens geeinigt, funktionierten aber auch als selbstständige Einheiten, die ihre eigenen strategischen Entscheidungen treffen konnten. Bei einigen Veranstaltungen haben diese Aktivisten richtige Netze aus Tüchern dabei, die ihre Bewegung symbolisieren. Wenn es Zeit für ein Treffen ist, legen sie ihr Netz auf dem Boden aus, rufen alle »Speichen im Netz« zusammen und veranstalten eine Art Vorstandssitzung der Straße.

In den vier Jahren vor den Protestaktionen in Seattle und Washington hatte es bei Gipfeln der Welthandelsorganisation, der G-7-Länder und der Vereinigung für Asiatisch-Pazifische wirtschaftliche Zusammenarbeit (APEC) in Auckland, Vancouver, Manila, Birmingham, London, Genf, Kuala Lumpur und Köln bereits ähnliche Naben-Ereignisse gegeben. Alle diese Massenveranstaltungen waren nach den Prinzipien der koordinierten Dezentralisierung organisiert. Anstatt eine gemeinsame Front zu bilden, kreisten kleine Einheiten von Aktivisten das Ziel aus allen Richtungen ein. Und statt aufwändige nationale und internationale bürokratische Organisationen aufzubauen, setzten sie auf temporäre Strukturen: Leere Gebäude wurden in »Konvergenzzentren« umgewandelt, und die Produzenten unabhängiger Medien taten sich zu spontanen Nachrichtenzentren der Bewegung zusammen. Die ad hoc entstandenen Koalitionen, die sich hinter den Protestaktionen verbargen, waren oft nach dem Datum des jeweiligen Ereignisses benannt – etwa J18,

N30, A16 oder aktuell S26 nach dem Gipfel des IWF, der am 26. September in Prag stattfinden wird. Ist das jeweilige Ereignis vorbei, hinterlassen diese Bündnisse praktisch keine Spuren außer einer archivierten Website.

Hinter dem ganzen Gerede von radikaler Dezentralisierung kann sich allerdings auch eine sehr reale Hierarchie verbergen. Wer die Computernetze, die die Aktivisten miteinander verbinden, besitzt, versteht und beherrscht, der besitzt auch ein Stück Macht – ein Phänomen, das Jesse Hirsch, einer der Gründer des anarchistischen Computernetzes Tao Communications als »Adhocratie der Computerfreaks« bezeichnet.

Das Modell der Naben und Speichen ist mehr als eine bloße Taktik für Demonstrationen; die Protestaktionen selbst bestehen aus »Bündnissen von Bündnissen«, wie es Kevin Danaher von Global Exchange formulierte. Jede konzernkritische Kampagne setzt sich aus einer Vielzahl von Gruppen zusammen, und zwar größtenteils aus NROs, Gewerkschaften, Studenten und Anarchisten. Diese Gruppen nutzen sowohl das Internet als auch traditionellere Organisationsmethoden für alles Mögliche, vom Erstellen einer Liste mit den letzten Missetaten der Weltbank über die Bombardierung des Shell-Konzerns mit Faxen und E-Mails bis zum Vertrieb von Anti-Sweatshop-Flugblättern, die man für Demonstrationen vor Nike Town Superstores herunterladen kann. Die Gruppen bleiben autonom, aber ihre internationale Koordination ist gut und für ihre Gegner oft verheerend.

Der Vorwurf, dass es der konzernkritischen Bewegung an einer »klaren Vision« fehle, löst sich in nichts auf, wenn man ihn im Kontext dieser Kampagnen betrachtet. Es trifft zu, dass die Massenproteste in Seattle und Washington D.C. ein wilder Hexenkessel von Parolen und Anliegen waren und ein oberflächlicher Beobachter kaum erkennen konnte, was das Schicksal von Mumia Abu-Jamal, der in den USA in einer Todeszelle sitzt, mit dem Schicksal von Meeresschildkröten zu tun hat. Bei der Suche nach dem Zusammenhang in diesen großen Demonstrationen der Stärke verwechseln die Kritiker den äußeren Anschein mit der Sache selbst – sie sehen den Wald vor lauter Bäumen nicht mehr, weil die Leute als Bäume verkleidet sind. Die Speichen *sind* die Bewegung, und in den Speichen herrscht kein Mangel an Visionen.

Zum Beispiel beschränkt sich die studentische Bewegung gegen Sweatshops schon lange nicht mehr auf bloße Kritik an den Konzernen und Universitätsverwaltungen, die von solchen ausbeuterischen Betrieben produzieren lassen. Sie hat vielmehr alternative Verhaltenskodizes formuliert und in Zusammenarbeit mit Gewerkschaftern aus dem globalisierten Süden mit dem Workers Rights Consortium eine eigene Kontrollinstanz aufgebaut. Auch die Bewegung gegen gentechnisch veränderte Lebensmittel hat einen politischen Sieg nach dem anderen errungen: Zuerst erreichte sie, dass gentechnisch veränderte Lebensmittel aus den Regalen der britischen Supermärkte verschwanden, dann, dass in der EU Kennzeichnungsvorschriften erlassen wurden, und schließlich machte sie mit dem Montrealer Protokoll über die biologische Sicherheit einen Riesenschritt nach vorn. Unterdessen haben Gegner der exportorientierten Entwicklungspolitik von Weltbank und IWF ganze Bücherregale voller Material über Entwicklungsmodelle auf Gemeindeebene, Landreformen, Schuldenerlasse und Prinzipien der Selbstbestimmung produziert. Auch die Kritiker der Öl- und Bergbauindustrie haben zahlreiche Konzepte für nachhaltige Energiewirtschaft und verantwortungsbewussten Rohstoffabbau entwickelt – auch wenn sie kaum je die Chance bekommen, ihre Vorstellungen in die Praxis umzusetzen.

Der dezentrale Charakter der Protestaktionen bedeutet nicht, dass sie inkohärent wären. Vielmehr ist ihre Dezentralisierung eine vernünftige, ja sogar geniale Anpassung sowohl an die schon länger bestehende Fragmentierung in progressiven Netzwerken als auch an Veränderungen in der allgemeineren Kultur. Sie ist ein Nebenprodukt der explosiven Vermehrung der NROs, die seit dem Gipfel von Rio im Jahr 1992 an Macht und Wichtigkeit gewinnen. Es sind so viele NROs an konzernkritischen Kampagnen beteiligt, dass sich ihre zahlreichen Stile, Taktiken und Ziele nur durch das Naben-und-Speichen-Modell unter einen Hut bringen lassen. Wie auch das Internet selbst sind sowohl die NRO-Netze als auch die Netze der Bezugsgruppen ein unendlich erweiterbares System. Wer das Gefühl hat, nicht richtig in eine der etwa 30 000 NROs und Bezugsgruppen zu passen, kann einfach eine eigene Organisation oder Gruppe gründen und sie mit den anderen vernetzen. Niemand, der sich engagiert, muss seine Individualität aufgeben. Dies gilt für alle Online-Strukturen: Man hat die Freiheit, zu kommen und zu gehen, sich zu nehmen, was man braucht und liegen zu lassen, was einem nicht gefällt. Die Aktivisten verhalten sich in mancher Hinsicht wie Surfer. Ihr Verhalten spiegelt die im Internet herrschende paradoxe Kultur von extremem Narzismus und großer Sehnsucht nach Gemeinschaft und Verbundenheit.

Die netzartige Struktur der Bewegung ist also teilweise ihrer Organisation durch das Internet zu verdanken, aber sie ist auch die Reaktion auf eine politische Realität, die den Protest überhaupt erst ausgelöst hat: das völlige Versagen der traditionellen Parteipolitik. Auf der ganzen Welt haben Staatsbürger sozialdemokratische Parteien und Arbeiterparteien gewählt, nur um erleben zu müssen, dass diese vor den Marktkräften und den Diktaten des IWF kapitulierten. Deshalb sind Aktivisten heute nicht mehr so naiv, sich von der Wahlurne große Veränderungen zu erwarten. Sie wollen lieber die Mechanismen bekämpfen, die die Demokratie so zahnlos machen, etwa die Finanzierung der Wahlkämpfe durch die Konzerne oder die Tatsache, dass die WTO sich über die Souveränität von Staaten hinwegsetzen kann. Der Mechanismus, der am heftigsten kritisiert wird, sind jedoch die Strukturanpassungsprogramme des IWF, die ganz offen von Staaten verlangen, ihre Sozialausgaben zu kürzen und ihre Ressourcen zu privatisieren, damit sie Kredite erhalten.

Einer der größten Vorteile des zwanglosen Organisationsmodells der Bewegung besteht darin, dass sie sich damit erwiesenermaßen kaum kontrollieren lässt. Dies beruht vor allem darauf, dass sich ihre Organisationsstruktur radikal von der der Institutionen und Konzerne unterscheidet, die sie bekämpft. Die Protestbewegung reagiert auf die Konzentration der Konzerne mit Fragmentierung, auf die Globalisierung mit ihrer eigenen Art von Lokalisierung und auf die Konsolidierung von Macht mit der radikalen Verteilung von Macht.

Joshua Karliner vom Transnational Resource and Action Center nennt dieses System eine »ungeplant geniale Reaktion auf die Globalisierung«. Und weil die Reaktion ungeplant ist, verfügen wir bis heute nicht über die richtigen Worte, um sie zu beschreiben, was vielleicht die Entstehung einer ziemlich amüsanten Produktion von Metaphern erklärt, mit der wir versuchen, die begriffliche Lücke zu schließen. Ich selbst habe mich für »Naben und Speichen« entschieden, dagegen sagt Maude Barlow vom Council of Canadians: »Wir stehen vor einem Felsblock, und wir können ihn nicht entfernen, also versuchen wir darunter hindurch, um ihn herum oder über ihn drüber zu kommen.« John Jordan aus Großbritannien, einer der Gründer von Reclaim the Streets, gebraucht folgendes Bild: »Transnationale Konzerne sind wie riesige Tanker, und wir sind wie ein Schwarm Fische. Wir können schnell reagieren, sie nicht.« Die Free Burma Coalition in den USA spricht von einem Netzwerk von »Spinnen«, die ein so starkes Netz weben, dass sich sogar die mächtigsten Multis damit fesseln lassen. Selbst ein Bericht des US-Militärs über den Aufstand der Zapatisten in der mexikanischen Provinz Chiapas setzt sich mit diesem Spiel auseinander: Laut der Studie der RAND Corporation, einer Forschungsorganisation, die Untersuchungen für die US-Armee erstellt, führten die Zapatistas einen »Flohkrieg«, der sich dank des Internets und des weltweiten Netzes von NROs in einen »Schwarmkrieg« verwandelte. Die militärische Herausforderung in einem »Schwarmkrieg«, erklärten die Forscher, bestehe darin, dass der Schwarm nicht über eine »zentrale Führung oder Kommandostruktur verfügt; er hat viel Köpfe und kann deshalb nicht enthauptet werden«.

Natürlich hat dieses vielköpfige System auch seine Schwächen, und sie wurden während der Konferenz von Weltbank und IWF auf den Straßen von Washington deutlich sichtbar. Am 16. April, dem Tag mit den größten Protestaktionen, wurde gegen 12 Uhr mittags ein Sprecherrat jener Bezugsgruppen einberufen, die alle Straßenkreuzungen auf dem Weg zum Hauptsitz der Weltbank und des IWF blockierten. Sie taten das seit 6 Uhr und mussten nun erfahren, dass die Konferenzteilnehmer schon um 5 Uhr morgens die Polizeisperren um den Konferenzort passiert hatten. Nun wollten die meisten Sprecher die Blockade der Kreuzungen aufgeben und sich der Hauptdemonstration zur Ellipse anschließen. Das Problem war nur, dass nicht alle damit einverstanden waren. Eine Hand voll Bezugsgruppen wollte versuchen, die Teilnehmer der Konferenz wenigstens auf ihrem Rückweg zu stoppen.

Der Kompromiss, auf den sich der Sprecherrat einigte, war bezeichnend: »Okay, alle mal herhören«, schrie Kevin Danaher in ein Megafon. »Alle Kreuzungen sind autonom. Wenn ihr weiter blockieren wollt, okay. Wenn ihr zur Ellipse marschieren wollt, auch gut. Ihr entscheidet.«

Der Beschluss war absolut fair und demokratisch, hatte jedoch einen einzigen Fehler: Er machte überhaupt keinen Sinn. Die Blockade der Zufahrtswege war eine koordinierte Aktion gewesen. Wenn einige Kreuzungen geräumt und andere blockiert wurden, brauchten die Delegierten auf dem Weg nach Hause nur nach links oder rechts auszuweichen. Und genau das taten sie dann auch.

Als ich zusah, wie viele Gruppen von Demonstrationen aufstanden und gingen, während andere sitzen blieben und trotzig – na ja – eben nichts mehr bewachten, erschien mir der Vorgang als ein treffendes Sinnbild für die Stärken und Schwächen des jungen Netzwerks von Aktivisten. Es besteht kein Zweifel, dass die Kommunikationskultur im Internet besser geeignet ist, mit großer Schnelligkeit viele Menschen in Bewegung zu setzen, als sie verbindlich zu koordinieren. Sie schafft es, 10 000 Personen – mit Transparenten – an einer Straßenkreuzung zu versammeln, aber es gelingt ihr kaum, diese 10 000 auf gemeinsame Forderungen einzuschwören, bevor sie auf die Barrikaden steigen – oder wenigstens nachdem sie wieder heruntergestiegen sind.

Deshalb breitet sich in letzter Zeit nach jeder Demonstration eine seltsame Beklommenheit aus: War's das schon? Wann ist die nächste Demo? Wird sie genauso gut, genauso groß? Um das Tempo zu halten, greift gegenwärtig eine Kultur des seriellen Protests um sich. In meiner Inbox wimmelt es von Einladungen zur Teilnahme an Protestveranstaltungen, die angeblich »das nächste Seattle« zu werden versprechen. Am 4. Juni 2000 ging es nach Windsor und Detroit (durch einen Tunnel und eine Brücke verbundene Nachbarstädte, d. Ü.), wo eine Tagung der Organisation Amerikanischer Staaten (OAS) »blockiert« werden sollte, und eine Woche später zum Welt-Erdöl-Kongress in Calgary. Im Juli folgt dann der Parteitag der Republikaner in Philadelphia und im August der Parteitag der Demokraten in Los Angeles, am 11. September der asiatisch-pazifische Wirtschaftsgipfel des Weltwirtschaftsforums in Melbourne, am 26. September die Demonstration gegen den IWF in Prag und im April 2001 die Protestaktionen gegen den Amerikagipfel in Quebec. Jemand schrieb eine Botschaft auf die E-Mail-Liste, mit der die Demo in Washington organisiert wurde: »Wohin sie auch gehen, wir werden da sein! Wenn dies vorbei ist, sehen wir uns in Prag!« Aber wollen wir das wirklich sein – eine Bewegung von Gipfeljägern, die den Bürokraten der internationalen Handelsorganisationen folgt, als wären sie die Grateful Dead?

Eine solche Aussicht ist aus mehreren Gründen gefährlich: In die Protestaktionen werden viel zu große Hoffnungen gesetzt. So verkündeten die Organisatoren der Demonstration in Washington D.C., dass sie die beiden 30 Milliarden Dollar schweren Institutionen Weltbank und IWF buchstäblich dichtmachen und zugleich einer aktienhungrigen Öffentlichkeit geniale Erkenntnisse über die Fehler des neoliberalen Wirtschaftssystems vermitteln würden. Das war nicht zu leisten; keine einzelne Demonstration wäre dazu in der Lage. Und es wird immer schwerer: Die direkten Aktionen in Seattle waren so wirkungsvoll, weil sie die Polizei überraschten. Inzwischen jedoch steht auch die Polizei auf allen E-Mail-Listen. Und die Stadt Los Angeles hat jetzt schon vier Millionen Dollar für neue Polizeiausrüstung und Personalkosten beantragt, um die Stadt vor dem Schwarm der Aktivisten zu schützen.

Mit dem Ziel, eine stabile politische Struktur aufzubauen, die die Bewegung zwischen den Protestaktionen voranbringen soll, hat Danaher begonnen, Spenden für ein »permanentes Konvergenzzentrum« in Washington zu sammeln. Außerdem tagt seit März regelmäßig das International Forum on Globalization (IFG) in der Hoffnung, bis zum Jahresende eine 200-seitige politische Grundsatzerklärung zustande zu kriegen. Laut IFG-Direktor Jerry Mander wird es sich nicht um ein Manifest handeln, sondern um eine Reihe von Grundsätzen und Schwerpunkten, um einen, wie er es formuliert, frühen Versuch, »eine neue Architektur für die Weltwirtschaft zu entwickeln«. [Die Veröffentlichung der Erklärung wurde immer wieder verschoben und ist bis heute nicht erfolgt.]

Genau wie die Organisatoren der Konferenz in der Riverside Church stehen auch die oben genannten Initiativen vor einer schweren Aufgabe. Die meisten Aktivisten sind sich darüber einig, dass es an der Zeit wäre, sich hinzusetzen und über ein Programm zu diskutieren. Wer aber soll sich an wessen Tisch setzen, und wer soll überhaupt mitentscheiden dürfen?

Diese Fragen spitzten sich zu, als sich der tschechische Präsident Václav Havel Ende Mai 2000 anbot, Gespräche zwischen dem Weltbankpräsidenten James Wolfensohn und Vertretern der Demonstranten zu vermitteln, die im Hradschin stattfinden sollen. Die Organisatoren der Protestaktionen, die vom 26. bis 28. September gegen die Weltbankkonferenz in Prag geplant sind, konnten sich nicht darauf einigen, ob sie an den Verhandlungen teilnehmen sollen. Vor allem jedoch verfügten sie über kein anerkanntes Verfahren, um die Entscheidung zu treffen. Es fehlte an einem allgemein akzeptierten Mechanismus, um die Mitglieder einer Verhandlungsdelegation auszuwählen (einige schlugen eine Wahl im Internet vor), und es gab keine allgemein verbindlichen Ziele, an denen der Erfolg oder Misserfolg der Verhandlungen hätte gemessen werden können. Hätte Havel sich ausdrücklich an diejenigen Gruppen gewandt, die sich wie Jubilee 2000 oder 50 Years Is Enough direkt mit Schuldenproblematik und Strukturanpassung befassen, wäre die Entscheidung einfacher gewesen. Doch er wandte sich an die gesamte Bewegung, als ob sie eine Einheit wäre, und löste damit bei den Organisatoren wochenlange interne Diskussionen aus.

Das Problem ist teilweise strukturell. Für die meisten Anarchisten, die in der Bewegung einen großen Teil der Basisarbeit leisten und lange vor der etablierten Linken ins Internet gingen, sind direkte Demokratie, Transparenz und kommunitäre Selbstbestimmung keine erhabenen politischen Fernziele, sondern fundamentale Grundsätze, nach denen sie selbst organisiert sind. Im Gegensatz dazu sind viele der wichtigsten NROs, auch wenn sie theoretisch oft mit dem Demokratieverständnis der Anarchisten übereinstimmen, traditionell hierarchisch organisiert. Sie werden von charismatischen Führungspersönlichkeiten und Exekutivausschüssen geführt, während ihre Mitglieder ihnen Geld schicken und an den Seitenlinien Beifall spenden.

Wie sorgt man für Kohärenz in einer Bewegung voller Anarchisten, deren größter taktischer Vorteil bisher darin bestand, dass sie sich wie ein Schwarm Moskitos verhielt? Vielleicht ist es genau wie im Internet das Beste, wenn man lernt, auf den Strukturen zu surfen, die sich organisch entwickelt haben. Vielleicht brauchen wir gar keine einzelne politische Partei, sondern nur bessere Links zwischen den Bezugsgruppen; vielleicht sollten wir gar nicht mehr Zentralisierung anstreben, sondern eine noch radikalere Dezentralisierung.

Wenn Kritiker behaupten, dass es den Demonstranten an einer klaren Vision fehle, meinen sie damit, dass sie keine übergreifende revolutionäre Philosophie besitzen, auf die sie sich alle einigen könnten – etwa den Marxismus, den demokratischen Sozialismus, ein radikal ökologisches Konzept oder die Idee von einer herrschaftsfreien Gesellschaft. Dies ist absolut richtig, aber wir sollten dafür ausgesprochen dankbar sein. Im Moment sind die konzernkritischen Aktivisten von Möchtegern-Führern umringt, die sehnsüchtig auf eine Gelegenheit warten, sie als Fußtruppen für ihre jeweilige Philosophie zu rekrutieren. Am einen Ende des Spektrums steht Michael Lerner mit seiner Konferenz in der Riverside Church und will all die ungebremste Anfangsenergie von Seattle und Washington in den Rahmen seiner *Politics of Meaning* einfügen. Am anderen Ende steht John Zerzan aus Eugene, Oregon, der sich nicht für Michael Lerners »Aufruf zur Heilung« interessiert, sondern Krawalle und die Zerstörung von Eigentum als den ersten Schritt betrachtet auf dem Weg zum Zusammenbruch der Industrialisierung und zu einer Rückkehr zum »Anarcho-Primitivismus«– einer Art voragrarischem Jäger-und-Sammler-Utopia. Dazwischen tummeln sich Dutzende weiterer Visionäre: etwa die Jünger von Murray Bookchin und seiner Sozialökologie; gewisse sektiererische Marxisten, die fest damit rechnen, dass morgen die Revolution ausbricht; die Anhänger von Kalle Lasn, dem Herausgeber von *Adbusters,* und seiner Version einer milden Revolution durch Culture-Jamming. Und dann gibt es auch noch den einfallslosen Pragmatismus einiger Gewerkschaftsführer, die vor Seattle ein paar Sozialvorschriften an die existierenden Handelsabkommen anheften wollten und das als großen Wurf gewertet hätten.

Es ist das große Verdienst dieser jungen Bewegung, dass sie all die Programme und großzügig überreichten Manifeste bis heute abgewehrt hat und lieber wartet, bis sie durch ein hinreichend demokratisches und repräsentatives Verfahren die nächste Stufe des Widerstands erreicht. Vielleicht kommt es gar nicht darauf an, eine Vision zu finden, sondern darauf, sich nicht zu schnell mit einer zufrieden zu geben. Wenn es der Bewegung gelingt, die vielen Propheten im Wartestand abzuwehren, dann wird sie kurzfristig einige PR-Probleme haben. Einige ihrer Mitglieder werden durch den seriellen Protest ausbrennen. Die Blockierer von Straßenkreuzungen werden sich für autonom erklären. Und, oh ja, junge Aktivisten werden sich von den Spöttern wie Opferlämmer – und oft genug sogar als Lämmer verkleidet – auf den Meinungsseiten der *New York Times* schlachten lassen.

Aber, was soll's? Schon jetzt ist es diesem dezentralisierten, vielköpfigen Schwarm von Bewegung gelungen, eine Generation von Aktivisten rund um den Erdball auszubilden und zu radikalisieren. Bevor sie irgendeinen Zehnpunkteplan unterzeichnet, hat sie das Recht zu probieren, ob aus ihrem chaotischen Netz von Naben und Speichen nicht etwas ganz Neues, völlig Eigenes entsteht.

Los Angeles

Die Ehe zwischen Geld und Politik durchleuchten

August 2000

Diese Rede hielt ich im Rahmen einer Podiumsdiskussion mit dem Titel »Der Kampf gegen die Geldkultur« auf dem Schattenparteitag in Los Angeles, nur wenige Straßen vom Parteitag der Demokraten entfernt. Der Schattenparteitag war eine einwöchige Konferenz, auf der wichtige Themen diskutiert wurden, die, wie die Reform der Wahlkampffinanzierung oder der Krieg gegen die Drogen, auf den Parteitagen der beiden großen US-amerikanischen Parteien ausgespart blieben.

Die Kritik an Konzernen, weil sie unsere öffentlichen Räume und unsere Vorstellungen von Revolte geschluckt und unsere Politiker gekauft haben, ist inzwischen nicht mehr nur das Steckenpferd von Kulturkritikern und Hochschullehrern. Sie ist in nur wenigen Jahren ein internationaler Volkssport geworden. Auf der ganzen Welt sagen Aktivisten: »Ja, wir haben begriffen. Wir haben die Bücher gelesen, wir haben die Vorträge gehört. Wir haben das krakenartige Schaubild in *The Nation* studiert, das zeigt, dass alles Rupert Murdoch gehört. Und wisst ihr was? Wir regen uns nicht bloß darüber auf. Wir unternehmen was dagegen.«

Hat der konzernkritische Aktivismus die amerikanischen Konzerne in die Knie gezwungen? Nein. Aber er ist auch nicht bedeutungslos. Da braucht ihr bloß Nike zu fragen. Oder Microsoft. Oder Shell. Oder Monsanto. Oder Occidental Petroleum. Oder Gap. Fragt Philip Morris! Die sagen es euch bestimmt. Oder vielmehr ihr neu ernannter Vice President für unternehmerische Verantwortung sagt es euch.

Wir leben in einem Zeitalter des extremen Warenfetischismus, um einen Begriff von Karl Marx zu verwenden. Limonaden- und Computermarken spielen die Rolle von Göttern in unserer Kultur. Sie schaffen unsere mächtigste Ikonografie, sie errichten unsere utopischsten Baudenkmäler, sie spiegeln unsere Erfahrungen für uns wider. Ihre Diener sind weder Priester noch Intellektuelle, weder Dichter noch Politiker, sie sind allesamt Angestellte von Nike.

Wir reagieren darauf mit den ersten Stadien einer Kampagne zur Entfetischisierung von Waren. Das heißt, wir sagen: Nein, ein Turnschuh ist *kein* Symbol für Revolte und Transzendenz. Er besteht aus einem Stück Gummi und einem Stück Leder, die von einer Arbeiterin zusammengenäht wurden. Und wir können euch sagen, wie viel die Arbeiterin dafür bekommen hat, und wie viele aktive Gewerkschafter gefeuert werden mussten, um ihren Lohn so niedrig zu halten. Bei der Entfetischisierung von Waren geht es darum, dass ein Mac-Computer nichts mit Martin Luther King zu tun hat, sondern mit einer Branche, die dazu neigt, Informationskartelle zu bilden.

Es geht um die Erkenntnis, dass jedes Teilstück unserer Hochglanz-Konsumkultur irgendwoher kommt. Es geht darum, die Netze von Fabriken mit Auftragsproduktion zu erforschen, die subventionierten Briefkastenfirmen und die ins Ausland verlagerte Arbeit aufzuspüren, damit man weiß, wo und unter welchen Bedingungen all die Teilstücke produziert werden, und damit man weiß, welche Lobby-Gruppen die Regeln für das Spiel aufgestellt und welche Politiker sie gekauft haben, um die

Regeln durchzusetzen. Mit anderen Worten, es geht darum, die Warenkultur zu durchleuchten, die Ikonen des Shopping-Zeitalters zu dekonstruieren und dabei echte weltweite Verbindungen zwischen Arbeitern, Studenten und Umweltschützern aufzubauen. Wir erleben heute eine neue Welle von investigativem Aktivismus, der Personen und Dinge beim Namen nennt – ein Stück Black Panther, ein Stück Schwarzer Block, ein Stück Situationismus, ein Stück Slapstick, ein Stück Marxismus, ein Stück Marketing.

Und wir können das alles diese Woche in Los Angeles erleben. Am Sonntag gab es eine Protestaktion im Loews-Hotel, wo zwischen dem Management und den mit Niedriglöhnen bezahlten Arbeitern ein erbitterter Arbeitskampf tobt. Die Streikenden wählten diese Woche für ihre Veranstaltung, weil sie die Aufmerksamkeit auf die Tatsache lenken wollten, dass der CEO von Loews ein wichtiger Spender für Al Gores Wahlkampf ist. Sie wollten zwei Dinge begreiflich machen: dass der Wirtschaftsboom von den Niedriglohnarbeitern getragen wird und dass unsere Politiker das nicht sehen wollen, weil sie gekauft sind. Später am selben Tag war eine Demonstration bei Gap. Auch diese Demo hatte zwei Ziele. Erstens sollte gezeigt werden, wie das Unternehmen all seine fetzigen Werbespots finanziert, nämlich indem es in Sweatshop-Fabriken zu Spottpreisen produzieren lässt. Und zweitens sollte der Zusammenhang zwischen Wahlkampfspenden und Lobby-Arbeit aufgezeigt werden. »Was ist das Lieblingshobby des Gap-Chairmans Donald Fisher?«, steht auf den Flyern der Demonstranten. »Der Kauf von Politikern«, lautet die Antwort unter Hinweis auf Fishers großzügige Wahlkampfspenden für George Bush und Bill Bradley. Am Montag stand die Beteiligung Al Gores an Occidental Petroleum im Zentrum der Kritik. Dem Ölkonzern werden

Menschenrechtsverletzungen vorgeworfen, weil er in Kolumbien auf U'Wa-Land nach Öl bohren will, obwohl die Ureinwohner mit Massenselbstmord drohen, wenn ihr Land geschändet wird. [Der Konzern hat sich inzwischen aus dem Projekt zurückgezogen.]

Ich glaube, dieser Parteitag wird als derjenige in die Geschichte eingehen, an dem die Ehe zwischen Geld und Politik endgültig ans Licht gezerrt wurde – hier auf dem Schattenparteitag und auf den Straßen durch die Aktion »Milliardäre für Bush« (oder Gore), bei der sich die Kandidaten symbolisch mit falschen Millionen-Dollar-Scheinen das Maul stopfen. Ideen, die bisher nur einer Hand voll Politfreaks wichtig waren – die Reform der Wahlkampffinanzierung, der Konzentrationsprozess in den Medien – haben inzwischen Leben bekommen. Sie treten als satirisches Straßentheater in der Figueroa Street auf und als erstaunlich erfolgreiche partizipatorische Mediennetze wie Indymedia, das den sechsten Stock dieses Gebäudes, der Patriotic Hall, übernommen hat.

Wenn in wenigen Jahren so viel entstanden ist, wie sollten wir da keine Hoffnung haben, dass auch in Zukunft Veränderungen möglich sind? Wisst ihr noch, die jungen Leute, die heute auf den Straßen die Macht der Konzerne bekämpfen, sind dieselben, die wir erst kürzlich noch als völlig hoffnungslos abgeschrieben hatten. Sie sind die erste Generation, die ganz unter dem Mikroskop der Marketing-Spezialisten aufgewachsen ist. Sie hatten Werbung im Klassenzimmer; sie werden im Internet von gierigen Marktforschern verfolgt; ihre jugendliche Subkultur wurde vollkommen kommerzialisiert; ihnen wurde erzählt, sie sollten all ihre Anstrengungen darauf konzentrieren, mit 18 Dotcom-Millionär zu sein; und ihnen wurde beigebracht, statt mündiger Staatsbürger lieber »CEO einer Ich-AG« zu werden, oder, um den aktuellen Slogan zu gebrauchen, »eine Marke namens Du«. Diese Leute müssten eigentlich Fruitopia in den Adern haben statt Blut und einen Palm Pilot statt einem Gehirn.

Bei einigen stimmt das auch. Aber viele bewegen sich genau in die entgegengesetzte Richtung. Deshalb brauchen wir einen Aktivismus, der auf der konkreten politischen Ebene funktioniert, wenn wir eine Bewegung mit einer breiten Basis aufbauen wollen, die die Geldkultur wirklich herausfordert. Aber wir brauchen auch einen Aktivismus, der tiefer geht und die kulturellen und menschlichen Bedürfnisse anspricht, die entstanden sind, weil die Identität selbst zur Ware geworden ist. Dieser Aktivismus muss das Bedürfnis nach Erlebnissen anerkennen, die nicht Ware sind, er muss unseren Wunsch nach wirklich öffentlichen Räumen wieder erwecken und nach dem Vergnügen, gemeinsam etwas aufzubauen. Vielleicht sollten wir damit beginnen uns zu fragen, ob die Bewegung für freie Software und die Tauschbörse Napster ein Teil dieses Phänomens sind. Vielleicht müssen wir noch mehr privatisierte Räume befreien, wie es die Aktivisten von Reclaim the Streets mit ihrer Wanderkarawane tun, wenn sie mitten auf belebten Straßenkreuzungen wilde Partys veranstalten, nur um die Leute daran zu erinnern, dass die Straße früher auch der Begegnung diente und nicht nur dem Geschäft.

Diese Wiedereroberung vollzieht sich heute schon an vielen Fronten. Das Allgemeingut wird rund um den Erdball zurückerobert: von Medienaktivisten, von landlosen Bauern, die ungenutztes Land besetzen, von Farmern, die die Patentierung von Pflanzen und anderen Lebensformen ablehnen.

Und auch die Demokratie wird wieder in Anspruch genommen, von den Menschen in diesem Saal und von denen draußen auf der Straße. Die Demokratie will sich nicht auf dem Parteitag im Staples Center einsperren oder von der bankrotten Logik zweier wirtschaftsfreundlicher Parteien festnageln lassen. Und auch der Aktivismus, der in Seattle die Aufmerksamkeit der Welt auf sich zog, überschreitet hier in Los Angeles seine Grenzen und verwandelt sich von einer Bewegung gegen die Macht der Konzerne in eine Bewegung für die Befreiung der Demokratie selbst.

PRAG

Die Alternative zum Kapitalismus ist nicht der Kommunismus, sondern die Dezentralisierung der Macht

September 2000

Die meisten Delegierten auf dem diesjährigen Treffen der Weltbank und des Internationalen Währungsfonds' in Prag scheint es zu erzürnen, dass sie über die grundsätzlichen Vorteile der marktwirtschaftlichen Globalisierung überhaupt diskutieren müssen. Ihrer Ansicht nach hätte diese Diskussion 1989 zu Ende sein müssen, als die Berliner Mauer fiel und die Geschichte endete. Nur leider sind wir alle da – Alte und Junge, zu Tausenden –, und wir stürmen buchstäblich die Barrikaden ihres extrem wichtigen Gipfels.

Und wenn die Delegierten von den Mauern ihrer schlecht geschützten Festung auf die Menschenmenge hinabschauen und Schilder mit dem Slogan »Kapitalismus tötet« erspähen, sehen sie schrecklich verwirrt aus. Haben diese merkwürdigen Leute denn das letzte Memorandum nicht bekommen? Haben sie denn nicht kapiert, dass wir uns alle schon lange für den Kapitalismus mit freier Marktwirtschaft als letztes und bestes System entschieden haben? Gewiss, der Kapitalismus ist nicht perfekt, und alle Delegierten auf dem Gipfel sind schrecklich besorgt über all diese Armen und die Zerstörung der Umwelt, aber es gibt doch keine andere Wahl – oder?

Lange Zeit hatte es den Anschein, als würden nur zwei politische Modelle existieren: der Kapitalismus des Westens und der Sowjetkommunismus. Und nach dem Zusammenbruch der Sowjetunion blieb nur noch eine der beiden Alternativen übrig, so schien es wenigstens. Institutionen wie die Weltbank und der IWF arbeiteten eifrig daran, die Volkswirtschaften in Osteuropa und Asien an ihr kapitalistisches Programm »anzupassen«: Privatisierung des Dienstleistungssektors, weniger Regulierung für ausländische Konzerne, Schwächung der Gewerkschaften, Aufbau riesiger Exportindustrien.

Aus all diesen Gründen ist es so bedeutsam, dass der gestrige Frontalangriff auf die Ideologie, die die Weltbank und den IWF beherrscht, ausgerechnet hier, in der Tschechischen Republik, stattfand. Dieses Land, in dem die Leninbüsten durch Pepsi-Logos und das »M« von McDonald's ersetzt wurden, hat beide wirtschaftliche Orthodoxien erlebt.

Viele der jungen Tschechen, mit denen ich diese Woche sprach, zogen aus ihrer direkten Erfahrung mit Kommunismus und Kapitalismus den Schluss, dass beide Systeme etwas gemeinsam haben: Beide zentralisieren die Macht in den Händen weniger, und beide behandeln Menschen, als ob sie keine vollwertigen Menschen wären. Der Kommunismus sah sie nur als potenzielle Produzenten und der Kapitalismus sieht sie nur als potenzielle Konsumenten. Der Kommunismus ließ die herrliche Hauptstadt Prag verhungern, aber der Kapitalismus hat sie überfüttert und sie im Namen der Samtenen Revolution zu einem Vergnügungspark gemacht.

Viele an den Ereignissen dieser Woche beteiligte Aktivisten haben beide Systeme kennen gelernt und sind von beiden enttäuscht. Dies ist eine Erklärung dafür, warum so viele von ihnen sich als Anarchisten bezeichnen und sich instinktiv mit den Kleinbauern und den Armen in den Städten der Dritten Welt verbunden fühlen, die gegen riesige Institutionen und gesichtslose Bürokratien wie den IWF und die Weltbank kämpfen.

Bei dieser Gemeinsamkeit geht es nicht um die Frage, wer die Macht haben soll – der Staat oder die multinationalen Konzerne –, sondern darum, wie die Macht verteilt ist, und um die Überzeugung, dass Entscheidungen umso verantwortlicher getroffen werden, je näher die Entscheidungsträger den Personen sind, die ihre Folgen zu tragen haben. Was der Revolte zugrunde liegt ist die Zurückweisung einer Kultur des »vertraut uns«, gleichgültig, wer gerade der Experte ist. In der Samtenen Revolution haben die Eltern vieler junger Aktivisten einen Machtwechsel in ihrem Land erkämpft. Ihre Kinder jedoch spüren, dass die tschechische Bevölkerung immer noch machtlos ist, und haben sich einer globalen Bewegung angeschlossen, die die Mechanismen zur Zentralisierung der Macht angreift.

Auf einer Konferenz über die Globalisierung, die in Vorbereitung auf den Prager Gipfel stattfand, sagte die indische Ärztin Vandana Shiva, bei dem Massenwiderstand gegen die Projekte der Weltbank gehe es nicht so sehr um bestimmte Staudämme oder Sozialprogramme, als vielmehr um einen Kampf für mehr lokale Demokratie und Selbstbestimmung. »Die Geschichte der Weltbank«, besteht laut Vandana Shiva darin, »dass sie den Gemeinden Macht entzieht und sie zunächst einer Zentralregierung verleiht, sie später durch Privatisierung jedoch an die Konzerne weiterreicht.«

Die jungen Anarchisten unter den Zuhörern nickten, Vandana Shiva klang genau wie sie.

TORONTO

Der Kampf gegen die Armut und die Gewaltfrage

Juni 2000

Wie organisiert man einen Aufruhr? Das ist zurzeit eine wichtige Frage für John Clarke, das prominenteste Mitglied der Ontario Coalition Against Poverty (OCAP). Letzte Woche veranstaltete die OCAP eine Demonstration gegen die zunehmende Obdachlosigkeit in Ontario, die dazu geführt hat, dass innerhalb der letzten sieben Monate 22 Menschen auf der Straße gestorben sind. Als die Demonstration in eine offene Schlacht ausartete, berittene Polizisten in die Menge preschten und hochgerüstete Bereitschaftspolizisten mit Pflastersteinen und Transparentstangen bekämpft wurden, erklärte die Presse sofort John Clarke zu einem machiavellistischen Strippenzieher, der einen dummen, beeinflussbaren Mob gesteuert habe.

Mehrere Gewerkschaften drohten, die OCAP nicht mehr mit Geld zu unterstützen, und Clarke selbst muss mit einem Gerichtsverfahren wegen Anstiftung zum Aufruhr rechnen. [Die Klage ist immer noch anhängig.] Für die meisten Kommentatoren stand von vornherein fest, dass die Demonstranten sich nicht spontan zur Gegenwehr entschlossen, als die Polizei mit Pferden und Knüppeln auf sie losging. Schließlich waren sie mit Taucherbrillen und mit Zitronensaft getränkten Tüchern bewaffnet, also eindeutig auf eine Schlacht vorbereitet gewesen. (Unerheblich, dass diese Ausrüstung als Schutz gegen den unvermeidlichen Einsatz von

Tränengas und Pfefferspray gedacht war, den selbst die friedlichsten und gesetzestreusten Demonstranten inzwischen leider von der Polizei zu erwarten gelernt haben.) Jemand musste die Gewalt organisiert haben, musste ihnen befohlen haben, Pflastersteine zu werfen, und jemand musste Workshops über die Herstellung von Molotow-Cocktails abgehalten haben. Warum Clarke dies hätte tun sollen? Wenn man der Presse glauben darf, offensichtlich um Ruhm und Reichtum zu erwerben.

In einem halben Dutzend Presseartikeln wurde darauf hingewiesen, dass John Clarke selbst nicht obdachlos ist, sondern dass er – Skandal! – in einem gemieteten Bungalow in Scarborough lebt. Noch skandalöser: Es nahmen noch weitere Personen an der Demonstration teil, die ebenfalls nicht obdachlos sind. Welche Annahmen liegen einer solchen Berichterstattung zugrunde? Dass Aktivisten stets in ihrem eigenen Interesse handeln und darauf aus sind, ihre Vermögenswerte zu schützen, niedrigere Studiengebühren zu erstreiten oder für sich selbst Gehaltserhöhungen zu erkämpfen. Journalisten, die so denken, empfinden es irgendwie als Verrat und als böse, wenn jemand unter Einsatz seines Körpers dafür kämpft, wie die Gesellschaft seiner Ansicht nach funktionieren sollte. Sie empfehlen den Jugendlichen und Radikalen, den Mund zu halten und sich einen Job zu suchen.

Ich kenne mehrere der »professionellen Aktivisten« der OCAP schon seit Jahren. Einige haben sich schon bevor sie 20 waren in der Armutsbekämpfung engagiert und bei Food Not Bombs gearbeitet, einer Gruppe, die Essen für ein fundamentales Menschenrecht hält und der Ansicht ist, dass man keine Genehmigung von der Stadt braucht, wenn man ein Essen zubereiten und es mit hungrigen Menschen teilen will.

Einige dieser Aktivisten hätten tatsächlich lukrative Jobs bekommen und aus den überfüllten Mietwohnungen ihrer

Wohngemeinschaften ausziehen können, wenn sie gewollt hätten. Sie sind unglaublich einfallsreich und gut ausgebildet. Und einige von ihnen können so gut mit einem Betriebssystem von Linux umgehen, dass sie es leicht zum Dotcom-Millionär hätten bringen können.

Doch sie haben einen anderen Weg eingeschlagen und lehnen ein Wertsystem rundweg ab, nach dem die einzig akzeptable Anwendung unserer Fertigkeiten und Talente darin besteht, sie für Geld und Macht zu verkaufen. Stattdessen nutzen sie ihre hervorragend zu vermarktenden Kompetenzen, um auf eine Verteilung der Macht hinzuarbeiten. Sie wollen die machtlosesten Mitglieder der Gesellschaft von Ontario davon überzeugen, dass sie gar nicht so machtlos sein müssen: Sie könnten sich kollektiv organisieren, sie könnten sich gegen Brutalität und Misshandlung zur Wehr setzen, sie könnten ein Dach über dem Kopf beanspruchen; aber all diese Macht bleibt ungenutzt.

Die Ontario Coalition Against Poverty existiert einzig und allein zu dem Zweck, Armen und Obdachlosen Macht zu verschaffen, weshalb es besonders ungerecht ist, dass die Protestaktionen der letzten Woche als die finstere Intrige eines einzelnen Mannes dargestellt werden, der die Armen angeblich als seine Marionetten auf das Schlachtfeld führt. Die OCAP unterscheidet sich von fast allen mit Armutsbekämpfung befassten Gruppen, weil sie darauf setzt, die Betroffenen zu organisieren, anstatt sich auf bloße Wohltätigkeit und Interessenvertretung zu beschränken. Für die OCAP sind Arme nicht bloß Mäuler, die gestopft werden müssen, oder Körper, die einen Schlafsack brauchen. Sie sind etwas ganz anderes: Staatsbürger, die ein Recht darauf haben, Gehör zu finden. Es ist eine außerordentlich schwierige Aufgabe, Obdachlose zur Wahrnehmung ihrer politischen Rechte und zum Widerstand gegen ihre Feinde zu ermuntern.

Und wegen ihrer Erfolge auf diesem Gebiet wird die OCAP von Aktivisten auf der ganzen Welt als Vorbild betrachtet.

Wie organisiert man Obdachlose, Menschen, die als Nichtsesshafte von Stadt zu Stadt pilgern, Arme? Wir wissen, dass man Arbeiter in Fabriken organisiert, Einwohner in Stadtvierteln, Studenten in Universitäten. Dagegen ist die Klientel von OCAP von Natur aus verstreut und ständig auf Wanderschaft. Und während Arbeiter und Studenten sich durch Streiks politisches Gewicht verschaffen können, sind die Obdachlosen bereits von allen Institutionen aufgegeben, gegen die sie streiken könnten.

Aufgrund solcher Hindernisse meinen die meisten Gruppen, die in der Armutsbekämpfung engagiert sind, dass die Armen und Obdachlosen nicht für sich selbst sprechen und handeln könnten. Allein die OCAP versucht, den Armen Raum zum Sprechen und Handeln zu schaffen. Doch genau da beginnen die Schwierigkeiten. Die meisten von uns wollen nämlich die Wut in den Stimmen der Armen nicht hören und den Zorn in ihren Taten nicht sehen.

Deshalb sind so viele Leute sauer auf John Clarke. Sein Verbrechen besteht nicht darin, dass er einen Aufruhr organisiert hat. Es besteht darin, dass er sich weigert, die Armut für die Kameras und Politiker annehmbar zu gestalten. Die OCAP verlangt von ihren Mitgliedern nicht, sich an den Knigge für gesitteten Protest zu halten. Sie verlangt nicht von wütenden Menschen, dass sie keine Wut haben dürfen, insbesondere dann nicht, wenn ihnen einige der Polizisten gegenüberstehen, die in finsteren Seitengassen gern mal einen Obdachlosen zusammenschlagen, oder wenn sie gegen die Politiker demonstrieren, deren Gesetze sie ihr Dach über dem Kopf gekostet haben.

John Clarke hat keinen Aufruhr organisiert und die OCAP auch nicht. Sie haben ihn nur nicht verhindert.

II

Das Einzäunen der Demokratie

Die Kollateralschäden des Freihandels

Bürger entdecken, dass der wahre Preis des »Freihandels«
der Verzicht auf Selbstbestimmung ist

DEMOKRATIE IN KETTEN

Wer profitiert vom Freihandel?

Juni 2001

Beim Amerikagipfel im April 2001 in Quebec erklärte US-Präsident George W. Bush, dass die geplante panamerikanische Freihandelszone Free Trade Area of the Americas (FTAA) zur Schaffung einer »Hemisphäre der Freiheit« beitragen werde. Bush verband ausdrücklich Globalisierung und Demokratie und argumentierte, dass »Menschen, die in offenen Wirtschaftssystemen agieren, letztendlich auch eine offenere Gesellschaft fordern«.

Fördert die Globalisierung wirklich die Demokratie? Das hängt von der Globalisierung ab. Beim derzeitigen System werden die Entscheidungen von undurchsichtigen und nicht repräsentativen Institutionen getroffen, doch es gibt auch andere Optionen. Im eigenen Land und weltweit ist Demokratie eine Möglichkeit, allerdings eine, die ständige Wachsamkeit und Erneuerung verlangt.

US-Präsident Bush ist offenbar anderer Ansicht. Wie so viele Befürworter des derzeitigen globalen Wirtschaftsmodells argumentiert er, dass Demokratie weniger eine aktive Entscheidung sei als vielmehr Folge des Trickle-Down-Effektes wirtschaftlichen Wachstums: Freie Märkte schaffen freie Menschen. Als ob Demokratie eine Frage des Laisser-faire wäre. Leider waren Investoren bislang nur allzu bereit, repressive Monarchien wie in Saudi-Arabien oder kommunistische autoritäre Regimes wie

China zu unterstützen, solange diese Regimes ausländischen
Unternehmen freien Zugang zum Markt boten. Im Wettbewerb
um billige Arbeitskräfte und wertvolle Rohstoffvorkommen
bleiben pro-demokratische Bewegungen auf der Strecke.

Gewiss gedeiht der Kapitalismus in repräsentativen Demokratien, die marktorientierte Maßnahmen wie Privatisierung
und Deregulierung umsetzen. Aber was ist, wenn die Bürger
demokratische Entscheidungen treffen, die bei ausländischen
Investoren auf Missfallen stoßen? Was passiert, wenn die Bürger eines Landes zum Beispiel beschließen, die Telefongesell-
schaft zu verstaatlichen oder eine stärkere Kontrolle über ihre
Öl- und Mineralienvorkommen auszuüben? Die Geschichte
gibt uns eine Antwort:

Als die demokratisch gewählte Regierung Guatemalas in
den fünfziger Jahren umfassende Landreformen beschloss und
damit das Monopol der amerikanischen United Fruit Company
brach, bildete die CIA Rebellen aus, die die Regierung stürzten.
Damals behaupteten die USA, es handle sich um interne Unru-
hen, doch neun Jahre später erklärte US-Präsident Dwight D.
Eisenhower: »Wir mussten die kommunistische Regierung loswerden, die an die Macht gekommen war.« Als General Suharto
1965 mit einem blutigen Staatsstreich in Indonesien an die
Macht kam, konnte er auf die Unterstützung der USA und Europas zählen. Roland Challis, der damalige Südostasien-Korres-
pondent der BBC, ist der Ansicht: »Es war Teil des Deals, dass
britische Unternehmen und die Weltbank wieder ins Land
gelassen wurden.« Entsprechend waren es in den USA auch
die Kräfte des »freien Marktes«, die 1973 den Sturz des demokratisch gewählten chilenischen Präsidenten Salvador Allende
initiierten, der beim Putsch von General Pinochet ums Leben
kam. (Aus dieser Zeit stammt der berühmte Kommentar Henry

Kissingers, man dürfe nicht zulassen, dass ein Land »durch die Verantwortungslosigkeit seines eigenen Volkes kommunistisch wird«.)

Die derzeitigen Überlegungen in Washington, den venezolanischen Präsidenten Hugo Chávez abzusetzen, zeigen, dass diese tödliche Logik nicht mit dem Kalten Krieg gestorben ist. Allerdings erfolgt die Störung der Demokratie durch den freien Markt heutzutage meist auf subtilere Weise, etwa als Direktive des Internationalen Währungsfonds', mit der die Regierungen aufgefordert sind, die Monatsbeiträge für die Gesundheitsfürsorge zu erhöhen oder Milliarden an öffentlichen Mitteln zu streichen. Oder die Weltbank heckt einen Plan zum Bau eines Staudamms aus, der ohne die Zustimmung der Bewohner des betroffenen Gebiets umgesetzt wird, obwohl deren bisherige Lebensweise dadurch zerstört wird. Oder die Weltbank fordert in einem Bericht mehr »Flexibilität« auf dem Arbeitsmarkt eines hoch verschuldeten Landes, um ausländische Investoren anzulocken. (Wenn sich die Betroffenen weigern oder sich wehren, werden sie schnell als Terroristen abgestempelt, und dann sind alle Mittel der Unterdrückung erlaubt.)

Manchmal erfolgt die Einmischung auch in Form einer Beschwerde der Welthandelsorganisation WTO, dass ein nationaler Postdienst in öffentlicher Hand einen ausländischen Kurierdienst »diskriminiert«. Oder in Form eines Handelskriegs gegen Länder, die demokratisch ein Einfuhrverbot für hormonverseuchtes Rindfleisch beschlossen haben, oder gegen Länder, die ihren Bürgern kostenlose Aids-Medikamente zur Verfügung stellen. Es ist der unablässige Ruf der Unternehmenslobbyisten nach Steuersenkungen, der auf der ständig präsenten Drohung basiert, dass Kapital abgezogen wird, wenn wir nicht sofort den aktuellen Wunschzettel der Konzerne erfüllen. Unabhängig von den Methoden steht fest, dass »freie Märkte« selten unbeteiligt zusehen, wenn freie Bürger eines Landes zu Ungunsten der Konzerne Entscheidungen treffen.

Wenn wir über die Beziehung von Globalisierung und Demokratie sprechen, genügt es nicht, nur darauf zu achten, ob die Bürger eines Landes alle vier oder fünf Jahre zur Wahl gehen, sondern man muss dabei auch berücksichtigen, ob die Bürger diese Wahlen noch für sinnvoll halten. Wir dürfen nicht nur auf das Wahlrecht in einer Demokratie schauen, sondern müssen auch die Qualität und Umsetzung dieser Rechte überprüfen. Hunderttausende gehen bei Konferenzen über den Freihandel auf die Straße, und zwar nicht, weil sie gegen den Handel an sich sind, sondern weil das sehr reale Bedürfnis nach Arbeitsplätzen und Investitionen systematisch dazu benutzt wird, unsere Demokratien zu untergraben. Wir können nicht zulassen, dass souveräne Grundrechte im Gegenzug für ausländische Investitionen geopfert werden.

Am meisten missfällt mir bei dem Argument von der Trickle-Down-Demokratie die Missachtung der Menschen, die in ihren Ländern für einen grundlegenden demokratischen Wandel kämpfen, egal ob es sich nun um das Wahlrecht, um Landreformen oder die Gründung von Gewerkschaften handelt. Demokratie ist nicht das Werk der unsichtbaren Hand des Marktes, sondern das Werk sehr realer Hände. So heißt es beispielsweise oft, dass das Nordamerikanische Freihandelsabkommen die Demokratie nach Mexiko bringe. Tatsächlich sind Arbeiter, Studenten, Ureinwohner und radikale Intellektuelle diejenigen, die der unbeweglichen Elite Mexikos allmählich demokratische Reformen abringen. NAFTA wird die Kluft zwischen Arm und Reich vertiefen und den Kampf dieser Bewegungen daher militanter und schwieriger gestalten.

Anstelle der chaotischen und störenden echten demokratischen Bewegungen bietet US-Präsident George W. Bush eine einlullende Alternative: Entspannt euch und wartet, bis die Rechte zu euch kommen. Doch entgegen dieser Vorstellung bringt die Globalisierung in ihrer derzeitigen Form keine Freiheit. Und auch der freie Markt oder die freie Verfügbarkeit von Big Macs ändern daran nichts. Wirkliche Demokratie – wahre Entscheidungsgewalt in den Händen des Volkes – wird stets verlangt, aber nie gewährt.

Das panamerikanische Freihandelsabkommen

Die Politik ist sich vielleicht einig, aber auf den Straßen der lateinamerikanischen Städte ist die Debatte in vollem Gang

März 2001

Am kommenden Freitag treffen sich die Handelsminister aus 34 Ländern in Buenos Aires und verhandeln über die panamerikanische Freihandelszone (FTAA). In Lateinamerika befürchtet man, dass die Minister mit Protesten empfangen werden, die die Demonstrationen in Seattle 1999 noch übertreffen werden.

Die Befürworter der FTAA behaupten gern, ihre einzigen Kritiker seien weiße Collegekids aus Harvard oder McGill, die einfach nicht verstehen wollten, wie sehr »die Armen« die FTAA »einfordern«. Werden die öffentlichen Unmutsbekundungen in Lateinamerika gegen die Freihandelszone daran etwas ändern? Wohl kaum.

Im Westen nimmt man nicht wahr, dass in den Entwicklungsländern gegen den Freihandel demonstriert wird. Egal wie viele Menschen in Buenos Aires, Mexiko Stadt oder São Paulo auf die Straße gehen, die Anhänger der Globalisierung beharren darauf, dass sämtliche Kritik von einem Studenten in Seattle mit neu gedrehten Dreadlocks ausgedacht wurde, der gerade seine Latte schlürft.

Wenn wir über Handel sprechen, konzentrieren wir uns meist – zu Recht – darauf, wer reicher und wer ärmer wird. Aber es gibt noch eine andere Unterscheidung: welche Länder als vielschichtige, komplizierte politische Kulturen dargestellt werden, in denen die Bürger ein breites Spektrum unterschiedlicher Ansichten haben, und welche Länder weltweit scheinbar nur mit einer Stimme sprechen, die noch dazu ideologisch verbrämt ist.

In Nordamerika und Europa wird erbittert über das Scheitern des derzeitigen Handelssystems diskutiert. Eine derart diversifizierte öffentliche Meinung gesteht man den Bürgern der Drittweltländer nur selten zu. Sie werden zu einer homogenen Masse verbunden, für die dubios gewählte Politiker sprechen oder noch besser in Verruf geratene Politiker wie der ehemalige mexikanische Präsident Ernesto Zedillo, der derzeit zu einer internationalen Kampagne gegen die »Globophoben« aufruft.

In Wirklichkeit kann niemand für die 500 Millionen Lateinamerikaner sprechen, am wenigsten Zedillo, denn die Niederlage seiner Partei bei den Wahlen im Juni 2000 geht in erster Linie darauf zurück, dass die Wähler das Nordamerikanische Freihandelsabkommen und dessen Auswirkungen ablehnten. In beiden Teilen des amerikanischen Kontinents ist die Liberalisierung des Marktes ein strittiges Thema. Bei der Debatte geht es nicht darum, ob ausländische Investitionen und ein verstärkter Handel wünschenswert sind – Lateinamerika und die Karibik sind bereits in regionalen gemeinsamen Märkten wie Mercosur organisiert. Bei der Debatte geht es um Demokratie: Welche Bedingungen und Anforderungen schreibt man armen Ländern vor, damit sie sich für die Aufnahme in den globalen Handelsklub qualifizieren?

In Argentinien, dem Gastgeberland der anstehenden FTAA-Konferenz, gibt es offenen Widerstand gegen massive Kürzungen im sozialen Bereich (fast acht Milliarden US-Dollar in drei

Jahren), die durchgeführt wurden, um sich für einen Kredit des Internationalen Währungsfonds' zu qualifizieren. In der vorangegangenen Woche traten drei Minister des Kabinetts zurück, Gewerkschaften riefen zum Generalstreik auf, und die Lehrkräfte an den Universitäten veranstalteten ihre Seminare auf der Straße.

Obwohl sich die Wut über die aufgezwungenen Sparmaßnahmen in erster Linie gegen den IWF richtet, wächst sie rasch und verschont auch Handelsabkommen wie die FTAA nicht. Als Beleg für die Gefahr blicken viele Lateinamerikaner nach Mexiko. Das Nordamerikanische Freihandelsabkommen trat am 1. Januar 1994 in Kraft. Sieben Jahre später leben drei Viertel der mexikanischen Bevölkerung in Armut, die Reallöhne sind niedriger als 1994 und die Arbeitslosigkeit steigt. Trotz der Behauptungen, dass das übrige Lateinamerika eine eigene NAFTA will, sind die zentralen Arbeiterorganisationen in Brasilien, Argentinien, Paraguay und Uruguay – die 20 Millionen Arbeiter vertreten – gegen den Plan und haben deswegen auch bereits gestreikt. Mittlerweile fordern sie in ihren Ländern ein Referendum über die Mitgliedschaft in der FTAA. [Dies fordert auch der im Oktober 2002 gewählte brasilianische Präsident Lula da Silva.] Brasilien hat gedroht, den Gipfel in Quebec zu boykottieren, weil Kanada die Einfuhr brasilianischen Rindfleischs verboten hat. Die Regierung in Ottawa nannte gesundheitliche Bedenken als Grund, doch die Brasilianer denken, das Verbot habe mehr mit Kanadas Verärgerung über die Subventionen für die brasilianische Flugzeugindustrie zu tun. Die brasilianische Regierung befürchtet auch, dass das panamerikanische Freihandelsabkommen die Pharmaunternehmen schützen wird. Damit wäre die weitsichtige Gesundheitspolitik Brasiliens bedroht, Aids-Medikamente kostenlos an Kranke abzugeben.

Anhänger des Freihandels möchten uns glauben machen, dass die Gleichung ganz einfach lautet: Freihandel = Demokratie. Die Demonstranten, die unsere Handelsminister nächste Woche in Buenos Aires empfangen werden, machen eine komplexere Rechnung auf, die uns mehr fordert: Wie viel Demokratie sollen sie für den Freihandel aufgeben?

Zur Hölle mit dem IWF

Argentinien, der einstige Musterschüler des IWF, fordert eine Wende in der Regierungspolitik

März 2002

Am gleichen Tag, an dem der argentinische Präsident Eduardo Duhalde wieder einmal eine weitere fruchtlose Verhandlung mit dem Internationalen Währungsfonds führte, waren einige Bewohner von Buenos Aires mit ganz anderen Verhandlungen beschäftigt. An einem sonnigen Dienstag hatten sie versucht, sich einer Zwangsräumung zu entziehen. Die Bewohner des Hauses Ayacucho 335 verbarrikadierten sich mit ihren 19 Kindern im Gebäude nur wenige Straßen vom Nationalkongress entfernt und weigerten sich auszuziehen. Auf die Hausfassade hatten sie geschrieben: »Zur Hölle mit dem IWF«.

Es mag sonderbar wirken, dass eine Institution, die so großräumig ausgelegt ist wie der IWF, mit so speziellen Angelegenheiten wie einer Zwangsräumung in Verbindung gebracht wird. Aber in einem Land, in dem die Hälfte der Bevölkerung unterhalb der Armutsgrenze lebt, findet man kaum einen Bereich in der Gesellschaft, dessen Schicksal nicht irgendwie von den Entscheidungen des internationalen Kreditgebers betroffen ist.

Bibliothekare, Lehrer und andere Angestellte im öffentlichen Dienst werden bislang mit hastig gedruckten regionalen Währungen bezahlt. Wenn die Provinzen jedoch der Forderung des IWF nachgeben und kein eigenes Geld mehr herausgeben, werden die Angestellten überhaupt nicht mehr bezahlt. Und wenn im sozialen Bereich noch mehr gespart wird, wie es der IWF ebenfalls fordert, sind die Arbeitslosen des Landes, die 30 Prozent der Arbeiterschaft ausmachen, noch stärker von Obdachlosigkeit und Hunger bedroht. Bereits jetzt haben Tausende die Supermärkte gestürmt und nach Lebensmitteln verlangt.

Wenn nicht bald eine Lösung für den Notstand im Gesundheitswesen gefunden wird, hat das verheerende Auswirkungen. Am Stadtrand von Buenos Aires traf ich eine Frau, die beschämt und verzweifelt ihre Bluse hochzog und mir eine offene Wunde und heraushängende Schläuche von einer Magenoperation zeigte. Aufgrund des chronischen Mangels an Verbandsmaterial konnte ihr Arzt die Wunde weder zunähen noch verbinden.

Vielleicht ist es unangebracht, hier über solche Dinge zu sprechen. Bei der Wirtschaftsanalyse sollte es eigentlich um die Anbindung an den Dollar, die Abwertung des Peso und die Gefahren der »Stagflation« gehen – nicht um Kinder, die obdachlos werden, oder Frauen mit klaffenden Wunden. Aber vielleicht verlangen die rücksichtslosen Ratschläge, die der argentinischen Regierung von außen erteilt werden, eine gewisse Personalisierung.

Die Anhänger des freien Marktes sind sich darüber einig, dass man die Krise in Argentinien nicht als Hindernis für weitere Sparmaßnahmen, sondern als eine gute Gelegenheit betrachten sollte: Das Land benötigt so verzweifelt Bargeld, argumentieren sie, dass es alles tun wird, was der IWF verlangt. »In einer Krise muss man handeln, dann ist das Parlament am empfänglichsten für Vorschläge«, erklärt Winston Fritsch, Vorsitzender des brasilianischen Zweigs der Dresdner Bank AG.

Eine besonders drakonische Maßnahme wurde von Ricardo Caballero und Rüdiger Dornbusch vorgeschlagen, Wirtschaftswissenschaftler am MIT, die für die *Financial Times* schreiben:

»Es ist an der Zeit, radikal zu werden«, verkündeten sie. Argentinien müsse »seine Souveränität in allen Finanzfragen vorübergehend abgeben [...] seine Entscheidungsgewalt im monetären, fiskalischen und regulatorischen Bereich über einen längeren Zeitraum wie etwa fünf Jahre abtreten«. Die Wirtschaft des Landes – »Ausgaben, Druck von Banknoten und die Verwaltung der Steuern« – sollte von »ausländischen Mittelsmännern« kontrolliert werden, darunter ein »Ausschuss erfahrener ausländischer Zentralbankiers«.

In einem Land, das immer noch das Verschwinden von 30 000 Menschen während der Militärdiktatur von 1976 bis 1983 verkraften muss, hat nur ein »ausländischer Mittelsmann« die Frechheit zu erklären, das Land brauche »eine feste Hand«. Allerdings scheint Unterdrückung die nötige Voraussetzung für die Rettung des Landes zu sein. Zu den Rettungsmaßnahmen zählen laut Caballero und Dornbusch die Öffnung von Märkten, Etatkürzungen und natürlich eine »massive Privatisierungskampagne«.

Das ist das übliche Rezept, allerdings hat die Sache einen Haken: Argentinien hat das alles schon einmal gemacht. Als Musterschüler des IWF in den neunziger Jahren öffnete das Land seine Wirtschaft (weswegen es auch so einfach war, seit Beginn der Krise Kapital abzuziehen). Und was die angeblich so verschwenderischen Staatsausgaben Argentiniens betrifft: Ein Drittel wird für die Abzahlung von Schulden verwendet. Ein weiteres Drittel geht an die Rentenversicherung, die bereits privatisiert wurde. Das restliche Drittel – von dem tatsächlich ein Teil für Gesundheitsfürsorge, Bildung und Soziales verwendet wird – hinkt so weit hinter der Bevölkerungsentwicklung her, dass das Land auf Schiffsladungen mit Lebensmittel- und Medikamentenspenden aus Spanien angewiesen ist.

Auch bei der »massiven Privatisierung« hat Argentinien brav so viele Staatsbetriebe von der Bahn bis zur Telekommunikation verkauft, dass Caballero und Dornbusch als einziges Beispiel für eine Privatisierung nur noch die Häfen und Zollämter des Landes eingefallen sind.

Kein Wunder, dass viele, die Argentinien früher eifrig lobten, mittlerweile eilig die Schuld bei Gier und Korruption im Land suchen. »Wenn ein Land denkt, es würde Hilfe von den Vereinigten Staaten erhalten, und Geld stiehlt, bekommt es einfach keine Unterstützung«, erklärte George W. Bush letzte Woche in Mexiko.

Argentiniens Bevölkerung, die seit Monaten offen gegen die politische, finanzielle und juristische Elite des Landes revoltiert, muss kaum über die Notwendigkeit einer guten Regierung aufgeklärt werden. Bei der letzten Wahl gaben mehr Wähler ungültige Stimmen ab, als für einen Politiker zu stimmen. Der beliebteste Kandidat der Verweigerer war eine Zeichentrickfigur namens Clemente. Er wurde gewählt, weil er keine Hände hat und daher auch nicht stehlen kann.

Es fällt schwer zu glauben, dass der IWF die argentinische Kultur der Korruption beseitigen wird, schließlich lautete eine der Bedingungen für neue Gelder des IWF, dass Banker, die illegal ihr Geld aus dem Land abzogen und damit die Krise drastisch verschärften, nicht mehr gerichtlich belangt werden sollen. Solange die Zerstörung des Landes als hausgemachte Krankheit präsentiert wird, bleibt der IWF praktischerweise von Kritik verschont.

Bei der bekannten Geschichte von einem verarmten Land, das die Welt um eine Aussetzung der Schulden bittet, wird eine wichtige Entwicklung übersehen. Viele Menschen haben wenig Interesse am Geld des IWF, vor allem, wenn es sie so viel kostet.

Stattdessen bauen sie neue politische Gegengewichte zu ihren eigenen maroden politischen Strukturen und zum IWF auf.

Zehntausende Bewohner von Buenos Aires sind in Nachbarschaftsräten organisiert, die auf städtischer Ebene und sogar landesweit vernetzt sind. Auf Plätzen, in Parks und an Straßenecken diskutieren Nachbarn Möglichkeiten, die Demokratie verantwortungsvoller zu gestalten, und springen dort ein, wo die Regierung versagt hat. Sie sprechen über einen »Bürgerkongress«, um von den Politikern Transparenz und Verantwortung einzufordern. Sie diskutieren über die Mitbestimmung bei Budgets und kürzere Amtszeiten für Politiker, und sie organisieren Suppenküchen für die Arbeitslosen. Den Präsidenten, der nicht einmal gewählt ist, hat diese wachsende politische Kraft immerhin so erschreckt, dass er die *asambleas* als antidemokratisch verleumdet.

Es gibt guten Grund, die Bewegung aufmerksam zu verfolgen. In den *asambleas* spricht man auch über Starthilfen für lokale Unternehmen und die Wiederverstaatlichung von Vermögen. Man könnte sogar noch weiter gehen. Argentinien war jahrzehntelang ein braver Schüler des IWF und wurde von seinen Lehrern schändlich im Stich gelassen. Es sollte nicht um Kredite betteln, sondern Reparationen verlangen.

Der IWF hatte seine Chance in Argentinien. Jetzt ist das Volk an der Reihe.

Kein Platz für Demokratie

Weil sich eine Stadt einem lukrativen Handelsvertrag in den Weg stellt, klagt ein Unternehmen vor einem internationalen Gericht

Februar 2001

Wer immer noch nicht versteht, warum die Polizei für die Konferenz über die panamerikanische Freihandelszone eine moderne Bastille um die Innenstadt von Quebec errichtet, muss nur einen Blick auf einen Fall werfen, der derzeit vor dem Obersten Gericht von British Columbia verhandelt wird. 1991 kaufte Metalclad, eine amerikanische Müllentsorgungsfirma, eine stillgelegte Giftmülldeponie in Guadalcazar in Mexiko. Metalclad wollte eine riesige Sondermülldeponie bauen und versprach, die vom früheren Betreiber zurückgelassenen Altlasten zu entsorgen. Doch in den folgenden Jahren erweiterte das Unternehmen die Deponie ohne lokale Genehmigung und sorgte damit in Guadalcazar für großen Unmut.

Die Einwohner verloren das Vertrauen, dass Metalclad wirklich die Gifte entsorgen würde, und befürchteten eine fortgesetzte Verunreinigung des Grundwassers. Schließlich wurde beschlossen, dass die ausländische Firma nicht willkommen sei. Als die Deponie 1995 eröffnet werden sollte, intervenierten Stadt und Staat mit den ihnen zur Verfügung stehenden Rechtsmitteln. Die Stadt verweigerte Metalclad eine Baugenehmigung, und der Staat erklärte das Gebiet um die Deponie zum Landschaftsschutzgebiet.

Zu der Zeit war das Nordamerikanische Freihandelsabkommen – einschließlich der umstrittenen »Chapter 11«-Klausel, die es Investoren erlaubt, Regierungen zu verklagen – bereits in Kraft. Also verklagte Metalclad Mexiko auf Grundlage von Chapter 11 mit der Begründung, das Land »enteigne« seine Investitionen. Der Fall wurde im August 2000 in Washington D.C. von einer dreiköpfigen Schlichtungskommission angehört. Metalclad verlangte 90 Millionen Dollar, zugesprochen wurden dem Unternehmen schließlich 16,7 Millionen. Mexiko nutzte die seltene Möglichkeit, eine dritte Partei hinzuzuziehen und Einspruch beim Obersten Gericht von British Columbia einzulegen.

Das Beispiel Metalclad illustriert deutlich, was Kritiker meinen, wenn sie behaupten, dass es sich bei Freihandelsabkommen um eine »Bill of Rights für multinationale Konzerne« handle. Metalclad gab sich erfolgreich als Opfer von »Interventionen« aus, wie es die NAFTA bezeichnen würde, was man aber früher »Demokratie« genannt hat.

Der Fall Metalclad zeigt, dass man manchmal auf Demokratie stößt, wenn man am wenigsten damit rechnet. In einem verschlafenen Städtchen oder einer Metropole beschließen die Bürger vielleicht ganz plötzlich, dass die Politiker ihre Arbeit nicht machen und es Zeit für die Bürger ist einzuschreiten. Bürgerinitiativen bilden sich und Stadtratsversammlungen werden gestürmt. Und manchmal erringen die Bürger einen Sieg: Ein gefährliches Bergwerk wird nicht genehmigt, der Plan zur Privatisierung der Trinkwasserversorgung wird verworfen oder eine Mülldeponie wird verhindert.

Meist greifen Bürgerinitiativen erst spät ein, und dann werden frühere Beschlüsse umgeworfen. Diese Ausbrüche von Graswurzeldemokratie sind chaotisch, unbequem und schwer vorherzusehen – aber manchmal kommt die Demokratie trotz ausgeklügelter Pläne einfach bei Ratsversammlungen und Ausschussbesprechungen hinter verschlossener Tür zum Vorschein.

Diese Form von Demokratie wurde von Metalclad als »willkürlich« bezeichnet. Hier sollten wir alle aufhorchen. <u>Durch den so genannten Freihandel verlieren Regierungen die Fähigkeit, auf Wähler einzugehen, aus Fehlern zu lernen und diese zu korrigieren, bevor es zu spät ist.</u> Bei Metalclad ist man der Ansicht, die mexikanische Regierung hätte die Einwände vor Ort einfach ignorieren sollen. Zweifellos ist es aus Sicht des Unternehmers immer einfacher, mit einer Regierungsebene anstatt mit drei zu verhandeln.

Der Haken daran ist, dass unsere Demokratien so nicht funktionieren: Themen wie die Müllentsorgung betreffen nicht nur die Regierung und wirken sich nicht nur auf den Handel aus, sondern auch auf das Trinkwasser, die Gesundheit der Bevölkerung, die Ökologie und den Tourismus. Außerdem bekommen vor allem die Menschen vor Ort die wahren Auswirkungen des Freihandels zu spüren.

Städte müssen die Menschen aufnehmen, die wegen der industrialisierten Landwirtschaft von ihrem Land vertrieben wurden oder ihre Dörfer verlassen mussten, weil staatliche Beschäftigungsprogramme gestrichen wurden. Die Städte müssen auch Unterkünfte für die Menschen besorgen, die durch die Deregulierung des Wohnungsmarktes obdachlos geworden sind, und Städte und Gemeinden müssen außerdem mit dem Chaos nach gescheiterten Privatisierungsexperimenten fertig werden – und das alles mit einem verminderten Steueraufkommen. Die Handelsabkommen werden vielleicht international vereinbart, aber es sind die Leute vor Ort, die dann unter den Auswirkungen zu leiden haben.

Bei vielen Kommunalpolitikern gibt es die Tendenz, mehr Einflussmöglichkeiten zu verlangen, weil sie schließlich die Folgen ausbaden müssen. So verabschiedete beispielsweise der Stadtrat von Vancouver unter Berufung auf das Urteil zugunsten von Metalclad eine Resolution, in der die Regierung gebeten wurde »kein neues Handels- oder Investitionsabkommen wie […] das panamerikanische Freihandelsabkommen zu unterzeichnen, das Vorkehrungen zum Status des Investors wie im Vertrag der NAFTA enthält«. Und am Montag [im Februar 2001] starteten die Bürgermeister der größten Städte in Kanada eine Kampagne für mehr Einflussmöglichkeiten. »In der Verfassung vom Ende des 19. Jahrhunderts werden Städte zusammen mit Saloons und Irrenanstalten genannt, und daraus beziehen wir unsere Macht, man kann mit uns also umspringen, wie man will«, erklärte Joanne Monaghan, Vorsitzende der Federation of Canadian Municipalities.

Städte und Kommunen brauchen entsprechend ihrer gewachsenen Verantwortung ein stärkeres Mitspracherecht, sonst werden sie einfach zu passiven Müllhalden für die negativen Folgen des Freihandels. Manchmal ist der Müll wie in Guadalcazar offen zu sehen.

Meistens ist er jedoch besser versteckt.

[Im Mai 2001 bestätigte das Oberste Gericht von British Columbia das Urteil der NAFTA-Kommission, und Mexiko zahlte im Oktober 2001 über 16 Millionen Dollar an Metalclad.]

Der Krieg gegen die Gewerkschaften

In Mexiko fordern Fabrikarbeiter,
dass Nike Wort hält

Januar 2001

Marion Traub-Werner besuchte gerade ihre Familie in Toronto, als der Anruf kam: 800 Textilarbeiterinnen hatten in einer Fabrik in Mexiko die Arbeit niedergelegt. Sie nahm das nächste Flugzeug nach Mexiko City und traf sich wenige Stunden später mit den Arbeiterinnen.

»Auf diesen Streik haben wir gewartet«, erklärt sie. Die Fabrik stellt Sweatshirts mit den Abzeichen und Wappen der Universitäten von Michigan, Oregon, Arizona, Indiana und North Carolina her. Der größte Abnehmer der Fabrik ist Nike. Der Sportartikelhersteller hat einen Ausstattervertrag mit diesen und vielen anderen Universitäten.

Seit fünf Jahren zählt Marion Traub-Werner zu den Organisatoren der wachsenden Anti-Sweatshop-Bewegung an den Universitäten Nordamerikas und war bei der Gründung der Organisation United Students Against Sweatshops dabei, die mittlerweile an 175 Colleges und Universitäten aktiv ist. Die Studenten führen einen erbitterten Disput mit den Unternehmen, die Kleidung für ihre Universitäten herstellen. Besonderes Aufsehen erregte ihre Auseinandersetzung mit dem Sportartikelgiganten Nike.

Es geht um die Frage, wer mit der Regulierung und Überwachung der Fabriken auf dem 2,5-Milliarden-Dollar-Markt für Collegekleidung betraut werden soll.

Bei Nike hat man wiederholt behauptet, man könne das Problem allein lösen: Der Konzern hat nach eigenen Angaben strenge Vorschriften und gehört der Fair Labor Association an, die vom ehemaligen US-Präsidenten Bill Clinton eingerichtet wurde. Externe Wirtschaftsprüfer sollen im Auftrag von Nike sicherstellen, dass die 700 Firmen, die für Nike produzieren, diese Vorschriften einhalten. [Das Argument, dass Wirtschaftsprüfer gegenüber den Unternehmen, die sie überwachen sollen, unparteiisch eingestellt sind, ist seit dem Enron/Andersen-Skandal deutlich weniger populär.]

Die Studenten lehnen diese Vorgehensweise mit der Begründung ab, dass man von Unternehmen nicht erwarten kann, sich selbst zu kontrollieren. Stattdessen haben die Studenten Druck auf ihre Universitäten ausgeübt, sich dem Workers' Rights Consortium anzuschließen, einer Gruppe, die sich für unabhängige Kontrollen ohne Einflussnahme der Unternehmen einsetzt.

Außenstehenden kommt dies wie eine obskure Schlacht zwischen Organisationen und Unternehmenskürzeln vor: FLA gegen WRC. Aber in der Textilfabrik von Kuk-Dong in Atlixco, Mexiko, kann man die Auseinandersetzung nun auf einen konkreten Fall übertragen. Kuk-Dong ist eine der Testfabriken von Nike, die im Auftrag des Konzerns schon mehrmals von Kontrolleuren besucht wurde.

Die Studenten wollen heute mit einem belastenden Video an die Öffentlichkeit treten, auf dem ein Interview mit einer Kuk-Dong-Arbeiterin zu sehen ist. Laut den Angaben der Studenten belegt das Material, dass die Nike-Vorschriften nicht eingehalten werden. Ich habe das Video gestern gesehen. Eine junge Mexikanerin berichtet von Hungerlöhnen und schlechter Ernährung. Wer krank wird, muss trotzdem arbeiten. Auf die Frage nach ihrem Alter antwortete sie: »15.«

Laut den Vorschriften von Nike werden Textilarbeiterinnen erst ab 16 beschäftigt. Bei Nike gibt man an, die Arbeiterin habe wahrscheinlich ihre Papiere gefälscht, um die Stelle zu bekommen. Tatsächlich sind gefälschte Papiere in Mexiko üblich, allerdings erklären die jungen Arbeiter oft, der Arbeitsvermittler habe sie angewiesen, bei ihrem Alter zu lügen.

Es gibt noch andere Faktoren im Fall von Kuk-Dong, die die Kontrollmethoden von Nike infrage stellen. Nike behauptet, die Arbeiter hätten das Recht, sich gewerkschaftlich zu organisieren. Als ich mich gestern mit Vada Manager, dem PR-Chef von Nike, unterhielt, bekräftigte er: »Wir sind nicht gegen Gewerkschaften.«

Die Arbeiterinnen berichten allerdings, dass fünf ihrer freimütigsten Kolleginnen entlassen wurden, als die Belegschaft beschloss, die »unternehmenseigene Gewerkschaft« hinauszuwerfen, die ihre Interessen nicht vertrat. (So genannte unternehmenseigene Gewerkschaften, die die Interessen der Unternehmensleitung vertreten, sind in Mexiko üblich, unabhängige Gewerkschaften gelten als Hindernis für ausländische Investoren.)

Am vergangenen Dienstag traten die Arbeiterinnen in den Streik und protestierten gegen die Entlassung ihrer Vertreterinnen: 800 Menschen ließen ihre Nähmaschinen stehen und besetzten die Fabrik. Josephina Hernandez, eine der entlassenen Organisatorinnen, erklärt: »Wir fordern ein Ende der korrupten Gewerkschaft und an ihrer Stelle eine unabhängige, von den Arbeitern gebildete Vertretung.«

Die Folgen waren wieder einmal katastrophal. Am Donnerstag stürmte die Bereitschaftspolizei zusammen mit Führern der unternehmenseigenen Gewerkschaft die Fabrik und beendete gewaltsam den Protest. 15 Beschäftigte mussten danach ins Krankenhaus. Das Vorgehen der Polizei war so brutal, dass etwa 200 Arbeiterinnen beschlossen, nicht in die Fabrik zur Arbeit zurückzukehren, obwohl der Streik vorbei war, weil sie Vergeltungsmaßnahmen des Managements befürchteten. Das Recht auf gewerkschaftliche Organisation, das vom mexikanischen Gesetz und von den unternehmenseigenen Vorschriften von Nike garantiert wird, hat in der Kuk-Dong-Fabrik eindeutig keine Bedeutung.

Vada Manager gibt an, dass der letzte Auftrag von Nike an Kuk-Dong (Fleece-Sweatshirts) im vergangenen Dezember abgewickelt wurde. Laut seinen Angaben wird Nike überlegen, ob weitere Aufträge an die Fabrik erteilt werden, je nachdem, was der »Mittelsmann vor Ort« empfehlen wird.

Die Fabrikarbeiterinnen und Studenten, die in Mexiko zusammenarbeiten, wollen jedoch etwas anderes. Sie möchten nicht, dass Nike angesichts des hässlichen Vorfalls einen Rückzieher macht und sein Gesicht wahrt, sondern bleibt und beweist, dass seine Vorschriften mehr sind als leere Worte. »Wir wollen, dass Nike Druck auf Kuk-Dong ausübt, direkt mit den Arbeiterinnen zu verhandeln«, erklärt Traub-Werner. »Das ist ein langwieriger Ansatz, aber unserer Meinung nach wird er eine dauerhafte Wirkung erzielen.«

[Die Mitarbeiterinnen von Kuk-Dong traten in Hungerstreik. Nike setzte schließlich die Firma unter Druck, die streikenden Arbeiterinnen wieder einzustellen. Im September 2001 wurde den Arbeiterinnen das Recht auf Bildung einer unabhängigen Gewerkschaft zugestanden. Laut Aussage der amerikanischen Menschenrechtsorganisation Global Exchange ist dies »ein Sieg, der einen Präzedenzfall schafft«. Dank dieses Präzedenzfalls ist eine weitere Organisation der Arbeiter und die Bildung unabhängiger Gewerkschaften in den mexikanischen Fabriken möglich.]

Die NAFTA-Bilanz

Nach sieben Jahren ergeben die Zahlen, die die Vorteile des Abkommens preisen, keinen Sinn

April 2001

Dieser Aufsatz ist eine Reaktion auf einen Artikel in Globe and Mail, *den der ehemalige kanadische Premierminister Brian Mulroney verfasst hat. Mulroney handelte sowohl das Freihandelsabkommen zwischen Kanada und den USA als auch das Nordamerikanische Freihandelsabkommen aus, mit dem Mexiko noch dazukam. In seinem Artikel trat er für eine Erweiterung der NAFTA ein, bei der ganz Südamerika miteinbezogen werden sollte (die geplante panamerikanische Freihandelszone Free Trade Area of the Americas, FTAA). Mulroneys Position basiert auf der Ansicht, dass die NAFTA für alle drei Länder ein voller Erfolg sei. Zum Zeitpunkt dieser Debatte bereitete sich Quebec gerade auf den Amerikagipfel vor, das Gipfeltreffen der 34 Regierungschefs zur Gründung der panamerikanischen Freihandelszone. Organisationen aus allen Teilen Nord- und Südamerikas planten große Gegendemonstrationen.*

Brian Mulroney glaubt, die Zahlen seien seine Freunde. Stolz verweist er auf den Anteil des kanadischen Bruttoinlandsprodukts, der auf Exporten in die USA basiert – 40 Prozent! Die Zahl der Arbeitsplätze, die durch den Freihandel entstanden sind – vier von fünf! Und Mexikos Position als wichtigster Handelspartner der USA – zweiter hinter Kanada! Diese Zahlen rechtfertigen, so denkt unser ehemaliger Premierminister, die Freihandelsabkommen, die er zuerst mit den USA und dann mit Mexiko aushandelte.

Er hat es immer noch nicht begriffen: Diese Zahlen sind nicht seine Freunde, sondern seine schlimmsten Feinde. Der Widerstand gegen den Freihandel wächst und wird immer lauter. Das liegt vor allem daran, dass der private Reichtum gestiegen ist, ohne dass er sich auf das öffentliche Wohl auswirkt. Es ist nicht so, dass die Kritiker des Freihandels nicht wissen, wie viel Geld damit verdient wird – wir wissen es nur allzu gut.

Es herrscht kein Mangel an Zahlen, die Steigerungen bei Exporten und Investitionen belegen, doch die Trickle-Down-Effekte, die als politischer Anreiz für die Deregulierung versprochen wurden – eine saubere Umwelt, höhere Löhne, bessere Arbeitsbedingungen, weniger Armut – sind entweder Mitleid erregend dürftig oder gar nicht vorhanden.

Gerade die Bilanz für die dem Nordamerikanischen Freihandelsabkommen angehängten Vereinbarungen zum Schutz der Arbeiter und Umwelt ist erschreckend schlecht. Heute leben 75 Prozent der mexikanischen Bevölkerung unterhalb der Armutsgrenze, 1981 waren es noch 49 Prozent.

Der Freihandel schafft vielleicht Arbeitsplätze in Kanada, aber ihre Zahl genügt nicht, um den allgemeinen Abbau von Arbeitsplätzen auszugleichen – 1997 lag der Nettoverlust bei der Zahl der Stellen laut dem Canadian Centre for Policy Alternatives bei 276 000.

Einer Untersuchung der Tufts University zufolge hat sich die industrielle Umweltverschmutzung in Mexiko seit Inkrafttreten der Freihandelszone verdoppelt. Und die USA wurden zum Helfershelfer der Klimaveränderung, indem sie sich rundweg weigerten, das Kioto-Protokoll zu unterzeichnen. Es zeigt sich, dass trotziger Unilateralismus im Zeitalter des Freihandels ein Luxus der Ultrareichen ist.

Es gibt immer eine Erklärung, warum der Reichtum aus dem Freihandel oben hängen bleibt: eine Wirtschaftskrise, das Handelsdefizit, die Peso-Krise, Korruption in der Politik und jetzt eine neue drohende Rezession. Es gibt auch immer einen Grund, warum das Geld für eine weitere Steuererleichterung anstatt für soziale Maßnahmen oder Programme zum Umweltschutz verwendet werden soll.

Mulroney versteht nicht, dass nur Wirtschaftswissenschaftler die Schaffung von Reichtum an sich verehren. Nur die ganz Reichen erheben Geld zum Selbstzweck. Wir anderen interessieren uns für die steigenden Zahlen in der Handelsbilanz, wenn man dafür etwas kaufen kann: Bedeutet ein Anstieg bei Handel und Investitionen, dass wir es uns leisten können, unser Gesundheitssystem auszubauen? Können wir unser Versprechen einhalten und die Kinderarmut beseitigen? Können wir die Schulen besser ausstatten? Sozialwohnungen bauen? Können wir es uns leisten, in saubere Energiequellen zu investieren? Müssen wir weniger arbeiten, haben wir mehr Freizeit? Kurz gesagt, schaffen wir eine bessere, gerechtere, nachhaltige Gesellschaft?

Das genaue Gegenteil ist der Fall.

Immerhin war Mulroney so freundlich, eines zuzugeben: »Der Freihandel ist Teil eines Ganzen, das die GST [die Goods and Services Tax, die kanadische Steuer auf Güter und Dienstleistungen], Deregulierung, Privatisierung und eine konzentrierte Anstrengung zur Senkung von Defiziten, der Inflation und der Zinsen umfasst.« Dies sind die Voraussetzungen im eigenen Land, beim Welthandel mitzuspielen. Und diese Voraussetzungen sorgen zusammengenommen auch dafür, dass die Zahlen, die Mulroney so stolz verbreitet, wenig gegen stagnierende Löhne, wirtschaftliche Benachteiligung und die wachsende Umweltkatastrophe ausrichten.

Wenn aber das Wirtschaftswachstum von sinnvollen Maßnahmen für den gesellschaftlichen Fortschritt abgekoppelt ist, verlieren mündige Bürger ihr Vertrauen in das System. Sie stellen unbequeme Fragen, und zwar nicht nur über den Freihandel, sondern auch danach, wie Wirtschaftswissenschaftler Fortschritt und Wert bemessen. Warum können wir ökologische Defizite nicht ebenso messen wie wirtschaftliches Wachstum? Wie hoch sind die wahren sozialen Kosten – bei den Kürzungen im Bildungsbereich, der wachsenden Zahl der Obdachlosen – bei dem ganzen Paket an Maßnahmen, auf das sich Mulroney bezieht?

Solche Fragen werden diese Woche in Quebec gestellt werden. Sie kommen von engagierten Menschen wie José Bové, dem französischen Bauern, dessen Kampagne sich nicht gegen McDonald's richtet, sondern gegen ein Agrarmodell, bei dem Nahrungsmittel lediglich als industrielle Ware und nicht als Kernstück von nationaler Kultur und Familienleben betrachtet werden. Sie kommen von Angestellten im Gesundheitswesen, die ein Handelssystem in Frage stellen, das Patente für Aids-Medikamente energischer verteidigt als das Leben von Millionen Menschen. Sie kommen von Universitätsstudenten, die jedes Jahr mehr für ihre Ausbildung bezahlen müssen, während die Schulen gleichzeitig von Werbung überschwemmt und die Forschungsabteilungen privatisiert werden.

Der Slogan »zuerst der Mensch, dann der Profit« wird von den Anhängern des Freihandels als unkoordiniert abgetan, aber er trifft genau die Stimmung, die hinter den Kampagnen in Quebec steht. Die Argumente für die panamerikanische Freihandelszone basieren auf dem unerschütterlichen Glauben, dass das, was gut fürs Geschäft ist, irgendwann auch für alle gut ist. Selbst wenn dieses Argument zutreffen sollte, ist der Zeitrahmen inakzeptabel. Laut dem Präsidenten der mexikanischen Zentralbank wird es bei der aktuellen wirtschaftlichen Wachstumsrate 60 Jahre dauern, bis sich das Prokopfeinkommen in Mexiko verdoppeln und die Armut ein Ende haben wird.

Die Demonstranten wollen verdeutlichen, dass die Würde des Menschen und der Schutz der Umwelt zu wichtig sind, als dass man tatenlos darauf wartet wie auf den Regen nach einer Dürre. Diese Aspekte sollten keine verspäteten Nebenwirkungen sein, sondern die Grundlage unserer Wirtschaftspolitik bilden.

Zum Glück widerstehen die Demonstranten dem Druck, eine Alternative für den Freihandel zu präsentieren, die immer passt. Stattdessen verteidigen sie das Recht auf globale Vielfalt und Selbstbestimmung. Anstelle einer Lösung gibt es Tausende, die sich allmählich zu einem alternativen Wirtschaftsmodell verbinden. In Cochabamba, Bolivien, sieht die Lösung so aus, dass man Wasser nicht als Ware, sondern als ein Gut betrachtet, auf das der Mensch ein Recht hat, auch wenn das heißt, dass man den amerikanischen Wasserkonzern Bechtel hinauswirft. In British Columbia bedeutet das, dass Ureinwohner und ländliche Gemeinden das Recht verlangen, »Kommunalwälder« selbst zu verwalten, wodurch nachhaltige Forstwirtschaft, Tourismus und die lokale Industrie gefördert werden, anstatt dass man multinationalen Konzernen Abholzungsgenehmigungen erteilt. In Mexiko und Guatemala heißt die Alternative die Bildung von Kooperativen bei den Kaffeebauern, die einen ausreichenden Lohn und ökologische Vielfalt garantieren.

Manche Anhänger des Freihandels werfen den Demonstranten in Quebec vor, ihnen sei es nicht wirklich ernst mit ihrem

Protest. Denn sonst würden sie auf der anderen Seite des Maschendrahtzauns stehen, der zum Schutz der Delegierten errichtet wurde und nun die Stadt teilt. Sie sagen, die Demonstranten sollten ganz gesittet Vereinbarungen zum Arbeitsrecht, zur Demokratie und zu ökologischen Standards aushandeln.

Aber 13 Jahre nach dem ersten Freihandelsabkommen mit den USA sind es nicht die Details des FTAA-Abkommens (wir kennen sie noch gar nicht), sondern es ist das ökonomische Modell an sich, das von den Kritikern unter Beschuss genommen wird – die Zahlen ergeben einfach keinen Sinn.

Mit seinem üblichen diplomatischen Feingefühl erklärte der kanadische Premierminister Jean Chrétien letzte Woche der Zeitung *Le Devoir*, Tausende kämen nach Quebec, »um zu protestieren und blablabla«. Ganz im Gegenteil: Sie kommen nach Quebec, weil sie genug vom »Blablabla« haben.

Nach dem 11. September · *Der folgende Text wurde acht Monate nach dem Gipfel in Quebec geschrieben. Er wurde mit aufgenommen, weil wir nach den Anschlägen in New York und Washington für einen Ausbau des Handels noch mehr Einbußen in Kauf nehmen müssen.*

Unter Berufung auf den Kampf gegen den Terrorismus verlangen die USA, dass Kanada die Sicherheitsvorkehrungen an seinen Grenzen massiv verschärft und die Grenzkontrolle zu einem großen Teil an US-amerikanische Sicherheitskräfte abtritt. Die Verhandlungsposition Kanadas könnte kaum schwächer sein: Dank dem Freihandel gehen 87 Prozent unserer Exporte in die USA. Ein Großteil unserer Wirtschaft ist auf eine offene Grenze angewiesen.

Viele Kanadier betrachten den Verzicht auf die Grenzkontrolle als unvermeidbaren Preis zum Schutz der Handelsbeziehung mit den Vereinigten Staaten, die immerhin jährlich 700 Milliarden Dollar abwirft. Aber die Kanadier sollen mehr als nur die Kontrolle über die Grenze aufgeben. Wir sollen auch einen Anteil der wirtschaftlichen Dividenden aus Jahren der Sparsamkeit abtreten. Der »Sicherheitsetat« von Finanzminister Paul Martin vom 10. Dezember 2001 sieht 1,2 Milliarden US-Dollar für die Grenze vor. Ein Teil davon wird verwendet, um Kanada vor Terroristen zu schützen, der größte Brocken dient aber einem ganz anderen Zweck: neuen staatlichen Subventionen für multinationale Konzerne.

Als die Kanadier Kürzungen im Gesundheitswesen, bei der Arbeitslosenversicherung und anderen sozialen Programmen hinnahmen, wurde uns gesagt, diese Sparmaßnahmen seien notwendig, um ausländische Investoren anzulocken. Wir würden unsere Sozialprogramme nicht gegen den Freihandel eintauschen, verkündeten die enthusiastischen Befürworter des Abkommens – ganz im Gegenteil, nur der Freihandel könne den Wohlstand schaffen, den wir zum Wiederaufbau unserer Sozialprogramme benötigten.

Aber die Sache hat einen Haken: Gerade als die Kanadier daran dachten, ihren neu erwirtschafteten nationalen Wohlstand für den sozialen Bereich zu verwenden, zeigt sich, dass der Haushaltsüberschuss nicht für die Sicherheit der Menschen gedacht ist. Er wird für die Sicherheit des Handels verwendet, um »unsere Grenzen offen zu halten«, wie es Martin formulierte.

Die Einkünfte aus dem grenzüberschreitenden Handel werden für die Grenze verwendet: damit daraus eine Supergrenze wird, an der Terroristen bekämpft werden und der Freihandel fließen kann. Wir werden »die modernste Grenze der Welt« haben, schwärmte Martin. Das also ist das Ergebnis all der

Jahre, in denen wir den Gürtel enger schnallten: keine bessere Gesellschaft, sondern eine hochmodern ausgerüstete Grenze.

Geplant sind mehrstufige Grenzübergänge, die gleichzeitig für den Güterverkehr offen, für »unerwünschte« Personen aber geschlossen bleiben. Das ist keine einfache Aufgabe, weil die Mobilität von Menschen und der Strom von Waren normalerweise miteinander verknüpft sind.

Deswegen ist Martins Plan, die Grenze gleichzeitig offen und geschlossen zu halten, auch so kostspielig: 395 Millionen Dollar zur Überprüfung von Flüchtlingen und Einwanderern, 58 Millionen Dollar, um Geschäftsreisenden den Grenzübergang zu erleichtern, 500 Millionen Dollar, um hart gegen illegale Einwanderer durchzugreifen, und 600 Millionen Dollar über sechs Jahre verteilt, um den Verkehrsfluss zu verbessern.

Genießen wir einen Augenblick lang die Ironie. Der Freihandel sollte die Kosten für den Gütertransfer über die Grenze senken und so neue Investitionen fördern. Jetzt sind wir vom Freihandel so abhängig (und die USA hegen so große Zweifel an unserer Fähigkeit, auf uns selbst aufzupassen), dass wir Hunderte Millionen neuer Dollar dafür ausgeben, den Freihandel im Fluss zu halten.

Anders ausgedrückt: Kosten, die früher von der Wirtschaft in Form von Ausfuhr- und Einfuhrzöllen aufgebracht wurden, werden nun den Steuerzahlern in Form von Sicherheitskosten aufgebürdet. Die Grenze, die so viel Wohlstand versprach, hat sich zu einem wirtschaftlichen Fass ohne Boden entwickelt.

Annette Verschuren von der Handelskette Home Depot Canada begrüßte den Haushaltsentwurf vom Montag mit den Worten: »Wir sind auf den Grenzverkehr angewiesen, nur so können wir die Produkte in unsere Läden bringen. Alles, was den Vorgang beschleunigt, senkt unsere Kosten.«

Sind die neuen Sicherheitskosten der unvermeidliche Preis, den wir für unsere wirtschaftliche Stabilität bezahlen müssen? Vielleicht. Aber sie sollten zumindest als Warnung für unsere Politiker dienen, die darauf drängen, das Nordamerikanische Freihandelsabkommen auf Lateinamerika auszudehnen.

Der Freihandel hat bereits seinen Tribut von unseren Sozialprogrammen und unserer Fähigkeit gefordert, eine unabhängige Einwanderungs- und Asylpolitik zu betreiben. Jetzt kostet er uns Milliarden an Dollar für die Sicherheit. Können wir nicht zumindest aufhören, ihn »frei« zu nennen?

HOHE ZÄUNE AN DER GRENZE

Wenn die Barrieren für den Handel niedriger werden, erhöhen sich die Barrieren für die Menschen

November 2000

Als Betty Granger, die Kandidatin der rechtsgerichteten Canadian Alliance, letzte Woche die Bezeichnung »asiatische Invasion« benutzte, war das ein Rückfall in die Rhetorik des Zweiten Weltkriegs mit ihren Reden von der »gelben Gefahr«. Granger musste zurücktreten. In der gleichen Rede fand sich jedoch noch eine weitere Perle der Weisheit, die nahezu unbemerkt blieb. Unter Bezug auf die chinesischen Einwanderer, die vor der Küste von British Columbia aufgegriffen wurden, erklärte sie: »Es ist klar, dass das, was da von diesen Booten herunterkam, nicht die beste Klientel war, die man sich für dieses Land wünscht.«

Klientel. Das klingt nicht ganz so fremdenfeindlich wie »asiatische Invasion«, tatsächlich klingt es sogar positiv nüchtern. Doch die Bezeichnung kann noch gefährlicher sein, vor allem, weil diese Vorstellung nicht auf den rechten Rand der Alliance Party beschränkt ist, sondern der gesamten Debatte um die Einwanderer zugrunde liegt.

In reichen Ländern wie Kanada bezeichnen wir Wanderarbeiter oft als »Klienten«. Unser Land mit seinem Gesundheitssystem und einem halbwegs gesunden Arbeitsmarkt ist dagegen das Produkt, das diese Klienten anstreben. Weil es so viele potenzielle Einwanderer gibt, können wir, wie Granger es tat, abwägen und abschätzen, ob es sich um »die besten« verfügbaren »Klienten« handelt.

»Betty Granger sprach einfach eine weit verbreitete, aber falsche Vorstellung von Einwanderern aus, nämlich dass Einwanderer Leute sind, die ins Land kommen, um zu dienen«, erklärt Fely Villasin, Koordinatorin der Organisation Intercede for the Rights of Domestic Workers, Caregivers and Newcomers.

Einwandererströme sind keine Butterfahrten Wohlstandssuchender, sondern die Kehrseite der Freihandelspolitik, die unsere Regierung so aktiv betreibt. Die Menschen setzen auf rostigen Schiffen nicht ihre Zukunft aufs Spiel, weil sie sich wirtschaftlich ein bisschen verbessern wollen. Sie verlassen ihre Heimat, weil sie dort keine Arbeit und kein Land und keine andere Wahl mehr haben.

Die Ursache kann ein Krieg oder ein Hurrikan sein. Es gibt aber auch weniger dramatische Veränderungen: Agrarland wird von Fabriken verbaut, die für den Export produzieren, oder von Monokulturen verdrängt oder durch einen gigantischen Staudamm unter Wasser gesetzt. Letzte Woche präsentierte Nelson Mandela einen Bericht, in dem die globalen Auswirkungen von Staudämmen bewertet werden, gigantischen Projekten, die von der Weltbank traditionell als unabdingbare Zugangsvoraussetzung zur Weltwirtschaft betrachtet werden. Der Bericht wurde von der Internationalen Staudammkommission veröffentlicht und kommt zu dem Schluss, dass die Staudammprojekte die Migrationsströme erheblich anschwellen lassen – allein durch den Drei-Schluchten-Damm in China verlieren 1,2 Millionen Menschen ihre Heimat.

Wer von seinem Land wegen des Baus von Staudämmen oder anderen Entwicklungsprojekten vertrieben wird, zieht in die Stadt oder besteigt ein Schiff und flieht in ein anderes Land.

Wenn sich Kanada für mehr Investitionsmöglichkeiten seiner Energieunternehmen einsetzt, machen sich alle Kanadier an der Zwangsumsiedlung von Menschen mitschuldig – vertrieben von der neoliberalen Globalisierung.

Aber die Wanderarbeiter, deren Zahl mittlerweile bei weltweit 70 bis 85 Millionen liegt, sind mehr als eine missachtete Nebenwirkung des »Freihandels«. Wenn sie erst einmal entwurzelt wurden, landen sie auf dem freien Markt, und zwar nicht als Klienten, sondern als Waren, und verkaufen das Einzige, was ihnen noch geblieben ist: ihre Arbeitskraft.

Unsere Regierung, so heißt es, bevorzugt im internationalen Handel mit Gütern und Dienstleistungen ausgeglichene Bedingungen. Wir traten für die Welthandelsorganisation ein und befürworten die Ausdehnung des Nordamerikanischen Freihandelsabkommens auf Mittel- und Südamerika. Wir kämpfen für das Prinzip, dass ausländische Unternehmen so wie unsere eigenen behandelt werden: keine unfairen staatlichen Subventionen, keine staatliche Regulierung, keine Auflagen bei Investitionen.

Wenn es sich aber bei der Ware, die über die Grenzen gehandelt wird, um Arbeitskraft handelt, schwinden die guten Vorsätze. Jedes Jahr kommen ungefähr 200000 Wanderarbeiter nach Kanada und arbeiten als billige Reinigungskräfte, Näherinnen, Kindermädchen und Erntehelfer. Und doch hat es unsere Regierung schlichtweg abgelehnt, das Internationale Übereinkommen zum Schutz der Rechte aller Wanderarbeiter und ihrer Familienangehörigen zu unterzeichnen, ein Abkommen, das die Arbeiter vor Diskriminierung schützen soll.

Stattdessen haben wir das Live-In Caregiver Program, das die ungleiche Behandlung von Haushälterinnen und Kindermädchen legitimiert, die nach Kanada kommen und bei ihren

Arbeitgebern im Haus leben. Nach diesem Programm müssen Wanderarbeiter innerhalb von drei Jahren 24 Monate in Vollzeit ohne Einwandererstatus oder grundlegende Arbeitsrechte tätig sein. Nur wenn sie diese Arbeitsquote erfüllen, können sie eine Aufenthaltsgenehmigung bekommen. Wenn nicht, werden sie abgeschoben.

Weil die Beschäftigten an ihrem Arbeitsplatz leben, sind unbezahlte Überstunden normal. Sexueller Missbrauch ist häufig. Aber weil die Aufenthaltsgenehmigung von solchen Jobs abhängt, beklagen sich die Arbeiter und Arbeiterinnen nicht.

In Orwellscher Manier nutzen Unternehmen die Sprache der Menschenrechte für ihre Zwecke: Wal-Mart und Exxon, die Waren über die Grenzen importieren und exportieren, verlangen eine »faire und gleiche Behandlung« und »nicht diskriminierende Klauseln«. Gleichzeitig werden Menschen in zunehmendem Maße wie Waren behandelt und haben keinerlei Rechte.

Betty Granger sagte, die Wanderarbeiter, die nach Kanada kommen, seien »nicht die beste Klientel«. Tatsächlich sind die Kanadier die Klientel für billige Arbeitskräfte: Wir kaufen sie für uns zu Hause, für unsere Farmen, Restaurants und Fabriken. Erst wenn wir erkennen, dass wir bereits an diesem Freihandel mit Menschen beteiligt sind – anstatt, wie wir glauben, unsere Grenzen großzügig den Bedürftigen der Welt zu öffnen –, werden die Wanderarbeiter den Schutz erhalten, der ihnen als Menschenrecht zusteht.

DIE REGELN BESTIMMEN – UND BRECHEN

Herr Premierminister, wir sind keine Globalisierungsgegner, sondern echte Internationalisten

Oktober 2001

Im September 2001 schrieb der belgische Premierminister und EU-Ratspräsident Guy Verhofstadt einen offenen Brief an die »Globalisierungsgegner«. »Eure Sorgen als Globalisierungsgegner sind berechtigt«, schrieb er, »aber um für diese berechtigten Fragen auch gute Lösungen zu finden, brauchen wir nicht weniger, sondern mehr Globalisierung. Das ist das Paradox an der Antiglobalisierung. Denn Globalisierung kann sowohl zum Guten wie zum Bösen angewandt werden. Deswegen brauchen wir ein weltumspannendes, ethisches Herangehen an die Probleme der Umwelt, der Arbeitsbeziehungen, der Währungspolitik. Mit anderen Worten, die Globalisierung nicht bremsen, sondern ethisch einbetten, das ist die Herausforderung. Ich möchte es ›ethische Globalisierung‹ nennen.« (Der komplette Brief des belgischen Premierministers findet sich im Internet unter: www.premier.fgov.be/topics/press/d_press23.html)

Der Brief löste erhebliche Kontroversen aus. Verhofstadt lud eine »Internationale Zusammenkunft« nach Gent, Belgien, ein und bat mehrere Redner zur Diskussion über seinen Brief, darunter auch mich. Meine Rede bei der Veranstaltung ist (etwas erweitert) hier wiedergegeben.

Sehr geehrter Premierminister,

vielen Dank für Ihren Brief an die »Globalisierungsgegner«. Es ist sehr wichtig, dass Sie diese öffentliche Debatte angeregt haben. Ich muss zugeben, dass ich im Lauf der Jahre andere Erfahrungen mit Politikern gemacht habe: Entweder wurde man als Teil eines unwichtigen Wanderzirkus abgetan, oder man wurde zu Verhandlungen hinter verschlossener Tür eingeladen, bei denen man niemandem zur Rechenschaft verpflichtet ist.

Ich war deswegen zu der Überzeugung gelangt, dass es für Globalisierungskritiker nur zwei Möglichkeiten gibt: Marginalisierung oder Integration. Ach, und natürlich Kriminalisierung. Das macht drei Möglichkeiten. Wirkliche Debatten über das Thema – der offene Austausch unterschiedlicher Weltsichten – sind zwischen Tränengas und Selbstdarstellung sehr selten.

Vielleicht sind heute aber gar nicht so viele Globalisierungsgegner hier, wie Sie es sich vorgestellt haben, Herr Premierminister. Das liegt teilweise daran, dass uns viele in der Bewegung nicht als ihre Vertreter betrachten. Viele haben es satt, dass man über und für sie spricht. Sie verlangen eine direktere Form politischer Partizipation.

Es wird viel darüber diskutiert, wofür diese Bewegung steht. Mir gefällt zum Beispiel nicht Ihre Bezeichnung »Globalisierungsgegner«. Ich sehe mich als Teil eines Netzwerks, das nicht die Globalisierung bekämpft, sondern lokal, national und international für direktere und verantwortungsvollere Demokratien eintritt. Dieses Netzwerk ist so global wie der Kapitalismus. Und das ist auch kein »Paradox«, wie Sie behaupten.

Wir müssen aufhören, grundlegende Prinzipien des Internationalismus und wechselseitiger Verbundenheit – Prinzipien, die nur Maschinenstürmer und engstirnige Nationalisten ablehnen – mit einem spezifischen Wirtschaftsmodell zu verbinden, das sehr umstritten ist. Zur Debatte stehen nicht die Verdienste des Internationalismus. Alle Aktivisten, die ich kenne, sind überzeugte Internationalisten. Stattdessen stellen wir die internationale Verbreitung eines einzigen Wirtschaftsmodells in Frage: des Neoliberalismus.

Wenn wir grundlegende Debatten wie diese führen wollen, muss das, was wir »Globalisierung« nennen, nicht nur als unvermeidliches Stadium in der Entwicklung der Menschheit betrachtet, sondern als grundlegender politischer Prozess behandelt werden: Wir brauchen überlegte, diskutierbare und umkehrbare Entscheidungen, wie man die Globalisierung durchführen will.

Ein Teil der Verwirrung, was wir mit dem Begriff »Globalisierung« meinen, beruht auf der Tatsache, dass bei diesem Wirtschaftsmodell der Handel nicht nur ein Teil des Internationalismus ist, sondern seine alles überspannende Infrastruktur. Er schluckt allmählich alles andere – Kultur, Menschenrechte, Umweltschutz und die Demokratie selbst.

Wenn wir über dieses Modell debattieren, diskutieren wir nicht die Vorteile des Handels mit Gütern und Dienstleistungen über Grenzen hinweg, sondern die Auswirkungen einer Vereinnahmung der Welt durch die Konzerne, die Art, wie »Gemeinbesitz« mit der Begründung, dass man nur so am Welthandelssystem teilhaben und konkurrenzfähig sein könne, verändert und neu geordnet – beschnitten, privatisiert, dereguliert – wird. Bei der Welthandelsorganisation wird kein Regelwerk für den Handel entworfen, sondern eine Schablone für eine Einheitsregierung, eine Art »McRule«. Und diese Schablone wird von uns in Frage gestellt.

Nach dem 11. September werden vielen Amerikanern die Nebenwirkungen des Systems bewusst, weil ihre Krankenhäuser, Postämter, Flughäfen und Wasserwerke Mühe haben, mit einer terroristischen Bedrohung umzugehen, die Lücken im öffentlichen Bereich ausnutzt. Und Millionen, die ihren Arbeitsplatz verlieren, müssen die Erfahrung machen, dass es kein soziales Netz mehr gibt, das sie auffängt – ein weiteres Zugeständnis an den Handel. In Kanada geben wir derzeit für den Freihandel sehr viel auf: Wir verzichten im Austausch für die Fortsetzung des Freihandels mit den USA auf die Kontrolle über unsere Grenzen.

Bei Handelskonferenzen demonstrieren Hunderttausende nicht gegen den Handel an sich, sondern weil das reale Bedürfnis nach Handel und Investitionen systematisch dazu genutzt wird, die Prinzipien der Selbstverwaltung zu untergraben. »Regiert so, wie wir es wollen, oder ihr bleibt komplett außen vor«, scheint im neoliberalen Zeitalter als Multilateralismus durchzugehen.

Sind wir nun, da wir die Verwundbarkeit dieses Wirtschaftsmodells kennen, in der Lage, aus unseren Fehlern zu lernen, es anhand seiner Zielsetzungen zu beurteilen und zu fragen, ob die Einbußen es wert waren? Anscheinend nicht. Die Antwort der Politiker lautet seit dem 11. September nahezu einstimmig: Steuersenkungen für Unternehmen und weitere Privatisierungen in den USA und auf der ganzen Welt.

Einer der wichtigsten Punkte auf dem Tagungsplan der im kommenden Monat [November 2001] stattfindenden Konferenz der Welthandelsorganisation ist das General Agreement of Trade in Services (GATS), ein Zusatzabkommen, in dem öffentliche Dienste wie Gesundheitsfürsorge, Bildung und die Trinkwasserversorgung privatisiert werden sollen. Mit dem Abkommen wird auch die Fähigkeit des Staates eingeschränkt, Gesundheits- und Umweltstandards festzusetzen.

Aber die Staaten brauchen den Handel, sagen Sie, insbesondere arme Länder, und für den Handel muss es Regeln geben. Gewiss. Aber warum bauen wir dann kein internationales Regelsystem, das auf den Prinzipien Transparenz, Verantwortungsbewusstsein und Selbstbestimmung gründet, ein System, das die Menschen befreit anstatt Kapital freizusetzen?

Das würde jedoch bedeuten, dass man den grundlegenden Menschenrechten Geltung verschafft, die Selbstbestimmung ermöglichen, etwa das Recht auf die Gründung unabhängiger Gewerkschaften durch die International Labour Organization (ILO). Das würde bedeuten, Maßnahmen abzuschaffen, die eine Demokratie in Ketten legen: Verschuldung, Programme zur strukturellen Anpassung, erzwungene Privatisierung. Das würde auch bedeuten, dass man lange hinausgeschobene Versprechen zu Landreformen und Entschädigungen für Sklaverei endlich einlöst. Man könnte internationale Regeln festlegen, damit Demokratie und Ermächtigung nicht nur leere Phrasen bleiben.

Sie sind sicher meiner Meinung, Herr Premierminister. Beim Lesen Ihres Briefs war ich verblüfft, wie sehr sich unsere Ziele ähneln. Sie fordern ein »weltumspannendes, ethisches Herangehen an die Probleme der Umwelt, der Arbeitsbeziehungen und der Währungspolitik«. Das will ich auch. Die eigentliche Frage lautet daher, warum wir dann überhaupt hier sind – was gibt es zu diskutieren?

Was zur Debatte steht und worüber diskutiert werden muss, wenn es Frieden im Umfeld der Gipfeltreffen geben soll, ist leider die bisherige Bilanz der Globalisierung. Nicht über Worte, sondern über Taten müssen wir sprechen. Nicht über gute Absichten – denn daran mangelt es nie – sondern über die düsteren Fakten: stagnierende Löhne, eine drastische Vertiefung der Kluft zwischen Arm und Reich und das Schwinden grundlegender Dienstleistungen auf der ganzen Welt.

Trotz des Geredes von Offenheit und Freiheit erheben sich überall neue und höhere Zäune: Um Flüchtlingslager in der australischen Wüste oder um zwei Millionen US-Bürger im Gefängnis. Zäune, die aus ganzen Kontinenten wie etwa Nordamerika und Europa Festungen machen, während Afrika ausgesperrt wird. Und natürlich die Zäune, die jedes Mal errichtet werden, wenn sich die Mächtigen der Welt zu einer Konferenz treffen.

Bei der Globalisierung sollte es eigentlich um globale Offenheit und Integration gehen, doch unsere Gesellschaften werden immer verschlossener und sind strenger bewacht denn je, sie benötigen immer mehr Sicherheit und militärische Macht, nur um den ungerechten Status Quo zu wahren.

Die Globalisierung sollte eigentlich auch ein neues System der Gleichheit unter den Staaten bringen. Wir sollten zusammenkommen und uns einigen, nach den gleichen Regeln zu leben, hieß es. Aber es zeigt sich deutlicher als je zuvor, dass die Global Players die Regeln bestimmen und durchsetzen. Allzu oft setzen sie die Regeln überall durch, außer bei sich selbst – unabhängig davon, ob es um Landwirtschaft, Subventionen für die Schwerindustrie oder Einfuhrzölle geht.

Diese Ungerechtigkeiten und Ungleichheiten, die stets unter der Oberfläche brodeln, lassen sich mit dem derzeitigen System unmöglich vermeiden. Viele Länder, die eine Wirtschaftskrise durchmachen oder durchmachten – Russland, Thailand, Indonesien und Argentinien, um nur einige zu nennen – hätten einen starken staatlichen Eingriff, wie gerade zur Rettung der US-Wirtschaft geschehen, sehr zu schätzen gewusst, aber sie mussten sich an die vom IWF vorgeschriebenen Sparmaßnahmen halten. Der Gouverneur von Virginia erklärte die amerikanischen Steuersenkungen und Subventionen damit, dass es sich bei der Rezession in Amerika nicht um eine »gewöhnliche Wirtschaftskrise« handle. Aber wie wird eine Rezession so ungewöhnlich, dass man ihr einen großzügigen wirtschaftlichen Stimulus zubilligt, während anderen »gewöhnlichen« Rezessionen weiter nur Sparmaßnahmen und bittere Medizin zugestanden wird?

Ein besonders auffälliges Beispiel, bei dem mit zweierlei Maß gemessen wird, ist der Umgang mit dem Patentschutz für Medikamente. Gemäß den Vorschriften der Welthandelsorganisation dürfen Länder den Patentschutz bei lebensrettenden Medikamenten im Falle eines nationalen Notstandes aufheben. Als aber Südafrika bei Aids-Medikamenten so verfahren wollte, wurde es von den großen Pharmaunternehmen verklagt. Auch Brasilien wurde deswegen vor das WTO-Tribunal gezerrt. Millionen von Aidskranken wurde damit im Grunde gesagt, dass ihr Leben weniger zählt als ein Patent für ein Medikament und auch weniger wiegt als die Rückzahlung von Schulden. Es gibt einfach kein Geld, um ihr Leben zu retten. Die Weltbank erklärt, man solle sich um die Verhütung der Krankheit und nicht um ihre Behandlung kümmern. Das kommt für Millionen von Menschen einem Todesurteil gleich.

Noch vor wenigen Tagen beschloss Kanada, sich über das Patent von Bayer für Cipro hinwegzusetzen, einem Antibiotikum, das zur Behandlung von Milzbrand verwendet wird. Wir bestellten eine Million Tabletten eines billigeren Nachahmerprodukts. »Dies sind außergewöhnliche Zeiten«, verkündete eine Sprecherin von Health Canada. »Die Kanadier erwarten und verlangen, dass ihre Regierung alle notwendigen Schritte zum Schutz ihrer Gesundheit und zu ihrer Sicherheit unternimmt.« In diesem Zusammenhang sollte man vielleicht erwähnen, dass in Kanada bislang noch kein einziger Fall von Milzbrand diagnostiziert wurde.

Nachdem Bayer seine Preise gesenkt hatte, wurde die Entscheidung zwar widerrufen, aber man kann doch eine bestimmte Logik erkennen: Die reichen und mächtigen Länder können sich aussuchen, ob sie sich an die Regeln halten wollen, den armen Ländern dagegen wird gesagt, dass wirtschaftliche Überlegungen jede ihrer Handlungen bestimmen müssen. Sie sollen sich der Gnade des freien Marktes unterwerfen, obwohl selbst dessen Architekten sich darüber hinwegsetzen, wenn es ihnen passt. Arme Länder, die die Bedürfnisse ihrer Bürger den Forderungen ausländischer Investoren voranstellen, werden als Protektionisten oder Kommunisten diffamiert. Und doch waren die protektionistischen Maßnahmen, die die industrielle Revolution in Großbritannien vorantrieben, so umfassend, dass man zum Beispiel nicht einmal einen Verstorbenen begraben durfte, wenn man nicht beweisen konnte, dass das Leichentuch in einer britischen Fabrik hergestellt worden war.

Was hat das mit unserer Debatte zu tun? Allzu oft tun wir so, als ob Ungleichheiten nur aufgrund nationaler Eigenarten bestehen und sich vertiefen oder weil wir eben noch nicht die richtigen Regeln, die perfekte Formel gefunden haben, als ob Ungleichheiten nur so eine Art kosmisches Versehen oder eine Unregelmäßigkeit in einem ansonsten funktionierenden System wären. Bei diesen Diskussionen fehlt immer die Frage nach der Macht. Sehr viele Diskussionen dagegen, die wir über die Globalisierungstheorie führen, drehen sich um Macht: Wer hat sie, wer übt sie aus, und wer verhehlt sie und tut so, als ob sie gar keine Rolle mehr spiele.

Es genügt nicht zu behaupten, dass Gerechtigkeit und Gleichheit nicht mehr weit sind. Gute Absichten reichen nicht mehr. Wir haben eine Periode erstaunlichen wirtschaftlichen Wohlstands hinter uns, eine Zeit expansiven Wachstums und des Überflusses, in der wir eigentlich die grundlegenden Widersprüche dieses Wirtschaftsmodells hätten lösen sollen. Nun befinden wir uns in einer Phase des Rückgangs, und nun werden von jenen, die bereits zu viel geopfert haben, noch größere Opfer verlangt.

Sollen wir uns wirklich von dem Versprechen besänftigen lassen, dass unsere Probleme mit einer Ausweitung des Handels gelöst werden können? Durch einen strengeren Patentschutz für Medikamente und eine verstärkte Privatisierung? Die Anhänger der Globalisierung von heute sind wie Ärzte, die nur Zugang zu einem einzigen Medikament haben: Egal welche Krankheit – Armut, Flüchtlingsströme, Klimaveränderung, Diktaturen, Terrorismus – das Allheilmittel lautet stets Freihandel.

Herr Premierminister, wir sind nicht globalisierungsfeindlich. Tatsächlich haben wir einen eigenen Globalisierungsprozess hinter uns. Und gerade wegen der Globalisierung steckt unser System in der Krise. Wir wissen zu viel. An den Wurzeln sind Kommunikation und Mobilität zu weit entwickelt, die Kluft ist nicht mehr unüberwindlich. Nicht nur die Kluft zwischen Arm und Reich, sondern auch zwischen Rhetorik und Realität. Zwischen dem, was gesagt, und dem, was getan wird. Zwischen den Versprechungen der Globalisierung und ihren eigentlichen Auswirkungen. Es ist an der Zeit, die Kluft zu schließen.

DER MARKT SCHLUCKT DAS GEMEINWESEN

Der Zugang zu sicheren Lebensmitteln,
sauberem Wasser und erschwinglichem Wohnraum
wird versperrt – und Antikapitalismus wird
im Marketing der letzte Schrei

Gentechnisch veränderter Reis

Public Relations kann man nicht essen

August 2000

»Dieser Reis könnte eine Million Kinder pro Jahr retten«, lautete letzte Woche eine faszinierende Schlagzeile in dem Nachrichtenmagazin *Time*. Sie bezog sich auf den so genannten Goldenen Reis, eine marktreife, gentechnisch veränderte neue Reissorte, die von AstraZeneca vermarktet wird. Sie enthält besonders viel Beta-Carotin, das im Körper die Produktion von Vitamin A unterstützt, und in ganz Asien leiden Millionen unterernährter Kinder an Vitamin-A-Mangel, der zur Erblindung und zum Tod führen kann.

Damit sich das angebliche Wundermittel auf dem Markt durchsetzt, hat AstraZeneca angeboten, das Saatgut an arme Bauern zu verschenken – in Ländern wie Indien, wo gentechnisch veränderte Feldfrüchte bisher auf erbitterten Widerstand stoßen.

Tatsächlich könnte Goldener Reis vielleicht Millionen Kinder gesünder machen. Das Problem ist nur, dass sich diese hochgradig emotional aufgeladene Verheißung (die wissenschaftlich nur beschränkt untermauert ist) unmöglich von ihrem empfindlichen politischen Kontext trennen lässt.

Gentechnisch veränderte Nahrungsmittel, zunächst von vielen Staaten routinemäßig abgesegnet und von ihrer Bevölkerung mit Gleichgültigkeit aufgenommen, lösten schon bald zahlreiche Befürchtungen aus, die sich nicht nur auf die Lebensmittelsicherheit, sondern auch auf eine von Großunternehmen finanzierte Wissenschaft und auf die Privatisierung der Kultur beziehen. Die Gegner von gentechnisch veränderten Lebensmitteln vertreten die Ansicht, dass die heute üblichen Tests das komplizierte Gewebe von Wechselwirkungen nicht berücksichtigen, das zwischen Lebewesen besteht. So können gentechnisch veränderte Sojabohnen unter kontrollierten Testbedingungen durchaus sicher erscheinen. Doch ist damit nicht gesichert, wie sie in der freien Natur das Unkraut in ihrer Umgebung beeinflussen, welche Wirkung sie auf die Insekten haben, die sich von ihnen ernähren, und was geschieht, wenn sie andere Pflanzen bestäuben.

Die Agrarkonzerne waren in der Schlacht um gentechnisch veränderte Lebensmittel besonders verwundbar, weil ihre Gegner sie nicht nur mit kritischen wissenschaftlichen Gutachten bekämpften, sondern auch Marken mit einbezogen. Die Aktivisten beschlossen schon früh, ihre Kritik nicht direkt gegen die Agrarkonzerne zu richten, sondern gegen die Supermarktketten und die Lieferanten von Markenprodukten, die gentechnisch veränderte Lebensmittel anboten.

Britische Supermarktketten nahmen die kritisierten Produkte aus den Regalen, als sie ihr Markenimage gefährdet sahen, und Lieferanten wie Gerber und Frito-Lay verzichteten auf die Verwendung von gentechnisch veränderten Rohstoffen. In den Vereinigten Staaten und Kanada attackierten Umweltschützer Kellogg's und Campbell's Soup, indem sie deren sorgfältig gepflegte Logos und teure Werbekampagnen parodierten.

Die Agrarkonzerne wussten zunächst nicht, wie sie reagieren sollten. Sie konnten zwar behaupten, dass die genetisch modifizierten Nahrungsmittel keine schädliche Wirkung hätten, aber sie konnten weder auf direkte ernährungswissenschaftliche Vorteile verweisen noch hatten sie eine Antwort auf die Frage, warum die Verbraucher überhaupt ein Risiko eingehen sollten. An dieser Stelle kommt Goldener Reis ins Spiel. AstraZeneca kann nun tatsächlich auf einen Vorteil verweisen – und es verfügt über eine eigene starke Marke, die es auf Seiten der Gentech-Befürworter in die Schlacht werfen kann.

Goldener Reis hat alle Wohlfühl-Ingredienzien einer guten Marke. Er ist golden wie Golden Retrievers, Goldene Scheckkarten und goldene Sonnenuntergänge. Und er ist nicht wie andere gentechnisch veränderte Nahrungsmittel mit ekligen Fischgenen kombiniert, sondern mit sonnigen Narzissen verschmolzen. Bevor wir jedoch die Gentechnik als Retter der Weltarmut begrüßen, sollten wir genauer betrachten, was für ein Problem hier eigentlich gelöst werden soll. Ist es das Problem der Unterernährung oder das Glaubwürdigkeitsproblem, das die Biotechnologie plagt?

Die langweilige Wahrheit lautet, dass wir schon lange die Mittel haben, weit mehr als eine Million Kinder pro Jahr zu retten, und zwar ganz ohne den genetischen Aufbau unserer wichtigsten Nahrungsmittel zu ändern. Es fehlt lediglich der politische Wille, die notwendigen Ressourcen zu mobilisieren. Dies war die eindeutige Botschaft, die der G-8-Gipfel jüngst für uns bereithielt, auf dem die sieben größten Industrienationen der Welt plus Russland zahlreiche konkrete Vorschläge zur Bekämpfung der Armut in den Entwicklungsländern abschmetterten. Laut *Globe and Mail* »lehnten sie einen kanadischen Vorschlag ab, die Entwicklungshilfe um bis zu zehn Prozent zu erhöhen, verwarfen die japanische Idee, einen Fonds der G-8 zur Bekämpfung von Infektionskrankheiten zu gründen, und scheuten davor zurück, ihre Märkte innerhalb der folgenden

vier Jahre für Agrarprodukte aus den Entwicklungsländern zu
öffnen«. Außerdem »sagten sie nein zu einem neuen Plan, den
Schuldenerlass in Höhe von 100 Milliarden US-Dollar für die
weltweit ärmsten Länder zu beschleunigen«. [Noch bezeich-
nender war die Gipfelkonferenz der Ernährungs- und Landwirtschaftsorganisation der Vereinten Nationen (FAO) im Juni
2002 in Rom. Das ehrgeizige Ziel der Zusammenkunft bestand
darin, die Zahl der Hungernden bis zum Jahr 2015 um die
Hälfte – von weltweit 800 Millionen auf 400 Millionen – zu redu-
zieren. Von den 29 reichsten Ländern der Erde waren jedoch nur
zwei durch ihren Staatschef in Rom vertreten, und einer davon
war Berlusconi, der sich als italienischer Ministerpräsident
ohnehin schon in der Stadt aufhielt.]

Auch für das Problem des Vitamin-A-Mangels existieren
zahlreiche technisch einfache Lösungen, die bisher jedoch kaum
Beachtung fanden. So gibt es bereits Programme, die den Anbau
verschiedener vitaminreicher Gemüse auf kleinen Anbauflä-
chen fördern, aber leider wenig internationale Unterstützung
genießen. Ihr Problem könnte sein, dass sie keine sexy neue
Nahrungsquelle sind, die aus einem Science-Fiction-Film stam-
men könnte, sondern lediglich ein Mittel, um den Schaden zu
begrenzen, der das letzte Mal entstand, als westliche Konzerne
und Regierungen der Dritten Welt ein landwirtschaftliches Allheilmittel verkauften.

Im Zuge der so genannten Grünen Revolution wurden Kleinbauern, die ihre Familien und lokalen Gemeinschaften zuvor
mit einer Vielfalt selbst angebauter Feldfrüchte ernährt hatten,
dazu gebracht, mit agrarindustriellen Methoden für den Export
zu produzieren. Dies bedeutete, dass sie nur noch eine einzige,
besonders ertragreiche Feldfrucht anbauten. Da die Bauern auf
diese Weise von den unberechenbaren Weltmarktpreisen ab-

hängig wurden, mussten sich viele bei den Saatgutkonzernen verschulden, verloren ihr Land und wanderten ab in die Städte. Inzwischen herrscht auf dem Land oft schwere Mangelernährung, obwohl die Produktion von Bananen, Kaffee, Reis oder anderen landwirtschaftlichen Exportprodukten floriert. Warum? Weil genau wie auf den Feldern der Bauern auch auf dem Speisezettel der Kinder Vielfalt durch Eintönigkeit ersetzt wurde. Sie bekommen jeweils eine Schale geschälten Reis zum Mittag- und Abendessen.

Und welche Lösung schlagen die Giganten der Agrarindustrie vor? Auf keinen Fall eine Abkehr von den Monokulturen, um die Reisschale wieder mit Eiweiß und Vitaminen zu füllen. Stattdessen haben sie schon das nächste Wundermittel bei der Hand: Sie wollen der weißen Schale einen goldenen Anstrich verpassen.

Genetische Umweltverschmutzung

Da manipuliertes Saatgut von einem Feld zum anderen wandert, wird es bald überhaupt nicht mehr möglich sein, Lebensmittel mit dem Etikett »GMO-frei« zu versehen

Juni 2001

In dem riesigen Supermarkt Loblaws, in dem Gang mit den Flaschen von President's Choice Memories Kobe-Soße und President's Choice Memories Singapur-Nudeln gibt es ein ganz neues Spezialangebot: biologische Nahrungsmittel mit geschwärzten Etiketten. Sie trugen ursprünglich die Aufschrift »Frei von genetisch modifizierten Organismen« (GMO-frei), bis Kanadas größte Supermarktkette entschied, solche Etiketten künftig nicht mehr zu erlauben.

Marketingtechnisch macht diese Entscheidung auf den ersten Blick überhaupt keinen Sinn. Als in Europa die ersten Protestaktionen gegen gentechnisch veränderte Nahrungsmittel stattfanden, beeilten sich Ketten wie Tesco und Safeway, die Bedürfnisse ihrer Kunden zu erfüllen, indem sie ihre eigenen Produktlinien als GMO-frei auszeichneten. Und als Loblaws mit seiner Produktlinie von President's Choice Organics auf den Markt für Biokost vordrang, schien die Kette denselben Weg einzuschlagen. In Anzeigen wies sie stolz darauf hin, dass Lebensmittel mit dem Bio-Zertifikat »frei von genetisch modifizierten Organismen sein müssen«.

Dann kam die Kehrtwendung, die letzte Woche bekannt gegeben wurde: Loblaws will nicht nur auf seinen eigenen Packungen auf das Etikett GMO-frei verzichten, sondern auch allen anderen Lebensmittelhändlern die Verwendung eines solchen Etiketts verbieten. Leitende Angestellte des Unternehmens sagen, man könne einfach nicht wissen, was wirklich GMO-frei sei – die Situation scheint verwirrend zu sein.

Laut Meinungsumfragen sind 90 Prozent der Kanadier dafür, dass gentechnisch veränderte Lebensmittel gekennzeichnet werden, doch Loblaws Chairman Galen Weston hat öffentlich gewarnt, dass eine solche Initiative »mit Kosten verbunden sein wird«. Diese Aussage ist eine Teilerklärung dafür, warum die schwarzen Filzstifte in seiner Supermarktkette zum Einsatz kamen. Wenn die Supermarktkette biologische Produkte als GMO-frei kennzeichnet, kommt sie in Erklärungsnot, wenn sie die Produkte mit gentechnisch veränderten Bestandteilen nicht auch kennzeichnet, die bereits 70 Prozent der kanadischen Lebensmittel ausmachen. Weston hat also eine ziemlich brutale Wahl getroffen: Anstatt dem Verbraucher nur einen Teil der verlangten Informationen zu geben, gibt er ihm lieber gar keine.

Dies ist nur eine Salve in dem Krieg, den die Agrarindustrie im Bereich der gentechnisch veränderten Produkte gegen die Wahlfreiheit der Verbraucher führt. Und sie führt ihn nicht nur in Kanada, sondern potenziell auf der ganzen Welt. Inzwischen haben schon 35 Länder Gesetze zur Kennzeichnung gentechnisch veränderter Nahrungsmittel beschlossen oder auf den Weg gebracht. Doch die Gentech-Branche scheint alles zu tun, um diese europäischen und asiatischen Etiketten genauso nutzlos zu machen, wie die, die bei Loblaws dem schwarzen Filzstift zum Opfer fielen. Wie sie das bewerkstelligt? Indem sie die Umwelt schneller mit genetisch modifizierten Organismen verseucht, als Länder Gesetze erlassen können.

Ein Unternehmen, das seine Etiketten aus diesem Grund entfernen musste, ist Nature's Path, eine in der Stadt Delta in British Columbia ansässige Firma, die biologische Lebensmittel herstellt. Anfang dieses Monats erklärte ihr Präsident Arran Stephens der *New York Times,* dass gentechnisch verändertes Material tatsächlich in biologisch angebaute Feldfrüchte gelange. »Wir haben Spuren davon in Mais gefunden, der seit 15 Jahren biologisch angebaut wird. Es gibt keine Mauer, die hoch genug wäre, um das Zeug zurückzuhalten.«

Einige Hersteller von Bioprodukten erwägen, die Biotech-Unternehmen wegen der Verseuchung ihrer Produkte zu verklagen, doch das Recht entwickelt sich eher in die umgekehrte Richtung. So wurde Percy Schmeiser, ein Bauer aus Saskatchewan, von Monsanto verklagt, als gentechnisch veränderte Rapssamen von vorbeifahrenden Lastwagen und benachbarten Höfen auf sein Land geweht waren. Das verwehte Saatgut schlug auf Schmeisers Land Wurzeln, und Monsanto vertrat nun die Ansicht, dass Schmeiser Eigentum von Monsanto gestohlen habe. Das zuständige Gericht teilte diese Ansicht und verurteilte Schmeiser zu 20000 Dollar Schadenersatz und Tragen der Gerichtskosten.

Der bekannteste Fall von Verseuchung ist StarLink-Mais. Das gentechnisch veränderte Produkt sollte als Tierfutter dienen und galt für den menschlichen Konsum als ungeeignet. Als es trotzdem in menschlichen Lebensmitteln nachgewiesen wurde, schlug der Aventis-Konzern, dem das Patent für StarLink-Mais gehört, eine originelle Lösung vor: Anstatt den Mais vom Markt zu nehmen, solle man ihn doch einfach auch für den menschlichen Verzehr genehmigen. Mit anderen Worten, das Recht soll geändert werden, um die Verseuchung zu legalisieren.

Rund um den Erdball wächst der politische Druck der Verbraucher. Sie verlangen, dass die Supermärkte auch biologisch angebaute Lebensmittel führen, und fordern von ihren Regierungen, die Kennzeichnung gentechnisch veränderter Produkte gesetzlich vorzuschreiben. In der Zwischenzeit jedoch schaffen es die Giganten der Agrarindustrie – unterstützt von räuberischen Gesetzen über geistiges Eigentum – die weltweite Nahrungsmittelversorgung so hoffnungslos durch Fremdbestäubung zu kontaminieren und mit ihren gentechnisch veränderten Produkten zu durchmischen, dass die Gesetzgeber vielleicht wirklich bald das Handtuch werfen müssen. Oder wie es der Biotech-Kritiker Jeremy Rifkin formuliert: »Sie hoffen, dass die Verseuchung so stark wird, dass sie eine vollendete Tatsache ist.«

Wenn wir später einmal unsere gentechnisch veränderten, pseudobiologischen Nahrungsmittel der Marke Naturwert^{TM}, unsere nun auch für Menschen zugelassenen StarLink-Tacos und unseren mutierten Atlantischen Lachs aus der Fischfarm essen, dann werden wir vielleicht daran denken, dass wir in der heutigen Zeit letztmals die Möglichkeit gehabt hätten, uns die Option auf gentechnisch nicht veränderte Nahrung zu erhalten. Vielleicht wird Loblaws sogar ein neues Produkt auf den Markt bringen und dieses wehmütige Gefühl als »Memories of Consumer Choice« in Flaschen füllen.

Die Opferlämmer der Maul- und Klauenseuche

Das wichtigste Ziel der Tötung von Vieh in Europa ist die Erhaltung von Märkten, nicht der Schutz der öffentlichen Gesundheit

März 2001

Die Taliban zerstören 2000 Jahre alte Buddha-Statuen, und wir schütteln zu Recht den Kopf darüber. Wie barbarisch, in dieser modernen Zeit Götzenbilder auf dem Altar der religiösen Reinheit zu opfern. Und doch, während die Taliban in Afghanistan Buddhas mit Granaten beschießen, praktiziert auch die Europäische Union ein mittelalterliches Reinigungsritual. Sie opfert Zehntausende von Tieren auf dem Altar der freien Marktwirtschaft. Als ich (in einem Gespräch mit dem deutschen Publizisten Mathias Greffrath) zum ersten Mal hörte, dass jemand die getöteten Nutztiere als Opferlämmer des Kapitals bezeichnete, hielt ich das für eine Übertreibung. Bestimmt wurden die Berge von Vieh verbrannt, um die öffentliche Gesundheit zu schützen und nicht, um den Marktwert von Fleisch oder den künftigen Zugang zu ausländischen Märkten zu sichern.

Über 50 000 Tiere wurden in Großbritannien getötet, und weitere 10 000 sollen noch getötet werden. In Deutschland, das ich diese Woche besucht habe, wurden 1500 Schafe beseitigt. Eine Infektion war nicht nachgewiesen, es bestand nur die Möglichkeit, dass die Schafe mit dem Erreger der Maul- und Klauenseuche in Berührung gekommen waren.

Einige dieser Maßnahmen haben natürlich mit Gesundheit zu tun. Aber nicht alle. Die Maul- und Klauenseuche ist ein geringes Gesundheitsrisiko für den Menschen, denn sie ist nicht durch Nahrungsaufnahme übertragbar. Bei Tieren kann die Krankheit schnell geheilt werden, wenn sie unter Quarantäne gestellt und mit den richtigen Medikamenten behandelt werden. Auch eine Impfung ist möglich. Der Ort, wo der Virus seinen eigentlichen Tribut fordert, ist der Markt. Und der Markt verlangt große Gesten, um das Vertrauen in seine Systeme wiederherzustellen.

Es geht nämlich wirklich um ein System im neuesten Nahrungsmittelskandal Europas. Wenn ein hoch ansteckender Virus wie der der Maul- und Klauenseuche in die Nahrungskette gerät, zwingt das die Verbraucher darüber nachzudenken, wie das Essen auf ihre Tische gelangt. Harmlose Begriffe wie »Integration«, »Homogenisierung« oder »Landwirtschaft mit hoher Intensität« bekommen dann plötzlich eine neue unangenehme Bedeutung.

Wer sich plötzlich Gedanken über die Bekömmlichkeit jedes Bissens machen muss, dem wird der Schleier der schönen Verpackung von den Augen gerissen. Plötzlich werden riesige Agrarfabriken und Schlachthöfe, gewaltige Lagerhäuser und gigantische Supermarkt- und Fastfood-Ketten sichtbar sowie die elend langen Wege, die Vieh und Fleisch zwischen diesen Knotenpunkten der Agrarindustrie in überfüllten Lastwägen und Schiffen zurücklegen müssen.

Es wird immer deutlicher, dass in Europa die Tyrannei der so genannten Economies of Scale auf dem Prüfstand steht, die alle Aspekte der Produktion, der Lieferung und des Verbrauchs von Nahrungsmitteln beherrscht. In all diesen Bereichen befolgen die Akteure sklavisch das alte Rezept der Kostensenkung durch Größenvorteil. Sie schließen sich für immer größere Operationen zusammen, expandieren immer weiter und nutzen ihr gewachsenes Gewicht, um ihren Lieferanten die Geschäftsbedingungen zu diktieren. Dieses Rezept schadet nicht nur kleinen Bauern und geht auf Kosten der Vielfalt der erhältlichen Nahrungsmittel, es ist auch eine Zeitbombe, die beim Auftreten einer Krankheit explodieren kann. Dank der hohen Konzentration des Viehs kann sich ein Virus schnell unter einer großen Anzahl von Tieren ausbreiten, und die Globalisierung sorgt dafür, dass er überall in der Welt Verbreitung findet.

Deshalb schlägt die deutsche Landwirtschaftsministerin Renate Künast neue staatliche Beihilfen vor mit dem Ziel, dass 20 Prozent der deutschen Bauern künftig biologisch produzieren. Deshalb verkündet der britische Premierminister Tony Blair mit viel Tam Tam, dass er den Klammergriff der großen Supermarktketten brechen wolle. Und deshalb kommt die Entwicklung den Unternehmen, die die Produktion von gentechnisch veränderten Lebensmitteln um jeden Preis vorantreiben wollen, zweifellos sehr ungelegen.

Der jüngste Nahrungsmittelskandal ist vielleicht die Gelegenheit, auf die die Gegner gentechnisch veränderter Nahrungsmittel lange gewartet haben. Schließlich ist die unmittelbarste Gefahr bei den gentechnisch veränderten Pflanzen, dass ihre Samen vom Wind davongetragen werden und sich mit denen nicht veränderter Pflanzen vermischen. Leider war es schwierig, die Öffentlichkeit für diese subtile und unsichtbare Bedrohung der Artenvielfalt zu interessieren. Deshalb konzentrierten sich Gruppen wie Greenpeace bisher eher darauf, vor möglichen Gesundheitsgefahren zu warnen. Eine Gefahr, die zwar leichter verständlich, aber wissenschaftlich nicht so gut nachgewiesen ist.

Dank der Maul- und Klauenseuche jedoch, die sich durch die Luft verbreitet, beginnt man heute in vielen Teilen Europas über die Gefahr von Mikroorganismen im Wind und die allzu enge Verflechtung der Nahrungsmittelversorgung nachzudenken. Und man stellt fest, wie schwer es ist, selbst kleinste Mengen von Partikeln unter Kontrolle zu halten, wenn sie erst einmal im System sind. »Also werdet Vegetarier und kauft Bioprodukte«, sagen manche. Die Redaktion der *Financial Times* besteht darauf, dass »die schrittweise Abschaffung der intensiven Landwirtschaft eine zu einfache Antwort ist« und fordert mehr »Wahlfreiheit für den Verbraucher«. Ich fürchte jedoch, diesmal wird sich die europäische Agrarkrise nicht durch besseres Marketing für die Marktnische der Bioprodukte lösen lassen. Nach über einem Jahrzehnt der Debatten über den Rinderwahn, über Escherichia coli, über gentechnisch veränderte Lebensmittel und nun über die Maul- und Klauenseuche ist die Lebensmittelsicherheit nicht mehr nur ein Gesundheitsproblem oder ein Problem des Verbraucherschutzes, sondern ein wirtschaftliches Problem. Und zwar ein Problem, das die in der Landwirtschaft tief verwurzelte Annahme »je größer desto besser« in Frage stellt.

Es geht um erschüttertes Vertrauen – in die Wissenschaft, in die Industrie, in die Politik, in die Experten. Die Märkte werden sich vielleicht mit den Opferlämmern zufrieden geben, aber ich glaube, die Öffentlichkeit könnte nachhaltigere Maßnahmen verlangen.

DAS INTERNET ALS TUPPER-PARTY

Wie die Mediengiganten versuchen, sich den Online-Tausch von Dateien anzueignen

November 2000

Am Wochenende nahmen die beiden höchsten Vorstandsmitglieder der in New York ansässigen Musikfirma BMG Entertainment ihren Hut. Ihr Rücktritt ist ein Symptom dafür, dass die Manager der multinationalen Medienkonzerne bezüglich der Kultur des Austauschs im Internet in zwei Lager gespalten sind. Trotz aller Versuche, das Internet in ein gigantisches Einkaufszentrum zu verwandeln, scheint das normale Ethos im Netz immer noch eher shopping-feindlich zu sein. Bisweilen kauft man zwar etwas im Internet, aber tauschen und austauschen tut man ständig – Ideen, Humor, Informationen und eben auch Musikdateien.

Dieses Verhalten hat in den Vorstandsetagen zu einer heftigen Debatte geführt, ob die Kultur des Tauschens und Austauschens im Internet das Erzielen von Gewinnen im Netz grundsätzlich gefährdet oder ob sie nicht vielmehr eine beispiellose Gewinnchance bietet, wenn der Tausch selbst zu einem ungemein profitablen Verkaufsinstrument gemacht wird.

Indem die fünf größten Musikfirmen in der Recording Industry Association of America die Tauschbörse Napster verklagten, ergriffen sie entschieden für das tauschfeindliche Lager in den Medienkonzernen Partei. Sie betrachteten den Tausch von Musikdateien schlicht und einfach als eine Verletzung des Urheberrechts, die es zu unterbinden galt.

Letzte Woche jedoch geschah etwas Seltsames: Der Bertelsmann-Konzern, dem BMG Entertainment (eine der fünf klagen-
den Musikfirmen) gehört, machte mit Napster einen Deal (deshalb die Rücktritte in der BMG-Führung). Bertelsmann und
Napster wollen zusammen eine Musik-Tauschbörse gründen,
deren Benutzer einen Mitgliedsbeitrag an BMG entrichten sollen. Wenn das Projekt realisiert ist, will Bertelsmann die Klage
seiner Tochterfirma zurückziehen. Auf der Pressekonferenz zu
dem Thema kritisierte der [damalige] Vorstandsvorsitzende
von Bertelsmann Thomas Middelhoff die Kläger von Time War-
ner und Sony. Er sagte, sie hätten das Internet einfach noch nicht
begriffen, und bezeichnete die Zusammenarbeit mit Napster als
»Weckruf für die Branche«.

Was geht hier vor? Hat sich Bertelsmann, der 17,6 Milliarden
Dollar schwere Medienkonzern, dem auch mein eigener Verlag
in Kanada und noch viele andere Verlage gehören, plötzlich den
Cyber-Hippies angeschlossen und teilt ihre Ansicht, dass
»Informationen umsonst sein wollen«? Ich habe da meine Zweifel. Viel wahrscheinlicher ist es, dass Bertelsmann weiß, was
auch vielen anderen Konzernen langsam dämmert: Dass sich
der Handel mit Informationen letztlich als *die* kommerzielle
Verwendung des Internets herauskristallisieren wird, nachdem
zahlreiche Versuche, das Netz als direktes Verkaufsinstrument
zu nutzen, gescheitert sind.

Die Verteidiger von Napster vertreten die Ansicht, dass die
Nutzer der Tauschbörse nicht das Urheberrecht an den CDs verletzten, sondern lediglich innerhalb einer Online-Community
Musik tauschten, wie man unter Freunden schon lange Songs
auf Kassetten aufgenommen und getauscht habe. Die Nutzer
lernten den Geschmack ihrer Tauschpartner kennen und schätzen und bekämen einen größeren Überblick über das musikali-

sche Angebot. Deshalb würden sie letztlich sogar mehr CDs kaufen. Außerdem seien sie wegen der überhöhten CD-Preise und des entsetzlich eintönigen Programms der Videosender und des Kommerzradios zur Entwicklung einer Alternative gezwungen gewesen.

Auf Websites wie Napster findet eine Hightech-Version eines sehr alten menschlichen Verhaltens statt: Menschen sprechen direkt miteinander über das, was sie mögen, auch wenn sie es heute nicht mehr mündlich, sondern per Mausklick tun. Solche Gespräche sind der Faktor X, dem manchmal überraschende Phänomene wie etwa der Sensationserfolg des Films *Blair Witch Project* zu verdanken sind. Dieser Faktor kann von Marketing-experten einfach nicht gezielt eingesetzt werden, wie die zweite Folge des Films beweist.

Oder doch? Der Versuch, die menschlichste aller Verhaltens-weisen (nämlich das miteinander Sprechen) zu verstehen, zu systematisieren und nutzbar zu machen, ist geradezu eine Obsession der Konzerne geworden. Bücher wie *Der Tipping Point. Wie kleine Dinge Großes bewirken können* von Malcolm Gladwell, *Net-Geflüster: Kreatives Netzwerk-Marketing oder Wie man aus Geheimtipps Megaseller macht* von Emanuel Rosen und *Unleashing the Ideavirus* von Seth Godin bieten quasi-wissen-schaftliche Erklärungen dafür, wie Ideen sich ausbreiten, näm-lich weniger durch Werbung als durch normale Menschen, die bei ihren Freunden gut angesehen sind. Gladwell nennt sie »Kenner« und »Vermittler«, Rosen nennt sie »Meinungsführer« oder »Network-Hubs«, und bei Godin wird der Ideenvirus durch »Sneezers« oder »Nieser« verbreitet.

Auf Grundlage dieser Theorien hat sich eine ganze Marke-tingschule entwickelt. Sie ermutigt Unternehmen, Verbraucher wie Journalisten oder Prominente zu behandeln. Das heißt, man schenkt ihnen Waren und schaut dann zu, wie sie unentgeltlich Marketing machen. Oder brutaler formuliert: Man verwandelt das Allerunverkäuflichste – die menschliche Kommunikation zwischen Freunden und in vertrauten Gemeinschaften – in eine geschäftliche Transaktion.

Hier liegt die Ironie, wenn die Musikindustrie gegen Napster klagt. Zur selben Zeit, da sich die Rechtsabteilungen der Konzerne mit den Musik-Tauschbörsen anlegen, beginnen die Marketingabteilungen dieselben Websites für ihr »peer-on-peer«-Werbepotenzial zu schätzen. Sie bezahlen Firmen wie Electric-Artists, damit sie freie Musikproben und Videoclips in strategisch wichtigen Kreisen zirkulieren lassen in der Hoffnung, die Musikfans in unbezahlte Avon-Beraterinnen des Cyberspace zu verwandeln.

Bertelsmann selbst setzte diese Technik des »online-seeding« ein, um die Karriere der BMG-Künstlerin Christina Aguilera zu starten: ElectricArtists verschenkte Musikproben an chat-lustige Fans von Britney Spears, die ihre Online-Freunde prompt mit der großartigen Neuigkeit bombardierten, dass ihr Lieblingsstar geklont worden sei.

Als Bertelsmann letzte Woche das Abkommen mit Napster schloss, setzten beide Unternehmen auf eine Zukunft, in der der Tausch – wenn er sorgfältig von Marketingspezialisten kontrolliert wird – zur Killer-Application des Internets wird: zu einem globalen Online-Netz für Markengewäsch, wo früher einmal authentische Gemeinschaften existierten.

Das Internet als riesige Tupper-Party. Seid ihr bereit?

Den Widerstand integrieren

Wie die Multis ihre Markenidentitäten der Post-Seattle-Ära anpassen

Mai 2001

Mit 17 arbeitete ich nach der Schule in einem Kleidergeschäft der Marke Esprit in Montreal. Es war ein angenehmer Job; die meiste Zeit musste ich Kleidungsstücke aus Baumwolle so genau in kleine Vierecke falten, dass man sich mit den Ecken ein Auge hätte ausstechen können. Aus irgendeinem Grund jedoch fanden die Konzernherren unsere T-Shirt-Faltkunst irgendwann nicht mehr profitabel genug. Eines Tages wurde unsere Idylle von einer regionalen Supervisorin gestört. Sie sollte uns in der Kultur der Marke Esprit schulen und nebenbei auch noch unsere Produktivität erhöhen. »Esprit«, erklärte sie uns, »ist wie eine gute Freundin.«

Ich stand dieser Aussage skeptisch gegenüber und tat meine Meinung kund. Dabei lernte ich schnell, dass Skeptizismus im Niedriglohnbereich nicht als wünschenswerte Eigenschaft betrachtet wird. Zwei Wochen nach ihrer Ankunft feuerte mich die Supervisorin, weil ich mich durch einen bei Arbeiterinnen gar nicht gern gesehenen Charakterzug auszeichnete: die »falsche Einstellung«. Sie bestätigte damit meine Vermutung, dass große Konzerne in Wirklichkeit nicht »wie ein guter Freund« sind. Denn ein guter Freund kann einen manchmal schrecklich verletzen, aber dass er einen feuert, kommt wirklich selten vor.

Dank dieser persönlichen Erfahrung war ich sehr gespannt, als die Werbeagentur TBWA/Chiat/Day die neue Markenidentität für Shoppers Drug Mart vorstellte. (Eine neue Markenidentität ist für einen Konzern wie eine Wiedergeburt.) Wie sich herausstellte, ist Shoppers jetzt nicht mehr nur »Alles was Sie von einer Drogerie erwarten« – also ein Ort, wo man Dinge kaufen kann, die man braucht. Die Kette ist auch »ein fürsorglicher Freund« in Gestalt von 800 Drogerien, dem ein Werbeetat von 22 Millionen Dollar ein Loch in die Hosentasche brennt.

Der neue Slogan von Shoppers lautet: »Passen Sie auf sich auf.« Er wurde laut Pat Pirisi, der Schöpferin der Werbekampagne, gewählt, weil er das wiedergibt, »was ein fürsorglicher Freund sagen würde«. Man muss damit rechnen, dass der Spruch tausendmal am Tag von jungen Kassiererinnen aufgesagt wird, wenn sie den Kunden mit Rasierklingen, Zahnseide und Abmagerungspillen gefüllte Plastiktüten reichen. »Wir glauben, das ist eine Position, die Shoppers besetzen kann«, sagt Pirisi.

Dass von Verkäuferinnen verlangt wird, ausgerechnet »Passen Sie auf sich auf« zu ihrem Mantra zu machen, wirkt ein bisschen herzlos in einem Zeitalter der unsicheren und unterbezahlten Gelegenheitsjobs. Den Arbeitern im Dienstleistungssektor wird oft genug gesagt, sie sollten auf sich selbst aufpassen, weil sich ja sonst niemand um sie kümmern wird, zu allerletzt jedenfalls ihr Mega-Arbeitgeber. Eine der Ironien unseres Marken-Zeitalters besteht darin, dass die Konzerne uns als Arbeitnehmern immer ferner rücken, indem sie die letzten sicheren Arbeitsplätze abschaffen, während sie uns gleichzeitig in unserer Rolle als Verbraucher immer dichter auf den Pelz rücken und uns süße Nichtigkeiten über Freundschaft und Gemeinschaft ins Ohr flüstern. Dies gilt nicht nur für Shoppers. Anzei-

gen von Wal Mart berichten von Angestellten, die notleidenden
Kunden ihr eigenes Hochzeitskleid leihen, und Anzeigen von
Saturn sind von Autohändlern bevölkert, die ihren Rat anbieten, wenn ihre Kunden arbeitslos werden. Laut *Values Added*,
einem neuen Buch über Marketing, müssen moderne Marketingspezialisten nämlich »ihre Marke zu einem Anliegen und
ihr Anliegen zu einer Marke machen«.

Vielleicht habe ich immer noch die falsche Einstellung, aber
diese kollektive Umarmung der Konzerne kommt mir heute
noch genauso inhaltsleer vor, wie ich sie als kurz vor der Entlassung stehende T-Shirt-Falterin empfand. Dieses Gefühl ver-
stärkt sich noch, wenn ich über die Ursache der massenprodu-
zierten Wärme nachdenke.

Pat Pirisi erläuterte der *Financial Post* die neue Markenidentität von Shoppers wie folgt: »In einer Zeit, in der die Leute
Großunternehmen immer mehr misstrauen – die Demonstrationen gegen die Welthandelsorganisation sind ein guter Beweis
dafür –, und in einer Zeit, in der auch das Gesundheitssystem
nicht mehr das ist, was es einmal war, haben wir erkannt, dass
wir den Verbrauchern Partnerschaft signalisieren müssen.«

Seit große Konzerne wie Nike, Shell und Monsanto von der
Zivilgesellschaft zunehmend kritisch gesehen werden – vor
allem, weil sie kurzfristige Gewinne weit wichtiger nehmen als
Umweltschutz und sichere Arbeitsplätze –, ist eine ganze Branche entstanden, die den Konzernen hilft, auf Kritik zu reagieren.
Offenbar sind viele Topmanager in den Konzernen nach wie vor
davon überzeugt, dass sie nur ein »Vermittlungsproblem« haben, das sich durch die richtige, sozial eingefärbte Markenidentität lösen lässt.

Doch das wäre das Letzte, was sie brauchen. British Petroleum musste dies schmerzlich erfahren, als es sich von seiner

eigenen unverschämten Rebranding-Kampagne unter dem Slogan »Beyond Petroleum« (»Über das Öl hinaus«) distanzieren
musste. Verständlicherweise interpretierten viele Kunden des
Konzerns den neuen Slogan so, dass BP in Reaktion auf den
Klimawandel versuchte, von fossilen auf nachhaltige Energiequellen umzusteigen. Menschenrechtler und Umweltschützer
sahen jedoch keinerlei Anzeichen dafür, dass BP seine Politik
wirklich änderte. Also brachten sie auf der Jahreshauptver-
sammlung des Konzerns peinliche Details über die Beteiligung
an einer umstrittenen neuen Pipeline durch ökologisch emp-
findliche Gebiete in Tibet und über Ölbohrungen in der National Wildlife Refuge in Alaska zur Sprache. Als der neue Slogan
im Net als »Beyond Preposterous« (»Mehr als lächerlich«) pa-
rodiert wurde, beschloss die Konzernleitung, auf ihn zu verzichten. Doch das neue Logo mit der grünen Blume wurde bei-
behalten.

Als ein weiterer Beweis für das Ausmaß der Verwirrung in
den Vorstandsetagen darf auch die Tatsache gelten, dass ich
selbst schon von verschiedenen Konzernen gebeten wurde, Vorträge zu halten. Aus Angst, meine Worte in irgendeiner schmal-
zigen Anzeigenkampagne wieder zu finden, lehne ich diese
Angebote immer ab. Aber einen Rat gebe ich gern und aus
voller Überzeugung: Nichts wird sich ändern, solange die Konzerne glauben, sie hätten nur ein Kommunikationsproblem. Sie
haben ein Realitätsproblem.

WIRTSCHAFTLICHE APARTHEID IN SÜDAFRIKA

Nach dem Sieg im Freiheitskampf werden die alten rassischen Trennlinien durch neue Systeme der Ausgrenzung ersetzt

November 2001

Am Samstag war ich auf einem Fest zu Ehren Nelson Mandelas, auf dem außerdem Geld für den von ihm gegründeten Kinderfonds gesammelt wurde. Es war ein nettes Fest, und nur ein sehr taktloser Mensch hätte darauf hingewiesen, dass es dort von Topmanagern aus der Bergbauindustrie und dem Bankwesen nur so wimmelte, die sich während der Apartheid jahrzehntelang geweigert hatten, ihre Investitionen aus Südafrika abzuziehen.

Noch eine weitere Tatsache hätte auf der Party nur ein Mensch ohne jedes Gefühl für gutes Timing angesprochen: Unsere Regierung ernannte Mandela zum kanadischen Ehrenbürger, während sie gleichzeitig versuchte, ein Antiterrorismus-Gesetz durchzubringen, das der Antiapartheidbewegung an mehreren Fronten sehr geschadet hätte, wenn es schon während des Befreiungskampfs in Kraft gewesen wäre.

Die kanadische Antiapartheidbewegung sammelte damals Geld für den African National Congress, der nun der schlampigen Definition einer terroristischen Vereinigung in der geplanten Bill C-36 ohne weiteres entsprochen hätte. Außerdem verursachten Apartheidgegner damals absichtlich »schwere Störungen« bei Firmen, die in Südafrika investierten, was schließlich viele zwang, sich aus dem Apartheidstaat zurückzuziehen. Auch diese Betriebsstörungen wären nach dem geplanten Gesetz illegal gewesen.

Nur jemand ohne jeden Sinn für das Recht auf Privateigentum hätte all das Eigenlob auf der Party durch den Hinweis gestört, dass die Apartheid nach Ansicht vieler Südafrikaner immer noch existiert und durch eine neue Freiheitsbewegung bekämpft werden muss. Ich hatte zwei Wochen zuvor mit Trevor Ngwane, einem früheren Stadtrat des ANC, gesprochen, und der hatte genau das behauptet: »Die Apartheid der Rassenzugehörigkeit ist durch eine Apartheid der Klassenzugehörigkeit ersetzt worden.«

Angesichts eines Landes mit acht Millionen Obdachlosen und fast fünf Millionen HIV-Positiven versuchen manche die große Ungleichheit in Südafrika als trauriges, aber unvermeidliches Erbe der rassischen Apartheid darzustellen. Laut Ngwane jedoch ist die Ungleichheit das direkte Ergebnis der wirtschaftlichen »Umstrukturierung«, die die heutige südafrikanische Regierung mit finanzieller Unterstützung der Weltbank und des Weltwährungsfonds durchführt.

Als Mandela aus dem Gefängnis befreit wurde, träumte er von einem Südafrika, in dem es sowohl wirtschaftliche als auch demokratische Freiheit geben würde. Elementare Bedürfnisse wie Wohnraum, Wasser und Strom sollten durch massive öffentliche Investitionen zur Verfügung gestellt werden. Wie es Patrick Bond in seinem neuen Buch *Against Global Apartheid* schildert, wurde der ANC jedoch, als die Macht in greifbare Nähe rückte, unter massiven Druck gesetzt zu beweisen, dass er eine »gesunde makroökonomische Politik« betreiben könne. Es wurde deutlich, dass die internationalen Märkte Südafrika abstrafen würden, falls Mandela eine echte Umverteilung des Reichtums versuchen würde. Im ANC war verständlicherweise

die Furcht weit verbreitet, dass wirtschaftliche Rückschläge
genutzt würden, um nicht nur den ANC, sondern die Selbstregierung der Schwarzen überhaupt zu diskreditieren.

[Diese Furcht hat sich erst vor kurzem bestätigt. Im Juli 2002
wollte der ANC ein Gesetz erlassen, das den Zugang zu dem
gewaltigen Mineralreichtum Südafrikas besser verteilt hätte, der
bis jetzt fast gänzlich auf ein paar im Besitz von Weißen befind-
liche multinationale Bergbauunternehmen beschränkt ist. Die
großen Investoren im Bergbau widersetzten sich dem Plan und
drohten, sich aus Südafrika zurückzuziehen. Laut Jonathan
Oppenheimer, dem für Öffentlichkeitsarbeit zuständigen Vor-
stand des Diamantenkonzerns De Beers, würde das Gesetz »Südafrika als Investitionsstandort von der Landkarte streichen«.]

Anstatt bei seiner ursprünglichen Politik des »Wachstums
durch Umverteilung« zu bleiben, übernahm der ANC deshalb
insbesondere unter dem neuen Staatspräsidenten Thabo Mbeki
das übliche Freihandelsprogramm: Es versucht, durch massen-
hafte Privatisierungen, Entlassungen und Lohnkürzungen im
öffentlichen Sektor, Steuererleichterungen für Konzerne und
dergleichen mehr ausländische Investoren anzulocken und
»Wachstum« zu erzeugen.

Die Ergebnisse sind verheerend. Seit 1993 sind eine halbe
Million Arbeitsplätze verloren gegangen. Die Löhne für die
ärmsten 40 Prozent der Lohnabhängigen sind um 21 Prozent
gefallen. In armen Stadtvierteln sind die Kosten für Trinkwasser
um bis zu 55 Prozent, die für Strom um bis zu 400 Prozent
gestiegen. Viele Arme trinken verschmutztes Wasser, was zu
einer Cholera-Epidemie mit 100 000 Infizierten geführt hat. In
Soweto wird jeden Monat 20 000 Haushalten der Strom abgestellt. Und was tun die Investoren aus dem Ausland? Sie warten
immer noch.

Das ist exakt die Politik, durch die Weltbank und IWF international zu Parias wurden. Diese Politik hat letzte Woche Tausende von Demonstranten auf die Straßen von Ottawa getrieben, und sie wurden durch eine Solidaritätsdemonstration in Johannesburg unterstützt. Die *Washington Post* berichtete kürzlich über das traurige Schicksal von Agnes Mohapi, einer Bewohnerin von Soweto. »So schlimm die Apartheid auch war, eines ist ihr unter dem alten Regime nicht passiert«, heißt es in dem Bericht. »Es entließ sie nicht, erhöhte nicht ihre Rechnung für Strom und Wasser und stellte ihr nicht beides ab, als sie die Rechnung nicht mehr bezahlen konnte. ›Das war die Privatisierung‹, sagt sie.«

Angesichts dieses Systems der »wirtschaftlichen Apartheid« ist eine neue Widerstandsbewegung unvermeidlich. Im August gab es einen dreitägigen Generalstreik gegen die Privatisierung. (Die Arbeiter trugen Schilder wie »ANC, wir lieben dich, aber nicht die Privatisierung.«) In Soweto schließen Arbeitslose ihre Nachbarn, denen das Wasser abgestellt wurde, wieder an die Wasserversorgung an, und das Soweto Electricity Crisis Committee hat in Tausenden von Haushalten illegal die Stromversorgung wiederhergestellt. Warum die Polizei die Täter nicht festnehme, fragte ich Trevor Ngwane. »Weil wir die Polizeibeamten auch wieder ans Netz hängen, wenn ihnen der Strom abgestellt wird«, antwortet er.

Es sieht ganz danach aus, als würden die Topmanager, die sich letztes Wochenende so gerne mit Nelson Mandela fotografieren ließen, eine zweite Chance im Kampf gegen die Apartheid bekommen, und zwar diesmal während die Apartheid noch besteht. Sie könnten ihren Beitrag nicht nur durch gut gemeinte Spenden leisten, sondern auch indem sie einen wirtschaftspolitischen Ansatz in Frage stellen, der auf der ganzen Welt so viel Elend verursacht. Auf welcher Seite sie wohl diesmal stehen werden?

GIFTPOLITIK IN ONTARIO

Wenn Grundbedürfnisse zu Waren werden

Juni 2000

Morgen werden sich kurz nach zwölf Uhr mittags einige Hundert Demonstranten, darunter viele Obdachlose, mit einer sehr einfachen Forderung auf den Stufen des Parlamentsgebäudes der Provinz Ontario versammeln. Sie wollen mit der konservativen Regierung über die Auswirkungen sprechen, die deren Politik für die Armen hat. Wenn die historische Erfahrung nicht trügt, wird Premierminister Mike Harris in einer harten Rede sagen, dass die Wähler von Ontario ihren Willen zum Ausdruck gebracht hätten und er sich nicht einschüchtern lasse. Dann ruft er die Polizei, die aus den Demonstranten Kleinholz macht. Die Frage ist nur, wie reagieren wir anderen darauf?

Ich frage das, weil sich seit der kürzlich in Walkerton ausgebrochenen Escherichia-Coli-Epidemie viele Wähler in ganz Ontario den Kopf darüber zerbrechen, welche Auswirkungen Deregulierungsmaßnahmen wohl auf die Menschen und deren tägliches Leben haben können. In Walkerton erkrankten 2000 Einwohner, weil sie städtisches Trinkwasser zu sich genommen hatten. Es herrschte großes Entsetzen angesichts der Vorstellung, dass sie vielleicht durch die Kürzungen im Haushalt des Umweltministeriums und die Abwälzung der Kosten auf die Gemeinden in Lebensgefahr gebracht worden waren.

Die Empörung der Öffentlichkeit ist selbst in Mike Harris' scheinbar uneinnehmbarer politischer Enklave eine mächtige Kraft der Veränderung. Sie erzwang, dass vier Untersuchungen über die Trinkwasserkrise durchgeführt wurden und sich die Politiker verpflichteten, die in den Untersuchungen festgestellten Probleme auch zu lösen. Außerdem wurden mehrere Millionen Dollar Entschädigung gezahlt. Diese schnelle Reaktion auf die Tragödie war angemessen und hätte noch großzügiger ausfallen können. Warum aber haben wir erst durch die Todesfälle in Walkerton erkannt, dass abstrakte politische Maßnahmen ganz reale Menschenleben fordern können?

Sieben Menschen und vielleicht sogar noch mehr sind gestorben, weil sie mit Escherichia-Coli-Bakterien verseuchtes Wasser getrunken haben, und morgen demonstriert die Ontario Coalition Against Poverty (OCAP) vor dem Parlament, weil in Toronto in den letzten sieben Monaten 22 Obdachlose auf der Straße gestorben sind. Die Zusammenhänge zwischen diesen Toten und den Spar- und Deregulierungsmaßnahmen der Regierung sind in Toronto genauso deutlich wie in Walkerton. Vielleicht sogar noch deutlicher, denn in Toronto brauchen wir keine vier Untersuchungen, um die Zusammenhänge nachzuweisen; sie sind praktisch unbestritten.

Bevor die Konservativen gewählt wurden, starb in Toronto mehrere Winter lang kein Obdachloser mehr auf der Straße. Die Todesrate begann 1995 zu steigen, als die Konservativen die Sozialausgaben um 21,6 Prozent kürzten und zugleich die Pläne für den Bau neuer Sozialwohnungen strichen. Unmittelbar darauf trieb die wirtschaftliche Erholung, die die Torys so gerne auf ihre Politik zurückführen, die Mieten in die Höhe, während ihr neuer Tenant Protection Act (Mieterschutzgesetz) es den Vermietern wesentlich erleichterte, Mieter auf die Straße zu setzen. Inzwischen sind in Toronto jeden Monat etwa 1600 Mieter von Zwangsräumung bedroht.

Das Ergebnis ist eine schockierend hohe Zahl von Obdachlosen, für die es in den Obdachlosenunterkünften nicht genug Betten gibt. Letztes Jahr standen in der Stadt für Notfälle 5000 Betten in Wohnheimen zur Verfügung. Nach Auskunft vieler Sozialarbeiter werden doppelt so viele gebraucht. Da die Zahl der Obdachlosen steigt und die Wohnheime immer voller werden, wird das Leben auf der Straße immer erniedrigender und gewalttätiger. Genau an diesem Punkt setzen die Torys mit ihrem Safe Streets Act an, einem neuen Sicherheitsgesetz, das die Polizei ermächtigt, Obdachlose wie Kriminelle zu behandeln – die ideale Zwangskundenwerbung für das geplante private Supergefängnis von Ontario.

Genau wie zur Vermeidung künftiger Escherichia-Coli-Epidemien gibt es auch zur Vermeidung künftiger Todesfälle bei Obdachlosen viele einleuchtende politische Lösungsansätze. Mehr Sozialer Wohnungsbau, besserer Mieterschutz und weniger Polizeischikanen wären ein guter Anfang. Armutsbekämpfungsgruppen haben die Ein-Prozent-Lösung vorgeschlagen: einen Aufruf, das Geld für den sozialen Wohnungsbau zu verdoppeln, indem alle Regierungsebenen jeweils ein Prozent ihres Haushalts dafür zur Verfügung stellen.

Wenn ich die Escherichia-Coli-Epidemie in Walkerton mit der Obdachlosenkrise in Toronto vergleiche, rechne ich nicht in einer Art Elendspoker die Tragödien gegeneinander auf. Ich weise lediglich darauf hin, dass in der Debatte über die Obdachlosigkeit zwei Dinge fehlen: die massive öffentliche Empörung und der politische Wille, künftige Tragödien zu verhindern.

Und das ist ganz in Mike Harris' Sinn. Die erste Lektion der »Revolution des gesunden Menschenverstands« [der Slogan, mit dem die Torys die Wahlen gewannen] lautet, dass es in der Provinz zwei klar getrennte Klassen von Menschen gibt: Menschen, die dazugehören, und Menschen, die nicht dazugehören. Wer dazugehört, wird mit Steuerkürzungen belohnt; wer nicht dazugehört, wird immer weiter ausgegrenzt.

Die Menschen von Walkerton gehörten eigentlich dazu; sie waren hart arbeitende, Steuern zahlende, gesunde, konservativ wählende Bürger. Die Menschen, die in Toronto auf der Straße gestorben sind, gehörten ab dem ersten Tag der Revolution des gesunden Menschenverstands nicht dazu – wie überhaupt alle Arbeitslosen, Armen, psychisch Kranken oder geistig Behinderten.

Inzwischen jedoch verwischen sich die Trennlinien in der von den Torys entwickelten Hierarchie der Menschheit. »Das Programm von Harris zerstört inzwischen nicht mehr nur die Sozialstruktur, sondern führt auch zu einer Erosion der materiellen Strukturen, von denen wir alle abhängig sind«, sagt John Clarke, der Sprecher der Ontario Coalition Against Poverty, die die morgige Demonstration organisiert. »Am Ende wird offensichtlich, dass wir alle betroffen sind.«

Amerikas schwächste Front

Der staatliche Sektor

Oktober 2001

Nur wenige Stunden nach den Terrorangriffen auf das World Trade Center und das Pentagon verkündete der republikanische Kongressabgeordnete Curt Weldon in CNN, dass er kein Wort über die Finanzierung von Schulen und Krankenhäusern hören wolle. Von da an war nur noch von Spionen, Bomben und anderen männlichen Dingen die Rede. »Die erste Priorität der US-Regierung sind nicht Bildung und Gesundheitsversorgung, sondern Verteidigung und Schutz der amerikanischen Bürger«, erklärte Weldon, und später fügte er noch hinzu: »Ich bin ein Lehrer, der mit einer Krankenschwester verheiratet ist, aber nichts davon spielt heute eine Rolle.«

Inzwischen stellt sich jedoch heraus, dass die verachteten sozialen Dienste doch sehr wichtig sind. Was die USA für terroristische Netzwerke am verwundbarsten macht, ist keineswegs ein leeres Waffenarsenal, sondern ein völlig ausgezehrter, entwerteter, zerbröselnder staatlicher Sektor. Die neuen Schlachten werden nicht nur im Pentagon, sondern auch im Postamt; nicht nur beim militärischen Geheimdienst, sondern auch bei der Ausbildung von Ärzten und Krankenschwestern; nicht nur mit einem geilen neuen Raketenschutzschirm, sondern auch mit der langweiligen alten Food and Drug Administration (FDA) geschlagen. Es ist Mode geworden, mit einem traurigen Lächeln zu bemerken, dass die Terroristen technische Errungenschaften des Westens wie Flugzeuge, E-Mails oder Handys gegen den Westen selbst einsetzen. Doch bei bioterroristischen Anschlägen könnten sich die Risse und Löcher in der staatlichen Infrastruktur der Vereinigten Staaten als die schärfste Waffe der Terroristen erweisen.

War vielleicht nicht genug Zeit, um sich auf bioterroristische Angriffe vorzubereiten? Wohl kaum. Die USA haben die Gefahr von Angriffen mit biologischen Waffen seit dem Golfkrieg offiziell eingeräumt, und US-Präsident Clinton hatte nach den Bombenanschlägen auf US-amerikanische Botschaften in Ostafrika erneut dazu aufgerufen, Schutzmaßnahmen gegen biologische Angriffe zu treffen. Trotzdem ist erstaunlich wenig passiert.

Der Grund ist einfach: Zur Vorbereitung auf einen biologischen Terrorangriff wäre in einem älteren, weit weniger dramatischen Krieg der USA ein Waffenstillstand nötig gewesen – im Krieg gegen den staatlichen Bereich. Dieser Waffenstillstand wurde nicht geschlossen. Hier sind einige Schnappschüsse von der Front:

Die Hälfte der US-amerikanischen Staaten verfügt über keinen bundesstaatlich ausgebildeten Experten zur Bekämpfung von Bioterrorismus. Die Gesundheitsämter ächzen unter der Last der Milzbrand-Furcht, und ihre unterfinanzierten Labors versuchen verzweifelt, die Nachfrage nach Tests zu befriedigen. Es ist kaum erforscht, wie Kinder mit einer Milzbrand-Infektion zu behandeln sind, obwohl Cipro – das beliebteste Antibiotikum zur Behandlung der Krankheit – bei Kindern nicht eingesetzt werden sollte.

Viele Ärzte im US-amerikanischen Gesundheitssystem sind nicht dafür ausgebildet, Symptome von Milzbrand, Botulismus oder Pest zu erkennen. Ein Untersuchungsausschuss des Senats stellte kürzlich fest, dass es Krankenhäusern und Gesundheitsämtern an grundlegenden diagnostischen Mitteln fehlt und der Informationsaustausch sehr schwierig ist, weil manche Ämter nicht einmal über E-Mail verfügen. Obendrein sind viele Gesundheitsämter am Wochenende geschlossen und stellen auch keinen Bereitschaftsdienst.

Die Behandlung der Opfer ist also eine Katastrophe, doch bei der Vorbeugung durch Impfprogramme des Bundes liegt noch mehr im Argen. Das einzige Labor in den USA, das den Impfstoff gegen Milzbrand herstellen darf, kann zur Lösung der gegenwärtigen Krise nichts beitragen. Warum? Der Grund ist ein typisches Privatisierungsdebakel. Das Labor in Lansing, Michigan, gehörte früher dem Bundesstaat und wurde von ihm betrieben. 1988 jedoch wurde es an die Firma BioPort verkauft, die mehr Effizienz versprach. Doch das neue Labor fiel bei mehreren Inspektionen der FDA durch. Wie es heißt, war es bisher nicht in der Lage, auch nur eine einzige Impfdosis an das US-Militär zu liefern, von der Zivilbevölkerung ganz zu schweigen.

Was die Pocken betrifft, so gibt es nicht einmal annähernd genug Impfstoff für die Bevölkerung, weshalb das National Institute of Allergy and Infectuous Diseases mit einer Verdünnung der vorhandenen Impfstoffe auf ein Fünftel oder gar ein Zehntel der normalen Dosis experimentiert.

Aus internen Dokumenten der amerikanischen Umweltschutzbehörde Environmental Protection Agency geht hervor, dass sie bei der Sicherung der Wasserversorgung gegen bioterroristische Angriffe um Jahre hinter dem Plan zurückliegt. Nach einem am 4. Oktober veröffentlichten Untersuchungsergebnis hätte die EPA schon 1999 die verwundbaren Stellen in der städtischen Wasserversorgung festgestellt haben müssen. Doch sie hat bis heute noch nicht einmal dieses erste Stadium ihres Auftrags abgeschlossen.

Die Lebensmittelbehörde FDA wiederum hat sich als unfähig erwiesen, wirksame Maßnahmen gegen »Agrarterrorismus« zu ergreifen – das Einschmuggeln tödlicher Bakterien in die Nahrungsmittelversorgung. Angesichts der weit fortgeschrittenen Zentralisierung und Globalisierung der Landwirtschaft ist der Agrarsektor sehr anfällig für die Ausbreitung von Krankheiten. Doch die FDA konnte letztes Jahr nur ein Prozent der unter ihre Zuständigkeit fallenden Lebensmittel inspizieren, weil sie »dringend mehr Inspektoren« braucht.

Laut Tom Hammonds, dem Chef des Food Marketing Institute, dem Wirtschaftsverband der US-amerikanischen Lebensmittelbranche, würden »im Fall einer – echten oder fingierten – Krise die Mängel des gegenwärtigen Systems gnadenlos ans Licht kommen«.

Nach dem 11. September gründete George W. Bush das Amt für »Heimatschutz«, um den Eindruck einer kriegsgestählten, auf jeden Angriff vorbereiteten Nation zu erwecken. Aber wie sich jetzt herausstellt, bedeutet »Heimatschutz« in Wirklichkeit die verzweifelte Anstrengung, alles zusammenzukratzen, was an grundlegender staatlicher Infrastruktur noch vorhanden ist, und Gesundheits- und Sicherheitsstandards zu retten, die bereits stark erodiert sind. Die Fronttruppen in diesem neuen amerikanischen Krieg führen in der Tat einen schweren Kampf: Es sind genau die Behörden, die seit zwei Jahrzehnten verkleinert, privatisiert und beschimpft werden, und zwar nicht nur in den USA, sondern praktisch in allen Ländern der Welt.

»Die öffentliche Gesundheit liegt im Interesse der nationalen Sicherheit«, erklärte der US-amerikanische Gesundheitsminister Tommy Thompson Anfang dieses Monats. Im Ernst! Seit Jah-

ren weisen Kritiker auf die menschlichen Kosten all der Sparmaßnahmen und der Deregulierung und Privatisierung hin:
Zugunglücke in Großbritannien, eine Escherichia-Coli-Epidemie in Walkerton, Lebensmittelvergiftungen, auf der Straße
sterbende Obdachlose und eine unzureichende Gesundheitsversorgung! Trotzdem blieb der Begriff »Sicherheit« bis zum
11. September streng auf die Aufgaben des Militär- und Polizei-
apparats beschränkt, einer Festung, die auf einem zerbröseln-
den Fundament aufgebaut wurde.

Wenn es eine Lehre aus dieser Entwicklung gibt, dann die,
dass echte Sicherheit nicht isoliert zu gewährleisten ist. Sie ist
mit den grundlegenden sozialen Dienstleistungen einer Gesellschaft verwoben und reicht vom Postamt bis zur Notaufnahme,
von der U-Bahn bis zum Wasserreservoir, von der Schule bis
zur Lebensmittelbehörde. Die Infrastruktur – das langweilige
Band, das uns alle miteinander verbindet – ist keineswegs irrelevant für das ernsthafte Geschäft der Terrorismusbekämpfung.
Sie ist die Grundlage unserer künftigen Sicherheit.

III

Das Einzäunen der Bewegung: Die Kriminalisierung des Protests

... in dem reichlich Tränengas eingeatmet wird, als Anarchisten verkleidete Polizisten Freunde in Mannschaftswagen werfen und ein junger Mann in Genua stirbt

GRENZÜBERSCHREITENDE KONTROLLE

Die Polizei tauscht Einschüchterungstricks aus

Mai 2000

»Wir haben unsere Lektion von Seattle und Washington gelernt«, erklärt mir Constable Michèle Paradis von der Royal
Canadian Mounted Police per Handy aus Windsor. Sie ist bei
der Konferenz der Organisation Amerikanischer Staaten (OAS),
die an diesem Wochenende in Windsor in der Provinz Ontario
stattfinden wird, für die Zusammenarbeit mit den Medien
zuständig. Man rechnet mit mehreren Tausend Demonstranten,
die sich gegen die Pläne der OAS zur Erweiterung der NAFTA
auf ganz Lateinamerika und die Karibik wenden.

»Und was sind das für Lektionen?«, frage ich.

»Ich fürchte, das darf ich nicht sagen«, antwortet sie.

Das ist zu schade, denn die kanadische Polizei hätte nach den
Demonstrationen gegen die Welthandelsorganisation in Seattle
und gegen die Weltbank und den Internationalen Währungsfonds in Washington D. C. einige Lektionen über die Behandlung
von Demonstranten lernen können. Da Constable Paradis sich
nicht äußern wollte, folgen nun die Lektionen, die die Mounties
anscheinend von ihren Kollegen weiter im Süden gelernt haben.

Lektion Nr. 1: Präventivschläge · Aktivisten in Windsor berichten, dass sie von Beamten der Royal Canadian Mounted Police
angerufen und zu Hause besucht wurden. Josie Hazen, eine

Grafikerin, die ein Plakat gestaltete, auf dem für die Kundgebung und das Teach-in des Canadian Labour Congress geworben wurde, erzählt, dass ihr ein Mountie verschiedene Fragen
zu diesen vollkommen legalen Veranstaltungen stellte. Wer
waren die Veranstalter, und was wusste sie über andere Aktionen gegen die Konferenz? »Viele Leute wurden angerufen, wir
denken, dass das eine Abschreckungstaktik ist, um uns von den
Demonstrationen fern zu halten«, sagt Hazen.

Lektion Nr. 2: Die Polizeigewalt normalisieren · In Washington traf ich viele junge Aktivisten, die mit den notwendigen
Schutzmaßnahmen ausgerüstet waren: Schwimmbrillen und
Halstücher, die in Essig getränkt sind. Sie planten keinen Angriff auf Starbucks, sondern mussten einfach damit rechnen, mit
Tränengas eingenebelt zu werden, denn das passiert, wenn man
seine politischen Ansichten offen äußert.

In Kanada war die Empörung groß, als Universitätsstudenten 1997 beim Gipfel der Vereinigung für Asiatisch-Pazifische
wirtschaftliche Zusammenarbeit (APEC) in Vancouver mit Pfefferspray bekämpft wurden. Inzwischen haben wir so viel Brutalität gegen Demonstranten gesehen und miterlebt, dass wir
offenbar daran gewöhnt sind. Und das ist der wahrhaft heim-
tückische Effekt der Polizeigewalt: Wenn Demonstranten in
aller Öffentlichkeit regelmäßig wie Kriminelle behandelt werden, wirken sie auch wie Kriminelle. Und schon wird unbe-
wusst politischer Aktivismus mit bösen Missetaten, ja sogar mit
Terrorismus gleichgesetzt.

**Lektion Nr. 3: Man muss zivilen Ungehorsam mit Gewalt
gleichsetzen** · Eine Gruppe plant, in Windsor zivilen Ungehorsam zu praktizieren. Die Mitglieder wollen mit ihren Körpern

den Zugang zu Teilen der OAS-Konferenz blockieren. Diese Taktik wird schon seit langer Zeit und auf der ganzen Welt angewandt. In Nordamerika beispielsweise zu Zeiten der Bürgerrechtsbewegung, bei den Protesten gegen den Vietnamkrieg und in jüngster Zeit bei den Blockaden der amerikanischen Ureinwohner, bei Arbeitskämpfen und 1993 bei der Auseinandersetzung zwischen Umweltschützern und Holzfällern im Clayoquot Sound vor der kanadischen Westküste. Die Taktik ist nicht gewalttätig – aber sie soll unbequem sein.

Im Grunde planen die Demonstranten für die OAS-Konferenz in Windsor ein Sit-in auf der Straße. Das wird vielleicht die Leute, die auf dem Weg zur Arbeit sind, verärgern, aber manchmal – wenn sinnvolle Möglichkeiten, seiner Meinung Ausdruck zu verleihen, erschöpft sind – werden wichtige politische Siege dank kleiner Unannehmlichkeiten errungen.

Bei meinem Gespräch bezeichnete Constable Paradis die Pläne, die Konferenz in Windsor zu blockieren, wiederholt als »Gewalt«. Sie weigerte sich anzuerkennen, dass eine Straßenblockade auch friedlich durchgeführt werden kann. »Das ist Wortklauberei«, meinte sie zu der Unterscheidung.

Keiner der Organisatoren der Proteste in Windsor ist für Gewalt, und das bringt uns zu:

Lektion Nr. 4: Teile und bezwinge · »Die friedlichen Demonstranten gehen uns nichts an«, erklärte Constable Paradis. »Nur die Minderheit, die alles blockieren will.« Diese Unterscheidung zwischen guten Demonstranten – die in ausgewiesenen Bereichen Parolen rufen und Banner schwenken – und bösen Demonstranten, die direkte Aktionen planen, wurde auch von der Polizei in Seattle und Washington immer wieder angeführt.

Aber auch die Aktivisten haben ihre Lektion gelernt. Seattle hat gezeigt, dass ziviler Ungehorsam den offiziellen Demonstrationen und Teach-ins, die sonst normalerweise von den Medien einfach abgehakt oder ignoriert werden, die dringend benötigte Aufmerksamkeit verschafft. Bei den Vorbereitungen für Windsor waren sich die Organisatoren daher einig, dass man sich nicht zwischen den Taktiken entscheiden muss – es kann Hunderte verschiedene Taktiken geben, und der Aktivismus kann an mehreren, einander ergänzenden Fronten gleichzeitig funktionieren.

Die wahre Ironie der Polizeiattacken gegen die Demonstranten gegen den Freihandel ist, dass sie inmitten der monatelangen Predigten darüber erfolgen, wie ein verstärkter Handel mit China die Bürger mit einem unstillbaren Durst nach Demokratie und Redefreiheit erfüllen wird. Genau das Gegenteil ist der Fall: Dieses Modell des Freihandels wirkt sich auf so viele Menschen nachteilig aus, dass demokratische Länder die Rechte ihrer eigenen Bürger vorsätzlich einschränken, damit der Handel auf keinen Fall beeinträchtigt wird.

Das bringt uns zu Lektion Nr. 5, die sowohl die Polizei als auch die Politiker nicht hören wollen. Im Zeitalter der globalen Konzerne ist auch die Politik an sich eine eingezäunte Gemeinschaft, die immer mehr Sicherheitsmaßnahmen und Brutalität erfordert, um ihren normalen Geschäften nachzugehen.

Präventivgewahrsam

Die Polizei nimmt Puppenspieler
in Windsor, Ontario, fest

Juni 2000

»Das ist David Solnit. Er ist der Mann.«

So wurde mir der legendäre Aktivist aus San Francisco letzten Freitag vorgestellt. Wir waren an der University of Windsor, weil wir beide bei einem Teach-in zur Organisation Amerikanischer Staaten als Redner auftraten. Natürlich wusste ich bereits, dass David Solnit »der Mann« war. Er war einer der Organisatoren der Blockade von Seattle. Ich höre seinen Namen seit Jahren, normalerweise sprechen ihn junge Aktivisten, die gerade einen der Workshops seiner politischen Puppentheatergruppe Art and Revolution besucht haben, voll Ehrerbietung aus.

Von diesen Workshops kommen sie voller neuer Ideen für Demonstrationen zurück. Dass Demonstrationen keine quasi militaristischen Aufmärsche sein sollten, deren Höhepunkt darin besteht, vor verschlossenen Regierungsgebäuden Transparente zu schwenken. Stattdessen sollten sie »Festivals des Widerstands« mit riesigen Puppen und spontanem Straßentheater sein. Dass ihre Ziele nicht nur symbolisch sein sollten: Mit Protesten kann man öffentlichen Raum für eine Party oder einen Garten »zurückgewinnen« oder eine geplante Konferenz blockieren, die die Demonstranten für destruktiv halten. Dahinter steckt die »Show don't Tell«-Theorie, die besagt, dass man Meinungen nicht ändert, indem man nur seinen Protest heraus-

schreit. Man ändert Ansichten, indem man Organisationen auf-
baut oder Veranstaltungen organisiert, die ein lebendes Beispiel
dafür sind, für was man steht.

Da ich in dieser Theorie nicht bewandert bin, war meine
Rede zu den Studenten ein schnörkelloser Vortrag darüber, dass
die Proteste gegen das panamerikanische Freihandelsabkommen Teil einer breiteren konzernkritischen Bewegung seien –
gegen eine wachsende Kontrolle der Konzerne über Bildung,
Trinkwasser, Forschung und so weiter.

Als David Solnit an der Reihe war, forderte er zunächst alle
auf, aufzustehen, sich an ihren Nachbarn zu wenden und ihn zu
fragen, warum er hier sei. Als Kind von Hippie-Eltern und als
Überlebende alternativer Ferienlager weckt diese Art Rituale in
mir immer den sofortigen Wunsch, aus dem Zimmer zu rennen
und die Tür hinter mir zuzuschlagen. Natürlich wählte David
Solnit mich als Partner – und gab sich nicht mit meiner Antwort
zufrieden: »Ich bin hier, weil ich hier eine Rede halte.« Also
erzählte ich ihm mehr: Dass das Schreiben über das Engagement junger Bürgerrechtler und Umweltschützer mir Hoffnung
für die Zukunft gibt und für mich ein notwendiges Gegenmittel
gegen den Zynismus ist, mit dem sich Journalisten so gern
umgeben.

Erst als wir unsere Erkenntnisse den anderen vorstellten,
erkannte ich, dass dies nicht nur eines dieser Kennenlernspiel-
chen war, sondern auch ein effektives Mittel, die schlecht
getarnten Undercover-Polizisten zu quälen. »Ja, äh, mein Partner heißt Dave und ist hier, um gegen Unterdrückung zu kämpfen«, erklärte ein Typ in einer Nylonjacke und Bürstenhaar-
schnitt.

Nicht einmal 24 Stunden später saß David Solnit in einer
Zelle in Windsor und blieb dort vier Tage lang.

Am Tag nach dem Teach-in – also am Tag vor der großen Demonstration gegen die OAS – leitete Solnit einen kleinen Workshop zum Puppenbasteln an der Universität. Nach dem Seminar wurde er in der Nähe vom Campus festgenommen. Die Polizei gab an, er sei in den USA ein verurteilter Verbrecher und gelte daher auch in Kanada als Krimineller. Warum? Weil Solnit 15 Jahre zuvor bei einem Protest gegen die Unterstützung der Contras in Nicaragua seitens der USA verhaftet worden war. Er hatte (mit auswaschbarer Farbe) die Namen hingerichteter Sandinisten an die Mauer eines Regierungsgebäudes geschrieben. Nachdem die Demonstration gestern vorbei war, stellte die Einwanderungsbehörde mittels einer Anfrage fest, dass Solnits Verhaftung völlig unbegründet war, und ließ ihn frei.

David Solnit predigt die Revolution mit Hilfe von Pappmaché, wodurch man versucht ist, die Aktionen der Polizei als paranoid zu betrachten. Aber die Behörden haben natürlich Recht, in ihm eine Bedrohung zu sehen – allerdings nicht für die Sicherheit oder für irgendjemandes Eigentum. Seine Botschaft ist durchweg gewaltfrei, aber sie ist auch sehr eindrucksvoll.

Solnit macht nicht viele Worte darüber, wie Freihandelsabkommen die Kultur, Wasser, Saatgut und sogar Gene zu bloßen Waren machen. In seinen Workshops lehrt er junge Aktivisten, ihre Beziehungen zueinander losgelöst von kommerziellen Zwängen zu betrachten – eine ungewohnte Botschaft für eine Generation, die damit aufwuchs, selbst in den Toiletten ihrer Schule mit Werbung bombardiert zu werden, und der von Soft-Drink-Unternehmen die Rebellion in Dosen verkauft wurde.

Obwohl Solnit bis zum Ende der OAS-Konferenz eingesperrt war, durchzogen seine Ideen ganz Windsor: Kunst war nicht etwas, das von Experten geschaffen und von Konsumenten gekauft wurde, sondern war überall auf den Straßen zu finden. Die Demonstranten entwickelten sogar ein kostenloses Beförderungssystem: ein Bataillon »blauer Fahrräder« – alte Fahrräder wurden repariert und blau angestrichen und dann den Demonstranten zur Verfügung gestellt.

Der Kommunikationstheoretiker und Medienkritiker Neil Postman schrieb einmal, Lehren sei eine »subversive Tätigkeit«. Wenn die Lehre junge Leute mit der Kraft ihrer Selbstständigkeit und Kreativität in Kontakt bringt, von der sie zuvor nichts wussten, ist sie in der Tat subversiv. Aber sie ist nicht kriminell.

David Solnit war Opfer einer sorgsam geplanten, grenzübergreifenden Polizeiaktion. Er wurde als politische Bedrohung identifiziert, noch bevor er überhaupt einen Fuß in dieses Land setzte. Seine Vergangenheit wurde durchleuchtet, er wurde beobachtet und dann unter einem Vorwand festgenommen. Alle Kanadier sollten sich für das Vorgehen unserer Polizei schämen. Aber am meisten sollten sich die Bürokraten des Freihandels in Windsor schämen. Offensichtlich ist ein Aspekt des menschlichen Lebens noch nicht vom Freihandel eingenommen: der freie Austausch einflussreicher Ideen.

ÜBERWACHUNG

Es ist einfacher, Aktivisten auszuspionieren, als offen mit ihnen zu diskutieren

August 2000

Ich war nicht gerade begeistert, dass der Canadian Security Intelligence Service mein Buch in seinem neuen Bericht über die Bedrohung durch Globalisierungsgegner zitiert. In einigen Kreisen, in denen ich mich bewege, genügt es schon, für *Globe and Mail* zu schreiben, um als politisch belastet zu gelten, ganz zu schweigen davon, de facto ein CSIS-Informant zu sein. Aber da steht es auf Seite drei des Berichts: *No Logo* hilft dem CSIS dabei zu verstehen, warum diese verrückten Kids ständig Konferenzen stürmen.

Normalerweise freue ich mich über jeden Leser, aber hier habe ich den leisen Verdacht, dass der Bericht im nächsten April als Rechtfertigung dazu dienen wird, auf einige gute Freunde von mir mit Schlagstöcken einzuprügeln. Dann wird nämlich in Quebec der Amerikagipfel abgehalten, die wichtigste Konferenz zum Freihandel seit den Verhandlungen der Welthandelsorganisation letzten Dezember in Seattle.

Der CSIS-Bericht sollte ein Urteil abgeben über die Bedrohung des Gipfels durch konzernfeindliche Proteste. Aber interessanterweise gibt man sich darin nicht zufrieden, Aktivisten als latente Terroristen zu verleumden (obwohl das natürlich auch geschieht), es wird auch der irgendwie löbliche Versuch unternommen, die Gründe für den Ärger zu verstehen.

In dem Bericht heißt es zum Beispiel, die Protestierenden seien verärgert über »das Versagen, einen Schuldenerlass für die armen Länder zu vereinbaren«. Sie würden viele Konzerne der »sozialen Ungerechtigkeit, ungerechter Arbeitsbedingungen […] sowie eines mangelnden Umweltbewusstseins« bezichtigen. Die Institutionen des Freihandels seien »nur am Profit interessiert«. Das ist gar keine so schlechte Zusammenfassung – die Infiltration der Teach-ins hat sich bezahlt gemacht. Der Bericht macht den Protestbewegungen sogar ein seltenes Kompliment: Laut CSIS »nehmen ihre Kenntnisse über das Thema beständig zu«.

Diese Beobachtungen wurden zweifellos getreu der Erkenntnis gemacht, dass man seinen Feind kennen sollte. Aber zumindest hört der CSIS zu. Was man vom kanadischen Außenhandelsminister nicht sagen kann. In einer Rede bei der Inter-American Development Bank verbreitete Pierre Pettigrew eine bizarre, offenbar von George Lucas' *Krieg der Sterne* beeinflusste Theorie, laut der die Befürworter des Freihandels die Kräfte der globalen Ordnung, die Kritiker dagegen die Kräfte der »globalen Unordnung« sind. Diese bösen Feinde sind nicht etwa vom »Idealismus« geleitet – wie es im CSIS-Bericht steht –, sondern werden von dem selbstsüchtigen Wunsch getrieben, »andere von dem Wohlstand auszuschließen, den sie selbst genießen«. Die Kritiker haben laut Pettigrew auch keine berechtigten Bedenken, ihnen fehlt völlig der Durchblick. »Die Globalisierung ist ganz einfach Teil des natürlichen Evolutionsprozesses«, verkündete der Minister. »Dieser geht Hand in Hand mit dem Fortschritt der Menschheit, und dem kann sich, wie die Geschichte lehrt, niemand entgegenstellen.«

Wenn sich die kanadische Regierung Sorgen macht, dass Demonstranten ihr in Quebec den Spaß verderben könnten, sollte sie zunächst einmal zur Kenntnis nehmen, dass Mutter Natur keine internationalen Handelsabkommen verfasst. Sie sind das Werk von Politikern und Bürokraten. Noch besser wäre es, wenn die liberale Regierung, anstatt, wie es der CSIS-Bericht verlangt, die »Kommunikation der Protestbewegungen zu überwachen«, die Diskussion aus der Domäne der Geheimdienstberichte im Mantel-und-Degen-Stil lösen und während der nächsten acht Monate bis zum Quebec-Gipfel eine offene, alle einschließende, landesweite Debatte über die Frage führen würde, ob es überhaupt eine Mehrheit für ein Freihandelsabkommen mit Gesamtamerika gibt.

Dafür gibt es einen Präzedenzfall. 1988 hatten die Liberalen als Mitte-Links-Partei eine führende Rolle bei einer solchen Debatte inne, und zwar über das Freihandelsabkommen mit den USA. Aber damals war das Für und Wider für eine Deregulierung des Handels rein theoretisch: Im Grunde war es ein Krieg konkurrierender Prognosen.

Heute sind die Kanadier in einer Position, in der sie Bilanz ziehen können. Wir können uns fragen: Ermöglichten es uns die NAFTA-Entscheidungen, unsere Kultur in den vergangenen acht Jahren zu schützen? Hat der Teil des Abkommens, der sich mit Arbeitsrecht befasst, die Rechte der Fabrikarbeiter in Kanada und Mexiko befördert? Hat der Teil des Abkommens, in dem es um Umweltschutz geht, uns die Möglichkeit gegeben, Umweltverschmutzer zu maßregeln? Wurden die Menschenrechte von Chiapas über Los Angeles bis Toronto seit In-Kraft-Treten der NAFTA gestärkt?

Wir können auch den Anteil unseres Bruttoinlandsprodukts betrachten, der vom Handel abhängt (43 Prozent), oder den Lebensstandard des Durchschnittskanadiers (stagnierend). Dann können wir uns fragen: Ist das tatsächlich das beste Wirtschaftssystem, das wir uns vorstellen können? Sind wir mit mehr davon zufrieden? Wollen wir wirklich NAFTA mal 34? Eine derartige Debatte wäre an sich schon ein Beleg für eine gesunde Demokratie, aber wir könnten sogar noch weitergehen. Kanadas Beitritt zur FTAA könnte bei der nächsten Wahl ein Schlüsselthema sein und – hier kommt eine verrückte Idee – wir könnten darüber abstimmen!

Das wird natürlich nicht geschehen. Demokratie ist in Kanada auf kleinliches Gefeilsche um Steuersenkungen reduziert. Die Kritiker unseres Wirtschaftssystems werden stärker entrechtet und als Reaktion darauf noch militanter werden. Und die Polizei wird die Aufgabe haben, unsere Politiker vor der wirklichen Politik zu schützen, selbst wenn das bedeutet, dass man aus Quebec eine Festung macht.

Der CSIS-Bericht bereitet diesem Einsatz von Gewalt den Boden, indem er zu dem Schluss kommt: »Angesichts der virulenten globalisierungsfeindlichen Rhetorik […] lässt sich drohende Gewalt im Zusammenhang mit dem Gipfel in Quebec nicht ausschließen.« Vielleicht nicht. Aber angesichts der virulenten demonstrantenfeindlichen Rhetorik und dem heimlichen Einverständnis unserer Politiker ist drohende Gewalt seitens der Polizei nahezu garantiert.

ANGST SCHÜREN

Die Polizei lässt Demonstrationen bewusst abschreckend wirken, wer will da noch demonstrieren?

März 2001

»Ich mache mir Sorgen, dass der Freihandel zur Privatisierung der Bildung führt«, erzählt mir eine Grundschullehrerin in Ottawa. »Ich möchte zur Demonstration nach Quebec, aber ist es dort nicht gefährlich?«

»Ich glaube, dass NAFTA die Kluft zwischen Arm und Reich vertieft«, meint eine junge Mutter in Toronto. »Aber wenn ich nach Quebec gehe, erhält mein Sohn dort eine Ladung Pfefferspray?«

»Ich will nach Quebec«, sagt ein Student aus Harvard, der in der Anti-Sweatshop-Bewegung aktiv ist, »aber ich habe gehört, dass niemand über die Grenze gelassen wird.«

»Wir denken nicht einmal daran, nach Quebec zu gehen«, meint ein Student in Mexiko Stadt. »Wir können es uns nicht leisten, im Ausland verhaftet zu werden.«

Wenn Sie glauben, die nächste harte Maßnahme gegen Demonstranten wird nächsten Monat beim Amerikagipfel in Quebec stattfinden, wenn 6000 Polizisten auf die Demonstranten treffen, liegen Sie falsch. Die eigentliche Maßregelung findet bereits statt. Sie geschieht stillschweigend, ohne viel Aufhebens, und zwar jedes Mal, wenn ein weiterer potenzieller Demonstrant beschließt, seine Meinung über das geplante panamerikanische Freihandelsabkommen nicht öffentlich zu äußern.

Es zeigt sich, dass die effektivste Form zur Kontrolle der Massen nicht Pfefferspray, Wasserwerfer, Tränengas oder eine der anderen Waffen ist, die von der Polizei in Erwartung der 34 Regierungschefs bereitgehalten werden. Die effektivste Kontrollmethode ist es, die Menge zu kontrollieren, bevor sie sich zusammenrottet: Die Leute abzuschrecken, damit sie sich selbst zum Schweigen bringen.

Es passiert jedes Mal, wenn wir einen weiteren Bericht über den drei Meter hohen Zaun lesen, mit dem Quebec umgeben wird. Oder eine Meldung, dass es keinerlei Schlafplätze in der Stadt gibt – mit Ausnahme der Gefängnisse, die hilfsbereit geräumt wurden. Einen Monat vor dem Gipfel wurde die Postkartenidylle von Quebec erfolgreich in einen bedrohlichen Ort verwandelt. Für Menschen, die ihre Bedenken gegen einen von Konzernen dominierten Handel und die wirtschaftliche Deregulierung zum Ausdruck bringen wollen, ist Quebec plötzlich sehr ungastlich geworden. Eine abweichende Meinung zu äußern gilt nicht mehr als unabdingbarer Bestandteil einer Demokratie, sondern wird immer mehr zu einem gefährlichen Extremsport, der sich nur für Hardcore-Aktivisten mit bizarrer Ausrüstung und einem Doktor im Erklettern von Gebäuden eignet.

Eine weitere Abschreckung findet statt, wenn wir den Artikeln in den Zeitungen Glauben schenken, in denen es von anonymen Quellen und Äußerungen nur so wimmelt. Bei einigen Demonstranten handle es sich um »Agitatoren«, die den »Einsatz von Gewalt« planen und bereits Pflastersteine und Sprengstoffe einpacken würden. Der einzige Beweis für derart hetzerische Beschuldigungen besteht darin, dass sich die »Anarchisten« in »kleinen Gruppen« organisieren würden und dass diese Gruppen »autonom« seien, das heißt, dass sie einander nicht über ihre Pläne informieren.

Die Wahrheit sieht anders aus: Kein einziger offizieller Veranstalter der Proteste in Quebec plant gewalttätige Aktionen. Einige radikalere Organisationen, darunter die Anti-Capitalist Convergence, haben erklärt, sie würden »unterschiedlichste Taktiken« respektieren, »die von allgemeiner Information bis zu direkter Aktion reichen«. Sie geben an, sie würden andere Aktivisten für deren Taktiken aus Prinzip nicht verurteilen. Andere sagen, sie würden sich verteidigen, wenn sie von der Polizei angegriffen werden würden.

Diese zugegebenermaßen komplizierte Position wird von der Presse so verzerrt, dass man meinen könnte, es seien gewalttätige Angriffe auf den Gipfel geplant, was sicher nicht der Fall ist. Diese Position ist auch für viele Aktivisten frustrierend. Sie sind der Auffassung, es wäre einfacher, wenn jeder eine Erklärung unterzeichnen würde, dass die Demonstrationen gewaltfrei sein werden.

Das Problem ist, dass eines der grundlegenden Argumente gegen das darwinistische Wirtschaftsmodell der FTAA lautet, es fördere die Gewalt: Gewalt in Armenvierteln und Polizeigewalt gegen die Armen. In einer Rede letztes Jahr nannte Außenhandelsminister Pierre Pettigrew die Gründe dafür: In modernen Volkswirtschaften, erklärte er, »werden die Opfer nicht nur ausgebeutet, sondern auch ausgeschlossen. [...] Sie sind vielleicht in einer Situation, in der sie zur Schaffung des Wohlstands nicht benötigt werden. Dieses Phänomen des Ausschlusses birgt ein wesentlich höheres radikales Potenzial als das Phänomen der Ausbeutung.«

So ist es. Deswegen ist eine Gesellschaft, die diese Trennung zwischen Ausgeschlossenen und Eingeschlossenen blindlings akzeptiert, eine unsichere Gesellschaft voller Menschen, die wenig Vertrauen in das System haben und das Gefühl nicht loswerden, die Wohlstandsversprechungen bei Konferenzen wie etwa dem Amerikagipfel würden ihnen nichts bringen. Menschen, die die Polizei als ein Mittel der Unterdrückung sehen und nichts zu verlieren haben.

Wenn wir eine solche Gesellschaft nicht wollen – eine Gesellschaft der Ausgeschlossenen und der Eingeschlossenen und mit hohen Zäunen, die beide Gruppen trennen –, dann lautet die Lösung nicht, dass »gute« Aktivisten vorbeugend die »schlechten« Aktivisten verurteilen. Die Lösung lautet, eine Politik der Teilung rundweg abzulehnen. Und der beste Ort dafür ist Quebec, wo die unsichtbare Trennlinie zwischen Ausgeschlossenen und Eingeschlossenen deutlich sichtbar ist – dank eines neuen Maschendrahtzauns und Polizeimethoden, die uns draußen halten, bevor wir überhaupt dort angelangt sind.

Die Petition von »Citizens Caged«

Ein offener Brief an Jean Chrétien
vor dem Amerikagipfel

April 2001

Die Schauspielerin Sarah Polley, der Rechtsanwalt Clayton Ruby und ich verfassten die folgende Petition an den kanadischen Premierminister Jean Chrétien, weil wir beim Amerikagipfel in Quebec Ausschreitungen der Polizei befürchteten. Der Brief sollte als Anstoß dienen und die öffentliche Meinung vor allem in der Kulturszene aufrütteln. Über 6000 Kanadier unterzeichneten die Petition: Künstler, Akademiker, Journalisten, Richter, Rechtsanwälte und Intellektuelle. Darunter befanden sich auch Kanadas prominenteste Kulturschaffende wie Margaret Atwood, Michael Ondaatje, Atom Egoyan, Michael Ignatieff, Rubin »Hurricane« Carter und die Barenaked Ladies.

Als Kanadier, die das Recht auf freie Meinungsäußerung als demokratisches Grundrecht betrachten und von diesem Recht abhängen, weil wir ohne dieses Recht unseren Lebensunterhalt nicht verdienen können, werden wir wachsam die Aktionen der Polizei und der Einwanderungsbehörde beobachten, wenn nächste Woche der Amerikagipfel in Quebec stattfindet.

Das Recht auf freie Meinungsäußerung, das für unsere Demokratie von elementarer Bedeutung ist, umfasst nicht nur das Recht, sich zu äußern und miteinander zu kommunizieren, sondern auch gehört zu werden. Das von der Verfassung garantierte Recht auf Versammlungsfreiheit umfasst das Recht, sich auf öffentlichen Plätzen in allen kanadischen Städten friedlich zu versammeln. Das Recht auf Freizügigkeit bezieht sich nicht nur auf Handel und Tourismus, sondern auch auf politische Versammlungen, Konferenzen und Demonstrationen.

Der Sicherheitszaun, der um die Innenstadt von Quebec errichtet wurde und rechtmäßige Demonstranten außer Seh- und Hörweite halten soll, tritt die oben genannten Grundrechte mit Füßen. Im Geiste unserer Verfassung verurteilen wir diese Maßnahme. Wir sind der Ansicht, dass die geplante Präsenz von 6000 Polizisten in der Umgebung des Konferenzgeländes einem friedlichen Protest abträglich ist. Wir verurteilen auch das Vorgehen, besorgten Bürgern aus anderen Ländern die Einreise zu verwehren und sie so daran zu hindern, ihre Ansichten über ein Freihandelsabkommen, das sich über 34 Staatsgrenzen erstreckt, frei zu äußern.

Demokratie findet nicht nur in Parlamenten, Wahllokalen und bei offiziellen Gipfeltreffen statt. Man findet sie in Versammlungshallen, in öffentlichen Parks und auf der Straße. Sie umfasst manchmal auch friedliche Akte zivilen Ungehorsams. Wenn die Straßen von Quebec blockiert sind und die Stadthallen außer Reichweite der Bürger liegen, weil sie sich innerhalb einer sich immer weiter ausdehnenden »Sicherheitszone« befinden, wird die Demokratie selbst an den Rand gedrängt. Und wenn Konzerne die Möglichkeit haben, sich durch Sponsoring des Amerikagipfels Zugang zu Politikern zu verschaffen, dann entsteht der Eindruck, dass politische Verantwortlichkeit zum Verkauf steht.

Wir sind außerdem besorgt über Dokumente des Canadian Security Intelligence Service, deren Inhalt nach außen gesichert ist. Demonstranten, die nach Quebec kommen, werden darin als »gewalttätig« eingestuft, obwohl es für diese Behauptung keinerlei Beweise gibt. Derartig haltlose Beschreibungen, die von der Presse aufgegriffen werden, können den Boden für exzessiven Einsatz von Gewalt seitens der Polizei bereiten. Viele Demonstranten, die nach Quebec kommen wollen, sind junge Leute, die ihre politischen Ansichten prinzipientreu und friedlich, vielleicht auch in Form von zivilem Ungehorsam äußern möchten. Wir sorgen uns sehr um die körperliche Unversehrtheit aller Demonstranten.

In den vergangenen vier Jahren mussten wir zusehen, wie der Einsatz von Pfefferspray bei politischen Demonstrationen zu Konferenzen der Weltbank, des Internationalen Währungsfonds, der Welthandelsorganisation, des Weltwirtschaftsforums und der Vereinigung für Asiatisch-Pazifische wirtschaftliche Zusammenarbeit sowie bei allen Parteitagen in den USA immer selbstverständlicher wurde. Wir beobachteten auch, dass von den Straßen in Washington D.C. bis nach Davos in der Schweiz der Einsatz von Tränengas, Massenverhaftungen, Wasserwerfern und Gummigeschossen durch die Polizei bei einigen Demonstrationen eskalierte. Vorbeugende Sicherheitsmaßnahmen wie die Verhaftung von Organisatoren, das willkürliche Verprügeln von Aktivisten, Razzien in den »Treffpunkten« der Aktivisten und die Beschlagnahmung harmlosen Protestmaterials wie Transparente und Puppen haben ebenfalls zugenommen.

In der Geschichte dieses Landes haben Kanadier wie George-Étienne Cartier und Robert Baldwin für Toleranz und das demokratische Grundrecht der freien Meinungsäußerung gekämpft. Es ist noch nicht zu spät; aus dem Amerikagipfel könnte immer noch ein Ereignis werden, bei dem Politiker mehr tun als nur über Demokratie zu reden. Sie könnten für demokratische Prinzipien wie die freie Meinungsäußerung und das Recht auf Freizügigkeit stehen, indem sie sich weigern, sich offener Kritik und einer Debatte zu entziehen, die den Bürgern Amerikas so wichtig ist. Die Welt blickt auf Quebec, und damit haben wir die Chance, Kanada zum Vorbild für demokratische Prinzipien zu machen.

In diesem Sinn rufen wir die Sicherheitskräfte an den Grenzen und in Quebec auf, nicht nur die Sicherheit der Politiker zu verteidigen, sondern auch die Rechte der politischen Aktivisten in Kanada.

INFILTRATION

Polizisten in Zivil verhaften friedlichen Organisator beim Protest gegen die panamerikanische Freihandelszone

April 2001

»Wo bist du?«, schrie ich in mein Handy.

Eine Pause, dann: »In der Green Zone – St. Jean und St. Claire.«

Green Zone ist Demonstrantenjargon für einen Bereich ohne Tränengas oder Zusammenstöße mit der Polizei. Dort sind keine Zäune, gegen die man anstürmen muss, nur genehmigte Routen. Green Zones sind sicher; eigentlich sollte man dorthin auch seine Kinder mitnehmen können. »Okay«, sagte ich. »Ich bin in 15 Minuten da.«

Ich hatte kaum meinen Mantel angezogen, als ich einen weiteren Anruf erhielt: »Jaggi wurde verhaftet. Na ja, nicht verhaftet, eher entführt.« Mein erster Gedanke war, dass ich schuld war: Ich hatte Jaggi Singh aufgefordert, mir seinen Aufenthaltsort per Handy mitzuteilen: Unser Gespräch musste abgehört worden sein – so hatten sie ihn aufgespürt. Wenn das jetzt paranoid klingt, dann willkommen in der Stadt des Gipfeltreffens.

Knapp eine Stunde später lasen mir im Gemeindezentrum Comité Populaire St-Jean Baptiste sechs Zeugen mit geschwollenen Augen ihre handschriftlichen Erklärungen vor, wie der bekannteste Organisator des gestrigen Protestes gegen die panamerikanische Freihandelszone vor ihren Augen entführt worden war. Alle berichteten, dass Singh einfach nur dastand und mit Freunden redete. Er drängte sie, sich weiter von der Lücke im Sicherheitszaun zu entfernen. Alle sagten, dass er versuchte, deeskalierend zu wirken.

»Er sagte, die Situation sei zu angespannt«, erzählte Mike Staudenmaier aus den USA, der gerade mit Singh sprach, als dieser von hinten gepackt und dann von drei großen Männern umzingelt wurde.

»Sie waren wie Demonstranten gekleidet«, berichtete Helen Nazon, eine 23-jährige Demonstrantin aus Quebec. »Kapuzensweatshirts, Halstücher vor dem Mund, Flanellhemden, ein bisschen schmuddelig. Sie stießen Jaggi zu Boden und traten ihn. Es war wirklich sehr gewalttätig.«

»Dann zerrten sie ihn weg«, ergänzte Michèle Luellen. Alle Zeugen berichteten mir, dass Singhs Freunde versuchten, ihm zu Hilfe zu kommen. Doch als sie sich näherten, zogen die als Demonstranten verkleideten Männer Schlagstöcke hervor, prügelten auf die Menge ein und gaben sich zu erkennen: »Polizei!«, schrien sie. Dann zerrten sie Singh zu einem beigefarbenen Lieferwagen und fuhren weg. Mehrere Demonstranten trugen Platzwunden von den Schlagstöcken davon.

Drei Stunden nach Singhs Verhaftung gab es noch immer keine Nachricht, wo er festgehalten wurde.

Demonstranten auf offener Straße zu packen und sie in nicht gekennzeichnete Fahrzeuge zu werfen, sollte in Kanada eigentlich nicht passieren. Aber in Jaggi Singhs kurzer Laufbahn als aktiver Globalisierungsgegner ist ihm das schon einmal passiert – bei den Protesten gegen den Gipfel der Vereinigung für Asiatisch-Pazifische wirtschaftliche Zusammenarbeit 1997. Am Tag vor der Demonstration wurde er von zwei Polizisten in Zivil gepackt, als er gerade allein über den Campus der University of British Columbia ging. Auch damals wurde er zu Boden

geworfen und dann in einem nicht gekennzeichneten Auto
weggebracht.

Die Anklage, so erfuhr er später, lautete auf Körperverlet-
zung. Offenbar hatte er einige Wochen zuvor so laut in ein Mega-
phon gesprochen, dass er das Trommelfell eines in der Nähe
stehenden Polizisten schädigte. Natürlich wurde die Anklage
später fallen gelassen, der Sinn war eindeutig der, ihn während
der Demonstration hinter Schloss und Riegel zu haben. Ebenso
wird er wohl bei den Protesten heute fehlen. Im Oktober beim
Gipfel der Gruppe der Zwanzig in Montreal musste Singh einen
ähnlichen Arrest verbüßen. In all diesen bizarren Fällen wurde
Jaggi Singh nie wegen Vandalismus oder der Planung oder Ver-
schwörung zu einer gewalttätigen Aktion verurteilt. Jeder, der
ihn einmal in Aktion erlebt hat, weiß, dass sein größtes Verbrechen sein mitreißendes Redetalent ist.

Deswegen telefonierte ich auch mit ihm Minuten vor seiner
Verhaftung – ich versuchte ihn zu überzeugen, er solle zum
Teach-in des Peoples' Summit kommen, das ich mitveranstal-
tete. Er sollte den 1500 Zuhörern berichten, was auf der Straße
vor sich ging. Er hatte zugestimmt, dann aber entschieden, dass
es zu schwierig sei, durch die Stadt zu uns zu kommen.

Ich kann mir nicht helfen, ich habe den Verdacht, dass dieser
Mann wiederholt und grundlos wie ein Terrorist behandelt
wird, weil er braune Haut hat und sein Nachname Singh lautet.
Ist es ein Wunder, dass diese angebliche Bedrohung des Staates
abends nicht gern allein unterwegs ist, wie mir seine Freunde
erzählt haben?

Nachdem ich die Zeugenaussagen der sechs Beteiligten aufgenommen habe, verlassen sie das Gemeindezentrum und
gehen zu einem spätabendlichen Planungstreffen. An der Tür
gibt es einen Tumult und nur wenige Augenblicke später ren-

nen Leute mit roten Gesichtern und tränenden Augen herein, die panisch nach Wasser suchen.

Tränengas liegt über der Straße vor dem Gemeindezentrum und ist durch die Tür hereingeströmt. »Das ist keine Green Zone mehr! *Les flics s'en viennent!*« Der Weg zurück zu meinem Laptop ins Hotel ist abgeschnitten.

Denis Belanger ist so nett, mir den betagten Computer des Gemeindezentrums zur Verfügung zu stellen, damit ich diesen Artikel schreiben kann. Er stellt fest, dass der Anrufbeantworter blinkt. Wir erfahren, dass die Polizei das ganze Viertel abgeriegelt hat – keiner kommt mehr raus.

»Vielleicht bleibe ich über Nacht hier«, meint Belanger. Ich wohl auch.

Willkürliches Tränengas

Giftige Dämpfe bei den FTAA-Protesten bringen ungleiche Gruppen einander näher

April 2001

Die Proteste sind vorüber, jetzt beginnt die Suche nach einem Sündenbock. Maude Barlow, Vorsitzende des Council of Canadians, wird angegriffen, weil sie »Maude's Mob« nicht zurückgerufen hat. Der Aktivist Jaggi Singh sitzt im Gefängnis wegen angeblichen Waffenbesitzes, obwohl ihm diese Waffe nie gehörte und er sie nie benutzt hat – ein Theaterkatapult, mit dem am letzten Wochenende beim Amerikagipfel Stofftiere über den unsäglichen Zaun in Quebec geschossen wurden.

Die Polizei hat den Witz einfach nicht verstanden, schlimmer noch, sie versteht auch die neue Ära politischen Protests nicht, die den postmodernen Zeiten entspricht. Es gab keine Person oder Gruppe, die »ihre Leute« zurückbeordern könnte, weil die Zehntausenden, die gegen das panamerikanische Freihandelsabkommen demonstrierten, Teil einer Bewegung sind, die keinen Führer, keine Zentrale und nicht einmal einen gemeinsamen Namen hat. Und dennoch besteht die Bewegung, das lässt sich nicht leugnen.

Es ist schwer zu vermitteln, dass in Quebec keine zwei Bewegungen demonstrierten – ein »friedlicher« Demonstrationszug der Gewerkschaften auf der einen und »gewalttätige« anarchistische Krawallmacher auf der anderen Seite. Ein Protestmarsch wurde von einer Mutter und ihrer Tochter aus Montreal organi-

siert, ein anderer von einer Lastwagenladung Studenten aus
Edmonton, wieder ein anderer von drei Freunden aus Toronto,
die außer ihrem Fitnessklub keinerlei Organisation angehören,
ein weiterer Protest von Kellnern eines Cafés während ihrer
Mittagspause.

Natürlich gab es auch organisierte Gruppen in Quebec:
die Gewerkschaften kamen mit Bussen, hatten einheitliche
Transparente und eine Marschroute; der »schwarze Block«
der Anarchisten hatte Gasmasken und Funkgeräte. Doch die
Straßen waren tagelang auch voller Menschen, die einfach
zu einem Freund gesagt hatten: »Komm, wir fahren nach
Quebec«, oder mit Einwohnern von Quebec, die beschlossen
hatten: »Komm, gehen wir ein bisschen raus.« Sie schlossen sich nicht einem großen Protest an, sie waren Teil einer
Bewegung.

Wie könnte es auch anders sein? Die traditionellen Institutionen, die Bürger einst feinsäuberlich in strukturierten Gruppen
organisierten, befinden sich alle im Niedergang: Gewerkschaften, Kirchen, politische Parteien. Dennoch trieb etwas Zigtau-
sende von Menschen auf die Straße – Intuition, Instinkt, vielleicht auch nur das zutiefst menschliche Bedürfnis, Teil von
etwas Größerem als man selbst zu sein.

Hatten sie eine Parteilinie gemeinsam, eine detaillierte Auf-
listung der Vor- und Nachteile der FTAA? Nicht alle. Aber man
kann die Proteste in Quebec auch nicht einfach als nichtssagen-
den politischen Tourismus abtun.

George W. Bush erklärte beim Gipfel: »Der Freihandel trägt
zur Verbreitung der Freiheit bei.« Gerade diese dürftige und
passive Vision der Demokratie wurde draußen auf den Straßen
verworfen. Was immer die Demonstranten sonst noch antrieb,
sie alle suchten die direkte politische Partizipation. Das Resultat

dieser Hunderte von Miniaturprotesten, die aufeinander trafen, war chaotisch, manchmal auch schrecklich, oft aber auch inspirierend. Eines ist sicher: Nachdem diese Leute erst einmal ihre Rolle als politische Zuschauer aufgegeben haben, werden sie die Zügel nicht wieder so einfach an eine Clique von Möchtegernführern abgeben.

Die Protestbewegung wird sich stärker organisieren, doch das hat mehr mit den Maßnahmen der Polizei als mit den Direktiven von Maude Barlow, Jaggi Singh oder in diesem Fall mir selbst zu tun. Wenn die Demonstranten, die nach Quebec kamen, noch unsicher waren, was es bedeutet, Teil einer politischen Bewegung zu sein, so schweißten die Maßnahmen der Polizei sie gleich nach ihrer Ankunft zusammen: Massenarreste, Gummigeschosse und vor allem eine dicke weiße Wolke Gas.

Trotz der offiziellen Linie, »gute« Demonstranten zu preisen und die »bösen« zu verurteilen, wurden alle auf den Straßen Quebecs gleichermaßen grob, feige und willkürlich behandelt. Die Sicherheitskräfte nutzten die Aktionen einiger Steinewerfer als fotogene Rechtfertigung, das zu tun, was sie von Anfang an tun wollten: Die Stadt von Tausenden rechtmäßigen Demonstranten zu räumen, weil es praktischer war.

Sobald die Polizei ihre »Provokation« bekommen hatte, füllte sie ganze Stadtviertel mit Tränengas, eine Substanz, die keine Unterschiede macht und sich nicht um Absperrungen, Protesttaktiken oder Politik kümmert. Die giftigen Dämpfe drangen in Häuser ein und zwangen Familien, in ihren eigenen Räumen nur mit Masken zu atmen. Frustriert, weil der Wind gegen sie war, sprühte die Polizei noch mehr Tränengas. Menschen, die der Polizei das Friedenszeichen entgegenstreckten, wurden mit Tränengas eingenebelt. Menschen, die Essen verteilten, wurden mit Tränengas besprüht. Ich traf eine 50-jährige Frau aus Ottowa, die mir fröhlich erzählte: »Ich wollte mir nur ein Sandwich kaufen und wurde zweimal mit Tränengas besprüht.« Leute, die unter einer Brücke eine Party feierten, wurden mit Tränengas bekämpft. Leute, die gegen die Verhaftung ihrer Freunde protestierten, wurden mit Tränengas eingenebelt. Die Erste-Hilfe-Truppe, die denjenigen helfen wollte, die Tränengas abbekommen hatten, wurde mit Tränengas besprüht.

Das Tränengas sollte den Widerstand der Demonstranten brechen, bewirkte aber das Gegenteil: Es stachelte sie auf und machte sie radikaler, und das genügte, um die Mitglieder des anarchistischen Schwarzen Blocks anzufeuern, die sich trauten, die Wurfkörper zurückzuschleudern. Gas ist vielleicht leicht und reist durch die Luft, aber ich vermute, dass sich in den kommenden Monaten auch seine starke verbindende Wirkung zeigen wird.

[Die Ligue des Droits (Menschenrechtsliga) von Quebec gab einen Bericht über die Gewalttätigkeit der Polizei beim Gipfel heraus. In dem Bericht werden mehrere Vorfälle dokumentiert, die nicht gemeldet wurden, etwa, dass die Polizei ein lasergesteuertes Zielrohr benutzte, um einem Demonstranten ein Gummigeschoss in die Genitalien zu schießen. Ein Mann, der bereits am Boden lag, wurde mit einem Elektroschocker der Polizei traktiert, und eine Stelzenläuferin, die als Freiheitsstatue verkleidet war, wurde von einem Wasserwerfer an den Knien getroffen und umgeworfen, als sie sich dem Sicherheitszaun näherte. Im gleichen Bericht werden auch Misshandlungen an den Verhafteten geschildert. Einige Demonstranten wurden acht Stunden lang in Handschellen in Mannschaftswagen der Polizei festgehalten, die in Wolken von Tränengas standen, bevor sie ins Gefängnis ge-

bracht wurden. Dort wurden sie einer Leibesvisitation unterzogen und mit kaltem Wasser abgespritzt (um das Tränengas »abzuspülen«). Und obwohl die Behörden das Gefängnis vor den Protesten räumen ließen (was fünf Millionen Dollar kostete), wurden die Verhafteten zu viert oder fünft in Einmannzellen festgehalten.]

Gewöhnung an Gewalt

Jahre der Brutalität kulminierten schließlich im Tod des italienischen Demonstranten Carlo Giuliani

August 2001

Am 20. Juli 2001, bei dem G8-Gipfel in Genua, schoss die italienische Polizei einem 23-jährigen Demonstranten, Carlo Giuliani, aus kurzer Entfernung in den Kopf und fuhr danach mit dem Jeep rückwärts über ihn. Dies ist ein Auszug aus einer Rede beim Festival dell'Unità in Reggio Emilia einen Monat später.

Ich berichte seit fünf Jahren über diese Protestbewegung. Und ich habe mit Entsetzen zugesehen, wie die Polizei von Pfefferspray zu Tränengas, von Tränengas zu Gummigeschossen und von Gummigeschossen schließlich zu scharfer Munition wechselte. Diesen Sommer haben wir erlebt, wie die Polizeigewalt eskalierte. In Göteborg wurden Demonstranten schwer verletzt und in Genua wurde einem Demonstranten in den Kopf geschossen und er anschließend von einem Polizeijeep überfahren. Aktivisten, die in der Nähe in einer Schule übernachteten, wurden aus dem Schlaf gerissen und zusammengeprügelt, anschließend lagen die ausgeschlagenen Zähne auf dem Boden.

Wie konnte es so schnell so weit kommen? Ich muss mit großem Bedauern feststellen, dass es passiert ist, weil wir es zuließen, und mit »Wir« meine ich all die guten linken Liberalen in den Medien, an den Universitäten und die Freiberufler, die sich sagen, sie glaubten an die Bürgerrechte. Als wir in Kanada vor einigen Jahren zum ersten Mal erlebten, dass die Polizei Pfefferspray verwendete und junge Demonstranten Leibesvisitationen unterzogen, war die öffentliche Empörung groß. Die Vorfälle machten Schlagzeilen. Wir stellten Fragen und verlangten Antworten, wollten, dass die Polizei die Verantwortung übernahm. Die Leute sagten, das sind unsere Kinder, junge Idealisten, unsere Zukunft. Heute hört man solche Äußerungen angesichts von Polizeigewalt gegen Demonstranten nur noch selten. Mangelnde Nachfrage der Journalisten, mangelnde Empörung bei den linken Parteien, bei Intellektuellen und bei Nichtregierungsorganisationen, die sich den Schutz der Redefreiheit auf die Fahnen geschrieben haben, das ist skandalös.

Die jungen Aktivisten wurden wegen ihres Handelns genauestens unter die Lupe genommen, ihre Motive und Taktiken wurden in Frage gestellt. Wenn die Polizei nur zu einem Zehntel so überprüft worden wäre wie die Bewegung, wäre es möglicherweise nicht zu der Brutalität gekommen, die wir letzten Monat in Genua erleben mussten. Ich sage das, weil ich das letzte Mal im Juni, über einen Monat vor den Protesten, in Italien war. Zu der Zeit war es bereits offensichtlich, dass die Polizeigewalt außer Kontrolle geraten war und sich schon Erklärungen für eine Beschneidung der Grundrechte zurechtlegte und den Boden für extreme Gewalt bereitete. Bevor auch nur ein einziger Aktivist den Fuß auf die Straße gesetzt hatte, war im Grunde schon ein vorbeugender Notstand ausgerufen worden: Flughäfen wurden geschlossen und ein Großteil der Stadt wurde abgeriegelt. Aber als ich in Italien war, konzentrierte sich die öffentliche Diskussion nicht auf die Verletzung der Bürgerrechte, sondern auf die angebliche Bedrohung durch die Aktivisten.

Die Brutalität der Polizei nährt sich von der Gleichgültigkeit der Öffentlichkeit. *Newsweek* beschrieb den Tod von Carlo Giuliani als das »erste Blut« der Bewegung. Aber damit übersieht man praktischerweise das Blut, das so oft vergossen wird, wenn Proteste gegen Konzerne in armen Ländern oder in verarmten Gebieten reicher Länder stattfinden, wo die Demonstranten nicht weiß sind.

Zwei Wochen vor dem G8-Gipfel in Genua wurden drei Studenten in Papua-Neuguinea getötet, weil sie gegen einen Privatisierungsplan der Weltbank protestierten. Ihr Tod gelangte kaum in die Nachrichten, dabei gingen aus dem gleichen Grund Tausende so genannter Globalisierungsgegner auf die Straße.

Es ist kein Zufall, dass die Polizeigewalt immer in gesellschaftlichen Randgruppen gedeiht, egal, ob es sich nun um mexikanische Zapatisten in Chiapas oder um Ureinwohner im friedlichen Kanada handelt, wo Angehörige der First Nation beschließen, ihr Land mit direkten Aktionen zu verteidigen.

Die Polizei reagiert auf unser Stichwort: Wenn wir weggehen, kommen sie. Die wahre Munition sind nicht die Gummigeschosse oder das Tränengas. Es ist unser Schweigen.

DROHUNGEN

Die italienische Regierung greift
nach Genua hart durch

5. September 2001

Bei einer Italienreise im August gehört es zum Touristenritual, über die Lebenskunst der Einheimischen zu staunen – und sich dann darüber zu beklagen, dass um die Mittagszeit alle Geschäfte geschlossen sind.

»Wie zivilisiert«, bemerken Nordamerikaner angesichts von viergängigen Mittagsmenüs. »Jetzt soll aber bitte jemand diesen Laden aufmachen und mir Prada und Gucci verkaufen!« Dieses Jahr war Italien im August ein bisschen anders. Viele der Küstenorte im Süden, wo sich die Italiener vor den Touristen verstecken, waren halb leer, und die Städte kamen nicht zur Ruhe. Als ich vor zwei Wochen ankam, berichteten Journalisten, Politiker und Aktivisten einstimmig, dies sei der erste Sommer in ihrem Leben, in dem sie keinen einzigen Tag frei hätten.

Wie war das möglich? Zuerst kam Genua. Und dann kam Post-Genua!

Die Nachwirkungen der Proteste gegen den G8-Gipfel im Juli verändern die politische Landkarte Italiens – und jeder will bei den Veränderungen mitwirken. Zeitungen verzeichnen Auflagenrekorde. Versammlungen – alles, was mit Politik zu tun hat – platzen aus allen Nähten. In Neapel ging ich zu einer Planungssitzung für einen anstehenden Nato-Gipfel: Über 700 Leute drängten sich in einem Klassenzimmer und diskutier-

ten über »die Strategie der Bewegung nach Genua«. Zwei Tage
später kamen in der Nähe von Bologna zu einer Konferenz über
Politik nach Genua 2000 Teilnehmer und blieben bis 23 Uhr.

Es geht um sehr viel in dieser Zeit. Waren die 200 000 (manche sagen 300 000) Demonstranten eine unaufhaltsame Kraft,
die schließlich den italienischen Ministerpräsidenten Silvio Berlusconi stürzen wird? Oder wird Genua der Beginn eines langen
Schweigens sein, einer Zeit, in der Bürger Großdemonstrationen mit entsetzlicher Gewalt gleichsetzen?

In den ersten Wochen nach dem Gipfel richtete sich die Aufmerksamkeit auf die Brutalität der italienischen Polizei: die
Ermordung des jungen Carlo Giuliani, Berichte über Folter in
den Gefängnissen, die blutige mitternächtliche Razzia in der
Schule, in der die Aktivisten schliefen.

Aber Berlusconi, der sein Handwerk einst in der Werbung
lernte, hat nicht vor, die Bedeutung von Genua so einfach ungenutzt zu lassen. In den vergangenen Wochen hat er sich neu
positioniert, und zwar als »guter Vater«, der wild entschlossen
ist, die »Familie« vor drohender Gefahr zu schützen. Weil eine
wirkliche Bedrohung fehlt, hat er eine geschaffen – eine obskure
Konferenz der UNO zum Thema Hunger, die vom 5. bis
9. November 2001 in Rom stattfinden soll. Unter großem Aufhebens seitens der Medien verkündete Berlusconi, dass die Konferenz der Ernährungs- und Landwirtschaftsorganisation (FAO)
nicht im »heiligen Rom« stattfinden wird, weil »ich unsere
Städte nicht zerstört und verbrannt sehen will«. Stattdessen
wird die Konferenz an einem abgelegenen Ort abgehalten (ähnlich wie die kanadischen Pläne, den nächsten G8-Gipfel im ab-
geschiedenen Kananaskis in der Provinz Alberta abzuhalten).

Das ist Schattenboxen in Reinkultur. Niemand hatte eine
Störung der FAO-Konferenz geplant. Die Veranstaltung hätte

vielleicht ein paar Proteste ausgelöst, wahrscheinlich vor allem von Kritikern genmanipulierter Pflanzen. Einige hofften, die Konferenz würde die Gelegenheit bieten, die wahren Gründe für den Hunger zu diskutieren, ähnlich wie die UN-Konferenz gegen Rassismus in Durban in Südafrika die Debatte über Reparationen für Sklaverei in Gang gebracht hat.

Jacques Diouf, Direktor der FAO, scheint die unerwartete Aufmerksamkeit zu genießen. Abgesehen von der drückenden Bürde, den Hunger weltweit um die Hälfte zu senken, stößt die FAO nur auf geringes Interesse – sowohl seitens der Politiker als auch der Demonstranten. Das größte Problem der Organisation ist, dass sie so unverfänglich ist, dass niemand sie wahrnimmt.

»Zu dieser Debatte über eine Verlegung des Veranstaltungsortes möchte ich sagen, dass ich sehr dankbar bin«, erklärte Diouf letzte Woche gegenüber Reportern. »Jetzt wissen die Leute in jedem Land, dass es einen Gipfel zum Thema Hunger geben wird.«

Doch obwohl die drohenden Ausschreitungen gegen die FAO von Berlusconi nur erfunden wurden, ist sein Verhalten Teil eines breitangelegten Angriffs auf die Bürgerrechte im Italien nach Genua. Am Sonntag kündigte Carlo Giovanardi, der italienische Minister für die Beziehungen zum Parlament, an, dass bei der FAO-Konferenz im November Demonstrationen in der Hauptstadt verboten werden. »Es ist unsere Pflicht, Demonstrationen an bestimmten Orten und zu bestimmten Zeiten zu verbieten«, erklärte er. Beim kommenden NATO-Gipfel in Neapel, der in eine Kaserne außerhalb der Stadt verlegt wurde, wird es vielleicht auch ein Versammlungsverbot geben.

Man sprach sogar davon, ein Konzert von Manu Chao am letzten Freitag in Neapel zu verbieten. Der Musiker unterstützt die Zapatisten, singt über »illegale« Einwanderer und spielte

für die Demonstranten in Genua. Das genügt offenbar, dass die
Polizei bereits Krawalle wittert. In einem Land, in dem man sich
noch gut an die Logik des Autoritarismus erinnert, klingt das
beängstigend vertraut: Zuerst schafft man ein Klima der An-
spannung und Angst, und dann hebt man zum Schutz der
»öffentlichen Ordnung« Grundrechte auf.

Bislang scheint Italien nicht bereit, Berlusconi in die Hände
zu spielen. Das Konzert von Manu Chao fand wie geplant statt.
Selbstverständlich gab es keine gewalttätigen Ausschreitungen.
Aber 70 000 Zuschauer tanzten wie verrückt im strömenden
Regen, der nach einem langen und schwierigen Sommer eine
Wohltat war.

Die Polizeischaren, die das Konzert überwachten, sahen zu.
Sie wirkten müde, so als ob ihnen ein freier Tag ganz gut tun
würde.

[*Die FAO-Konferenz wurde schließlich auf Juni 2002 verschoben. Sie
fand in Rom ohne Zwischenfälle statt.*]

Im Spektakel gefangen

Wird das ein McMovement?

Mai 2001

Die Idee, London am 1. Mai in ein lebensgroßes Monopolyspiel zu verwandeln, klang großartig.

Der bekannten Kritik, dass es den modernen Protesten an Richtung und Zielen wie etwa »Rettet die Bäume« oder »Schuldenerlass für Entwicklungsländer« mangelt, steht die derzeitige Welle der konzernkritischen Proteste gegenüber. Die Bewegung konzentriert sich nicht auf einzelne Aspekte, sondern richtet sich gegen die Verursacher. Die Protestbewegungen sind es müde, an den Symptomen eines Wirtschaftsmodells herumzudoktern – unterfinanzierte Krankenhäuser, Obdachlosigkeit, wachsende soziale Ungleichheit, Gefängnisse, die aus allen Nähten platzen, die Klimakatastrophe – und versuchen nun, das System hinter den Symptomen zu bekämpfen. Aber wie veranstaltet man einen Protest gegen abstrakte Wirtschaftstheorien, ohne schrecklich schrill oder völlig wirklichkeitsfremd zu wirken?

Wie wäre es, wenn man dazu das Brettspiel verwendet, das Generationen von Kids die Zusammenhänge von Immobilienbesitz und Geld gelehrt hat? Die Organisatoren des gestrigen Monopoly-Protests gaben mit Anmerkungen versehene Stadtpläne von London aus, auf denen so bekannte Straßen und Plätze wie Regent Street, Pall Mall und Trafalgar Square einge-

tragen waren, und forderten die Teilnehmer auf, ihre Proteste
zum 1. Mai am Monopoly-Spielbrett zu orientieren. Wenn
jemand gegen Privatisierung protestieren wollte, sollte er zum
Bahnhof gehen. Gegen die industrialisierte Landwirtschaft ein
Zeichen setzen? McDonald's bei King's Cross. Fossile Brenn-
stoffe? Auf zum Elektrizitätswerk. Und immer schön die Karte
»Du kommst aus dem Gefängnis frei« mit sich führen!

Das Problem war, dass London gestern Nachmittag nicht
wie eine Mischung aus Volkserziehung und Straßentheater aus-
sah, sondern wie jede andere Großdemonstration heutzutage:
Demonstranten, die von Polizeihundertschaften eingekesselt
werden, zerbrochene Fenster, mit Brettern vernagelte Geschäfte,
einzelne Prügeleien zwischen Polizisten und Demonstranten.
Und im Medienkrieg vor der Demonstration war das Déjà-vu
noch ausgeprägter. Planten die Demonstranten Gewalttaten?
Würde die Präsenz von 6000 Polizisten an sich schon Gewalt
provozieren? Warum verurteilen nicht alle Demonstranten Gewalt? Warum redet eigentlich jeder dauernd über Gewalt?

So sehen Demonstrationen heutzutage offenbar aus. Wir
können sie gleich McProtest nennen, weil sie überall gleich sind.
Natürlich habe ich über all das auch schon geschrieben. Tatsächlich drehen sich fast alle meine Artikel in letzter Zeit um Versammlungsfreiheit, Sicherheitszäune, Tränengas und zwei-
felhafte Verhaftungen. Oder ich habe versucht, eine bewusst
verzerrende Darstellung der Protestbewegung richtig zu stellen – zum Beispiel, dass alle »gegen den Handel« sind oder von
einem steinzeitlichen Utopia träumen.

In den meisten Aktivistenkreisen lautet ein Glaubensgrund-
satz, dass Großdemonstrationen immer positiv sind: Sie fördern
den Kampfgeist, beweisen Stärke und wecken die Aufmerksamkeit der Medien. Dabei scheint man aber zu übersehen, dass

Demonstrationen an sich noch keine Bewegung ausmachen. Sie sind nur die auffällige Darstellung tagtäglich arbeitender Bewegungen, die ihre Wurzeln an Universitäten, am Arbeitsplatz oder in einem Stadtviertel haben. Zumindest sollte es so sein.

Ich muss immer wieder an den historischen Tag denken – den 11. März dieses Jahres –, als die zapatistischen Kommandanten in Mexiko City einmarschierten. Eine Armee führte einen erfolgreichen Aufstand gegen den Staat an, und doch zitterten die Bewohner von Mexiko City nicht vor Angst – 200 000 Menschen strömten auf die Straßen und begrüßten die Zapatisten. Die Straßen waren für den Verkehr gesperrt, aber niemand schien sich über die Unannehmlichkeiten für die Pendler Gedanken zu machen. Die Ladenbesitzer verrammelten nicht ihre Schaufenster, sondern veranstalteten »Revolutionsverkäufe« auf dem Gehweg.

Liegt das daran, dass die Zapatisten weniger gefährlich sind als einige urbane Aktivisten in weißen Overalls? Wohl kaum. Der Grund dafür ist, dass der Marsch durch Mexiko City sieben Jahre lang vorbereitet wurde (einige sagen 500 Jahre, aber das ist eine andere Geschichte). Jahre, in denen Koalitionen mit anderen Einheimischengruppen, mit den Arbeitern der *Maquiladora*-Fabriken [Niedriglohnbetriebe], mit Studenten, Intellektuellen und Journalisten ausgehandelt wurden, Jahre der Beratung und offenen *encuentros* [Treffen] mit 6000 Menschen. Das Ereignis in Mexiko Stadt war nicht die Bewegung, es war nur eine sehr öffentliche Demonstration der alltäglichen unsichtbaren Arbeit.

Die stärksten Widerstandsbewegungen sind immer fest in der Bevölkerung verwurzelt – und fühlen sich für sie verantwortlich. Eine der größten Herausforderungen an das Leben in einer hoch entwickelten Konsumgesellschaft, gegen die gestern

in London protestiert wurde, ist die Entwurzelung. Die wenigsten von uns kennen ihre Nachbarn, reden bei der Arbeit über
mehr als übers Einkaufen oder haben Zeit für Kommunalpolitik. Wie kann eine Bewegung Verantwortung übernehmen,
wenn sich die Gemeinschaften auflösen?

Im Kontext urbaner Entwurzelung gibt es natürlich immer
noch Momente, in denen man demonstrieren sollte, aber noch
wichtiger ist es vielleicht, Verbindungen aufzubauen, die aus
den Demonstrationen mehr machen als nur Theater. Es gibt Zeiten, in denen Radikalität bedeutet, sich der Polizei zu widersetzen, es gibt aber viel öfter Zeiten, in denen man radikaler ist,
wenn man sich mit seinem Nachbarn unterhält.

Die Themen der Demonstration am 1. Mai sind nicht länger
nebensächlich. Angst um Lebensmittel, die Gentechnik, die Klimakatastrophe, Ungleichheit beim Einkommen, gescheiterte
Privatisierungsprogramme – all das sind wichtige Themen.
Und doch ist etwas Gravierend falsch, wenn Protesten immer
noch der Schwung fehlt und sie wirken, als seien sie von drin-
genden alltäglichen Fragen abgeschnitten. Das bedeutet, dass
das Spektakel, eine Bewegung zur Schau zu stellen, mit der
weniger glamourösen Arbeit verwechselt wird, eine Bewegung
aufzubauen.

IV

Aus dem Terror Kapital schlagen

Die Instrumentalisierung des 11. September,
um Kritiker zum Schweigen zu bringen,
neue Handelsabkommen durchzuboxen,
»die Markenidentität der USA« zu erneuern
und den Einkauf von Büstenhaltern zu einer
patriotischen Pflicht zu erklären

Die brutale Rechnung mit dem Leiden

Wenn einige Leben mehr zählen als andere

Oktober 2001

Diese Rede wurde auf der Mediemötet 2001 in Stockholm gehalten. Das »Medientreffen«, eine dreitägige Journalistenkonferenz, fand zur Feier des 100. Geburtstags des schwedischen Journalistenverbands statt.

Es ist ein echtes Privileg, dass ich an diesem wichtigen Scheideweg unserer Zunft vor so vielen führenden Journalisten Schwedens eine Rede halten darf. Als ich vor sechs Monaten auf diese Konferenz eingeladen wurde, bat man mich, über die Globalisierung und den Konzentrationsprozess in den Medien zu sprechen und über die zentralen Anliegen der globalen Protestbewegungen: die sich verschärfende Ungleichheit und die Doppelmoral in der internationalen Politik. Ich werde diese Themen immer noch streifen, doch ich will auch über ihren Zusammenhang mit den Ereignissen sprechen, die uns, wie ich wohl weiß, heute alle beschäftigen: die Angriffe auf die USA im letzten Monat und die andauernden Bombenangriffe in Afghanistan unter US-amerikanischer Führung.

Lassen Sie mich mit einer Geschichte beginnen: Als ich 23 war, hatte ich meinen ersten Job in der Medienwelt, als Zeitungsredakteurin. Die Zeitung machte um 23 Uhr Feierabend. Doch zwei Mitarbeiter blieben jeweils noch bis ein Uhr für den

Fall, dass noch eine wichtige Nachricht hereinkam und man die erste Seite umstoßen musste. In der ersten Nacht, als ich länger bleiben musste, kamen drei Menschen in einem der amerikanischen Südstaaten durch einen Tornado ums Leben, und der Chef vom Dienst beschloss, die erste Seite zu ändern. Bei meiner zweiten Nachtwache kam über den Fernschreiber die Nachricht, dass in Afghanistan 114 Menschen umgekommen waren, also informierte ich pflichtbewusst den Chef vom Dienst. Wie gesagt, ich war noch jung und dachte, wenn die erste Seite wegen drei Toten noch einmal geändert wird, dann gelten 114 Tote sicher als eine wichtige Nachricht. Ich werde nie vergessen, wie der zuständige Redakteur reagierte. »Lassen Sie nur«, sagte er, »diese Leute bringen einander doch ständig um.«

Seit dem 11. September muss ich immer wieder an diesen Vorfall denken. Daran, dass die Medien daran beteiligt sind, immer wieder die Ansicht zu bestätigen, dass Mord und Totschlag an manchen Orten tragisch, außerordentlich und unerträglich sind und an anderen ein banales, gewöhnliches, unvermeidliches, ja sogar zu erwartendes Ereignis.

Offen gesagt steckt immer noch etwas von der naiven 23-jährigen in mir. Und ich bin auch heute noch der Ansicht, dass es nicht nur moralisch falsch ist, das Blut mancher Menschen für kostbar und das anderer Menschen für billig zu halten, sondern dass diese Einstellung auch das blutige Ereignis des 11. September mitverursacht hat.

Diese kalte, brutale, fast unbewusste Art zu rechnen schleicht sich in unsere globale Psyche ein und pervertiert und verstümmelt uns. Sie macht diejenigen skrupellos, die wissen, dass sie unsichtbar sind, dass sie nicht zählen. Und wir in den Medien, agieren wir als neutrale Beobachter dieser tödlichen Mathematik?

Leider nein, wir besorgen sogar einen Großteil des Zählens. Wir sind es, die die Macht haben zu entscheiden, welches Leben in Technicolor präsentiert wird und welches in Grautönen. Wir entscheiden, wann »Tragödie« gerufen wird und wann man schulterzuckend »ganz normal« sagt. Wir entscheiden, wer als Held gefeiert wird und wann nur eine blutleere Statistik die Geschichte erzählt; oder wer, wie die Afrikaner, die 1998 bei den Bombenanschlägen auf die US-Botschaften ums Leben kamen, anonymes Opfer bleibt und wer, wie die Feuerwehrleute in New York, eine Geschichte, eine Familie, ein Leben bekommt.

Als ich am 11. September im Fernsehen in unzähligen Wiederholungen sah, wie die Gebäude in New York und Washington explodierten, musste ich unwillkürlich daran denken, wie oft uns die Medien mit ähnlich schrecklichen Bildern aus anderen Teilen der Welt verschont haben. Während des Golfkriegs zum Beispiel bekamen wir nicht zu sehen, wie die realen Gebäude explodierten oder wie Menschen flohen. Wir sahen nur ein steriles Space-Invaders-Schlachtfeld, blickten durch die Augen der Bomben auf Ziele aus Beton, die im selben Augenblick vernichtet wurden. Wer war in diesen abstrakten Vielecken? Wir fanden es nie heraus.

Die Amerikaner werden nach wie vor nur sporadisch über die fortgesetzten Bombenangriffe auf den Irak informiert; auch wird ihnen nicht – schon gar nicht am Beispiel von Einzelschicksalen! – vor Augen geführt, wie verheerend sich die Wirtschaftssanktionen auf die Kinder dieses Landes auswirken. Als 1998 eine pharmazeutische Fabrik im Sudan bombardiert wurde (weil man sie fälschlich für eine Chemiewaffenfabrik hielt), gab es in der Folge keineswegs zahlreiche Reportagen, wie sich der Verlust der in der Fabrik produzierten Impfstoffe auf die Krankheitsbekämpfung in der Region auswirkte.

Und als die NATO im Kosovo zivile Ziele bombardierte – darunter Märkte, Krankenhäuser, Flüchtlingskonvois, Personenzüge –, machten keine NBC-Reporter Straßeninterviews mit Überlebenden, in denen das Entsetzen über die unterschiedslose Vernichtung zum Ausdruck gekommen wäre.

Was wir inzwischen »Kriegsberichterstattung als Videospiel« nennen, entspricht exakt dem Konzept, das die amerikanische Außenpolitik seit dem Golfkrieg bestimmt: Dass es möglich ist, in Konflikten auf der ganzen Welt zu intervenieren – im Irak, im Kosovo, in Afghanistan – und das alles bei minimalen US-amerikanischen Verlusten. Die Regierung der Vereinigten Staaten glaubt inzwischen an das ultimative Oxymoron: den sicheren Krieg.

Und diese Logik, die sich immer wieder in unserer einseitigen Berichterstattung über internationale Konflikte spiegelt, trägt mit dazu bei, in vielen Teilen der Welt eine blinde Wut zu erzeugen, eine Wut über die hartnäckige Asymmetrie des Leidens. Dies ist der Kontext, der jene krankhaften Rachsüchtigen hervorbringt, die weniger von konkreten Forderungen motiviert sind, als von dem tiefen Bedürfnis, dass amerikanische Bürger ihren Schmerz teilen.

Wir Medienmacher können uns leicht einreden, dass wir gar keine andere Wahl hätten, als bei dieser brutalen Art des Rechnens mitzumachen. Natürlich macht uns der Verlust mancher Menschen mehr zu schaffen als der anderer. Es gibt einfach zu viel Blutvergießen auf der Welt, als dass man über jeden Tod oder wenigstens über jeden Massenmord trauern könnte. Also machen wir willkürliche Unterschiede, nur um den Tag zu überstehen. Wir trauern mehr um Kinder als um Erwachsene; und wir trauern mehr um Menschen, die uns ähnlich sehen, als um solche, die anders aussehen als wir. Dies ist vielleicht sogar natürlich, wenn man ein solches Wort zu verwenden wagt. Doch unsere Art zu rechnen wird sehr viel problematischer im Kontext der globalen Medienimperien, die inzwischen für gewaltige Menschenmassen rund um den Erdball die einzige Informationsquelle sind. CNN, BBC und NewsCorp berichten – obwohl sie vielleicht versuchen, international, ja sogar überhaupt nicht mehr ortsgebunden zu erscheinen – immer noch aus einer klaren amerikanischen oder europäischen Perspektive. Wenn sie »wir« sagen, ist es ein durch Atlanta, London oder New York gefiltertes »Wir«. Die Frage ist, was passiert, wenn dieses kulturell eng begrenzte »Wir«, nur schlecht als ein globales »Wir« verkleidet, in die entferntesten Regionen unserer tief gespaltenen Welt gelangt?

Dieser Prozess der Universalisierung wird nur selten und am wenigsten von den Machern der globalen Medien in Frage gestellt. Man nimmt einfach an, dass wir inzwischen alle dieselbe Kultur haben: Wir sehen uns die gleichen schlechten Filme an, wir mögen alle Jennifer Lopez, wir tragen Nikes und essen bei McDonald's, also sollten wir natürlich auch dieselben Toten beklagen, nämlich Prinzessin Diana und die New Yorker Feuerwehrleute. Doch die Übertragung geht unvermeidlich nur in eine Richtung. Das globale »Wir« – wie es von London und New York definiert wird – erreicht inzwischen auch Orte, die ganz klar außerhalb seiner engen Grenzen liegen. Es erreicht Haushalte und Bars in Weltregionen, deren lokale Verluste nicht als globale Verluste behandelt werden und sogar irgendwie kleiner wirken im Vergleich zu der Größe und Globalität unseres eigenen weltweit ausgestrahlten Leids.

Als Journalisten möchten wir die Auswirkungen unserer Art zu rechnen vielleicht lieber gar nicht zur Kenntnis nehmen, aber wir können ihnen nicht mehr ausweichen. Unser provinzieller

Horizont wird dank des Satellitennetzes in die ganze Welt übertragen, und indem wir unser Leiden globalisieren, vermitteln
wir »den anderen« die Botschaft, dass »sie« nicht wir sind, also
nicht zum globalen »Wir« gehören. Und das macht sie unglaublich wütend.

Seit dem 11. September habe ich mit Freunden aus Südafrika
und dem Iran gesprochen. Sie beben vor Zorn, weil sie als Reaktion auf die Angriffe tiefe Trauer zeigen sollen. Sie sagen, es sei
rassistisch, von der Welt zu verlangen, dass sie amerikanische
Tote betrauert und rächt, während so viele Tote in ihren Ländern
unbetrauert und ungerächt bleiben. Ich habe ihnen vorgehalten,
dass sie sich mit ihrer Haltung in eine moralische Sackgasse
begeben, weil es ganz gewiss etwas zutiefst Menschliches ist, um
die schrecklichen Verluste seiner Mitmenschen zu trauern. Dennoch musste ich, wenn auch widerstrebend, akzeptieren, dass
ich vielleicht zu viel verlange. Vielleicht haben wir Westler bei
denen, die beim Tod *ihrer* Lieben eine solche Gleichgültigkeit,
eine solche Asymmetrie des Mitleids erfahren haben, zumindest
vorerst das Recht verwirkt, dass sie um unsere Toten trauern.

In Kanada gab es gerade einen großen Skandal, weil Sunera
Thobani, eine der führenden Feministinnen des Landes, die
Außenpolitik der USA als »blutgetränkt« bezeichnet hat. Das sei
inakzeptabel nach den Angriffen auf die USA, sagten viele.
Einige warfen ihr sogar vor, Hass zu predigen. Sunera Thobani,
eine eingebürgerte Immigrantin, entgegnete ihren Kritikern, sie
habe ihre Worte mit Bedacht gewählt, um darauf hinzuweisen,
dass trotz einer körperlosen Sprache, in der nur von Lenkbom-
ben, Präzisionswaffen und Kollateralschäden die Rede sei, auch
die Opfer amerikanischer Aggressionen bluteten.

»Es war der Versuch, diese Völker in möglichst anschauli-
chen Begriffen zu humanisieren«, schreibt sie. »Er zwingt uns,

die schiere Körperlichkeit des Terrains anzuerkennen, auf dem die Bomben einschlagen und auf dem Massenterror verübt wird. Diese Sprache ruft *uns* dazu auf anzuerkennen, dass *sie* genauso bluten wie *wir*, dass *sie* genauso Schmerzen empfinden und leiden wie *wir*.«

Dies ist, wie mir scheint, die »Kultur«, für die wir kämpfen: In unseren Schlachten geht es darum, wer bluten darf und wer nicht. »Mitleid«, schrieb mir letzte Woche ein Freund, »ist kein Nullsummenspiel. Trotzdem liegt zweifellos auch etwas Unerträgliches in der Hierarchie des Todes (1 Amerikaner = 2 Westeuropäer = 10 Jugoslawen = 50 Araber = 200 Afrikaner), die zu einem Drittel auf Macht, zu einem Drittel auf Reichtum und zu einem Drittel auf Rassenzugehörigkeit beruht.«

Als Medienmacher müssen wir unsere Arbeit genau analysieren und uns fragen, was wir zu dieser Entwertung von Menschenleben beitragen und zu der Wut und Skrupellosigkeit, die sie hervorruft. Traditionell sind wir viel zu sehr daran gewöhnt, uns gegenseitig in der Überzeugung zu bestätigen, dass unsere Arbeit die Menschen mitfühlender macht und sie miteinander verbindet. Wissen Sie noch, dass das Satellitenfernsehen die Welt demokratisieren sollte – das hat man uns jedenfalls 1989 erzählt. »Wir brachten MTV nach Ostdeutschland, und am nächsten Tag fiel die Berliner Mauer«, hat Sumner Redstone, der Chairman von Viacom International, einmal gesagt. Und laut Rupert Murdoch »ermöglicht das Satellitenfernsehen vielen informationshungrigen Bürgern in abgeschotteten Gesellschaften, das staatlich kontrollierte Fernsehen zu umgehen«.

Dagegen ist es ein Jahrzehnt später offensichtlich, dass das globalisierte Fernsehen, anstatt die Demokratie zu fördern, mit Ungleichheiten und Asymmetrien geprotzt und Wellen von Ressentiments ausgelöst hat. Im Jahr 1989 galten westliche Journalisten als Verbündete in den Befreiungskämpfen. »Die ganze Welt schaut zu« sangen die Menschenmengen bei der Samtenen Revolution in der Tschechoslowakei und auf dem Tiananmen-Platz in China. Heute aber sind die Journalisten daran gewöhnt, dass sie von Demonstranten niedergeschrien werden. Sie werden als Teil eines Systems betrachtet, das unablässig Ungleichheiten übertüncht und oppositionelle Stimmen marginalisiert. Und in dieser Woche haben einige amerikanische Journalisten tragischerweise Briefe mit weißem Pulver geöffnet und sind zu ihrer großen Verwirrung plötzlich Figuren in einer Geschichte geworden, über die sie eigentlich nur berichten sollen.

Der Konflikt ist sehr stark von der Frage geprägt, wer gesehen und gehört wird und wessen Leben zählt. Die Angriffe in New York und Washington waren eindeutig nicht nur als tödliche Anschläge, sondern auch als ein Schauspiel von großer theatralischer Wirkung geplant. Und sie wurden aus jedem Kamerawinkel aufgenommen, gezeigt und wieder gezeigt, miterlebt und abermals miterlebt. Was aber geschieht jetzt gerade in Afghanistan? Das US-amerikanische Außenministerium hat die TV-Gesellschaften und Zeitungen gebeten, Bin Ladens Verlautbarungen nicht zu bringen, weil sie antiamerikanische Gefühle wecken könnten. Und das Pentagon hat für zwei Millionen Dollar im Monat die gesamte Kapazität des einzigen privaten Satelliten über Afghanistan gemietet, dessen Auflösung so hoch ist, dass man auf seinen Bildern Menschen erkennen kann.

Wenn wir die Bilder von den toten, verletzten und fliehenden Menschen in Afghanistan auf unseren Fernsehschirmen sehen könnten, dann würden Tod und Zerstörung in Afghanistan für uns auf bescheidene Weise beginnen, dieselbe Realität und Menschlichkeit anzunehmen, wie sie Tod und Zerstörung in New York und Washington für uns besitzen. Wir müssten uns mit wirklichen Menschen auseinander setzen, anstatt nur ein steriles Videospiel zu sehen. Doch keines dieser Bilder darf – jemals – ohne die Zustimmung des US-Verteidigungsministeriums veröffentlicht werden.

Der stumme Krieg um die Frage, wessen Leben gezählt und wessen Tote gemeinsam betrauert werden dürfen, hatte schon lange vor dem 11. September begonnen. Tatsächlich hatte der Schock über den 11. September sogar sehr viel damit zu tun, wie viel Leiden auf der Welt im Mainstream der US-amerikanischen Presse praktisch nicht zu sehen war, verdrängt von der Begeisterung über den Boom unserer Volkswirtschaft und unseres Handels.

So kam es, dass die Amerikaner am 11. September mitten in einem Krieg aufwachten und erkennen mussten, dass dieser Krieg schon seit Jahren tobte, ohne dass man es ihnen gesagt hatte. Man hatte sie ausführlich über den in einem Mordprozess freigesprochenen Footballstar OJ Simpson informiert, statt über die verhungernden Kinder im Irak. Sie lasen Berichte über Monica Lewinsky statt über den Fall-out nach dem Bombenangriff auf die pharmazeutische Fabrik im Sudan. Sie wurden mit der Fernsehserie *Survivor* traktiert, aber sie erfuhren kaum etwas über die Rolle, die die CIA bei der Finanzierung der Mudschaheddin spielte. »Hier haben wir das Problem«, schreibt die indische Schriftstellerin Arundhati Roy, »Amerika führt einen Krieg gegen Leute, die es nicht kennt (weil sie nicht oft im Fernsehen zu sehen sind).«

Der englische Schriftsteller Christopher Isherwood, der 1939 in die USA emigrierte und amerikanischer Staatsbürger wurde, schrieb einmal über die Amerikaner, dass »die Europäer uns hassen, weil wir uns in das Leben in unserer Werbung zurückgezogen haben, wie Einsiedler sich in Höhlen zurückziehen, um ein kontemplatives Leben zu führen«. Dieser Rückzug in einen auf sich selbst bezogenen Medienkokon erklärt ein Stück weit, warum die Angriffe am 11. September nicht aus einem anderen Land, sondern von einem anderen Planeten – oder aus einem Paralleluniversum – zu kommen schienen, so groß war die Desorientierung und Verwirrung.

Statt dass die Amerikaner nun jedoch aufholen und ihre Lücken – Informationslücken, analytische Defizite, Verständnisprobleme – schließen würden, hören wir nur einen einzigen Chor: Das kam aus dem Nichts, es ist unerklärlich, es ist historisch beispiellos; *sie* hassen uns; *sie* wollen uns unsere Demokratie, unsere Freiheit, unsere Sachen wegnehmen. Anstatt zu fragen, warum die Angriffe geschehen sind, wiederholen unsere Fernsehsender nur ständig diese Litanei.

Just in dem Moment, da die Amerikaner am nötigsten Informationen über die Außenwelt bräuchten – und über die komplizierte und besorgniserregende Stellung, die ihr Land in dieser Welt einnimmt –, zeigen ihnen die Medien nur sie selbst: weinende Amerikaner, jubelnde Amerikaner, betende Amerikaner. Ein Spiegelkabinett der Medien, obwohl wir nichts dringender bräuchten als mehr Fenster in die Welt hinaus.

Die neuen Opportunisten

Die Verhandlungen über Handelsabkommen werden nun im Geist eines heiligen Krieges geführt

Oktober 2001

Seit den Gräueltaten des 11. September gibt es viele Bewerber um den Titel des größten politischen Opportunisten. Politiker boxen gesellschaftsverändernde Gesetze durch, während ihre Wähler noch trauern; Konzerne stürzen sich auf öffentliche Gelder; politische »Experten« beschuldigen ihre Gegner des Verrats. Trotzdem gibt es in diesem Chor der drakonischen Vorschläge und an die McCarthy-Ära erinnernden Drohungen eine opportunistische Stimme, die alle anderen übertrifft. Diese Stimme gehört Robyn Mazer. Sie nutzt den 11. September, um einen internationalen Feldzug gegen gefälschte T-Shirts zu fordern.

Es überrascht nicht, dass Robyn Mazer als Anwältin für Handelsrecht in Washington arbeitet. Noch weniger überrascht es, dass sie auf Gesetze spezialisiert ist, die das größte einzelne Exportprodukt der USA schützen: Urheberrechte. Also die Rechte an Musik, Filmen, Logos, patentiertem Saatgut, Software und noch vielen anderen Dingen. TRIPS, das WTO-Übereinkommen über handelsbezogene Aspekte des geistigen Eigentums, ist eines der umstrittensten Nebenabkommen bei der Vorbereitung der Konferenz der Welthandelsorganisation, die im November 2001 in Katar stattfinden soll. TRIPS ist das Feld, auf dem die Schlachten um so unterschiedliche Dinge geschlagen werden wie das Recht Brasiliens, billige Generika an Aids-

Kranke zu verteilen, oder gefälschte Britney Spears-CDs auf dem blühenden chinesischen Markt.

Amerikanische Multis suchen verzweifelt Zugang zu diesen großen Märkten, aber sie wollen Schutz. Viele arme Länder sagen inzwischen, die Einhaltung von TRIPS werde sie Millionen Dollar für Polizeimaßnahmen kosten, während die enge Auslegung des geistigen Eigentums die Kosten für das lokale Handwerk und die lokalen Verbraucher in die Höhe treiben werde.

Was haben all diese handelsrechtlichen Streitereien mit Terrorismus zu tun? Nichts, absolut nichts. Es sei denn, man fragt Robyn Mazer natürlich. Von ihr erschien letzte Woche ein Artikel in der *Washington Post* mit der Überschrift »From T-shirts to terrorism; that fake Nike swoosh may be helping fund Bin Laden's network« (Vom T-Shirt zum Terrorismus; Flut von Nike-Imitaten finanziert womöglich Bin Ladens Netzwerk).

»Entwicklungen in jüngster Zeit lassen vermuten«, schreibt sie, »dass viele Staaten, die im Verdacht stehen, al-Kaida zu unterstützen, zugleich auch den höchst lukrativen Handel mit illegal kopierten und gefälschten Produkten unterstützen und durch diesen Handel korrumpiert sind oder ihn zumindest ignorieren, obwohl er Terroristen gewaltige Geldsummen einbringen könnte«.

»Lassen vermuten«, »im Verdacht stehen«, »zumindest«, »könnte«, das sind ein bisschen viele Einschränkungen in einem einzigen Satz, insbesondere für eine Person, die früher im amerikanischen Justizministerium gearbeitet hat. Aber ihre Schlüsse sind eindeutig: Entweder setzt ihr TRIPS durch oder ihr steht auf Seiten der Terroristen. Willkommen in der Schönen Neuen Welt der Handelsverhandlungen, wo jede Klausel jetzt die Selbstgerechtigkeit eines heiligen Krieges atmet.

Robyn Mazers politischer Opportunismus hat ein paar interessante Widersprüche aufgeworfen. Der US-amerikanische Handelsvertreter Robert Zoellick nutzt den 11. September für ein anderes opportunistisches Ziel: Er will Präsident George W. Bush im Kongress ein so genanntes »Fast-Track-Mandat« verschaffen, das den Präsidenten ermächtigt, Handelsverträge auszuhandeln, die der Kongress nur noch annehmen oder ablehnen, aber nicht mehr verändern darf. Laut Zoellick ist diese neue Vollmacht nötig, weil der Handel »die Werte fördert, um die es in diesem langwierigen Kampf letztlich geht«.

Was haben Handelsabkommen mit Terrorismusbekämpfung zu tun? Nun, die Terroristen hassen, wie man uns sagt, Amerika, weil sie die Konsumgesellschaft ablehnen: McDonald's und Nike und den Kapitalismus – ihr wisst schon, die Freiheit. Handel ist deshalb ein Akt des Widerstands gegen ihren asketischen Kreuzzug, denn er verbreitet genau die Produkte, die sie hassen.

Aber einen Augenblick bitte: Was ist eigentlich mit den Fälschungen, die laut Robyn Mazer eine Geldquelle der Terroristen sind? In Afghanistan kann man, wie sie sagt, »T-Shirts mit falschen Nike-Logos kaufen, die Bin Laden als den ›großen Mudschahed des Islam‹ glorifizieren«. Wie es scheint, haben wir es mit einem sehr viel komplizierteren Szenario zu tun als der schlichten Dichotomie einer konsumgeilen McWelt und eines konsumfeindlichen heiligen Krieges. Wenn Mazer Recht hat, sind die beiden Welten nicht nur gründlich ineinander verschachtelt, sondern die Bildersprache der McWelt wird obendrein noch dafür benutzt, den heiligen Krieg zu propagieren.

Vielleicht kann ein wenig Komplexität gar nichts schaden. Ein Teil der Verwirrung, in die viele Amerikaner heute gestürzt werden, hat damit zu tun, dass der Konsum in der amerikanischen Darstellung einen viel zu hohen Stellenwert hat: Kaufen ist sein. Kaufen ist lieben. Kaufen ist wählen. Menschen außerhalb der USA, die Nike-Produkte haben wollen – selbst gefälschte Nike-Produkte –, müssen doch Amerikaner sein wollen, müssen Amerika lieben, müssen sich doch in gewisser Weise für alles entscheiden, wofür Amerika steht.

Dieses Märchen wird uns seit 1989 aufgetischt. Damals verkündeten dieselben Medienkonzerne, die uns heute Amerikas »Krieg gegen den Terrorismus« auf die Schirme bringen, dass die TV-Satelliten auf der ganzen Welt die Diktaturen stürzen würden. Der Konsum sollte zur Freiheit führen. Aber all diese einfachen Vorstellungen brechen zusammen: Autoritäre Regime sind durchaus mit Konsumgier vereinbar, und das Bedürfnis nach amerikanischen Produkten geht Hand in Hand mit der Wut über die Ungleichheit.

Nichts deckt diese Widersprüche klarer auf, als die Handelskriege wegen »gefälschter« Waren. Die Fälschung begehrter Produkte blüht und gedeiht in den tiefen Kratern der globalen Ungleichheit, wo die Nachfrage nach Konsumgütern der Kaufkraft um Jahrzehnte voraus ist. Sie blüht und gedeiht in China, wo in Sweatshops Waren nur für den Export produziert werden, die mehr kosten, als ein Fabrikarbeiter im Monat verdient. Und sie gedeiht in Afrika, wo die Preise von Aids-Medikamenten ein grausamer Scherz sind, oder in Brasilien, wo die Hersteller von schwarzgebrannten CDs als Robin Hoods gefeiert werden.

Komplexität ist Gift für den Opportunismus. Aber sie hilft uns, der Wahrheit näher zu kommen, selbst wenn wir uns dafür durch eine Menge Fälschungen wühlen müssen.

KAMIKAZE-KAPITALISTEN

Bei den WTO-Gesprächen in Katar waren die Mitglieder der Verhandlungsdelegationen die wahren Gläubigen

November 2001

Wie nennt man eine Person, die so fest an die Errettung durch einen Kanon rigider Regeln glaubt, dass sie ihr Leben riskiert, um diese Regeln zu verbreiten. Einen religiösen Fanatiker? Einen heiligen Krieger? Wie wäre es mit: einen US-Delegierten bei den Verhandlungen über den Welthandel?

Am Freitag beginnt die Konferenz der Welthandelsorganisation in der Stadt Doha, Katar. US-Sicherheitsdiensten zufolge gibt es Grund zu der Annahme, dass die al-Kaida, die in dem Staat am Persischen Golf viele Anhänger besitzt, einige ihrer Kämpfer in das Land geschmuggelt hat, darunter auch einen Spezialisten für Sprengstoffe. Einige Terroristen haben vielleicht sogar das Militär von Katar infiltriert. Man sollte annehmen, dass die Vereinigten Staaten und die WTO die Konferenz angesichts dieser Gefahren abgesagt hätten. Aber diese wahren Gläubigen ließen sich nicht schrecken.

Stattdessen wurden die US-Delegierten mit Gasmasken, Zweiwege-Funkgeräten und Medikamenten gegen bioterroristische Anschläge ausgestattet. (Auch an die kanadischen Delegierten wurden Medikamente ausgegeben.) Während der Verhandlungen über Agrarsubventionen, Weichholz und pharmazeutische Patente werden Hubschrauber bereitstehen, um den US-Delegierten im Bedarfsfall eine filmreife Flucht auf im

Golf geparkte Flugzeugträger zu ermöglichen. Man kann durchaus sagen, dass in Doha keine normalen handelspolitischen Verhandlungen stattfinden; es ist etwas wirklich Neues. Nennen wir es Kamikaze-Kapitalismus.

Letzte Woche pries der US-amerikanische Handelsbeauftragte Robert Zoellick seine Delegation für ihre »Opferbereitschaft« angesichts solch »unzweifelhafter Risiken«. Warum tun sie das? Wahrscheinlich aus dem gleichen Grund, aus dem Menschen schon immer ihr Leben riskiert haben: für eine gute Sache. Sie glauben an einen Regelkanon, der Transzendenz verspricht.

Ihr Gott heißt Wirtschaftswachstum, und er verspricht, uns vor einer globalen Rezession zu retten; Zugang zu neuen Märkten, die Privatisierung neuer Bereiche, die weitere Abschaffung von Vorschriften – dann werden die Kurven bei den Börsennachrichten im Fernsehen endlich wieder gen Himmel steigen.

Natürlich kann auf einer Konferenz kein Wachstum erzeugt werden, aber Doha kann etwas anderes bewirken, etwas, das eher religiös als ökonomisch ist. Es kann dem Markt »ein Zeichen« geben, ein Zeichen, dass das Wachstum unterwegs ist, dass die Expansion gleich um die Ecke biegt. Und eine ehrgeizige neue WTO-Verhandlungsrunde ist genau das Zeichen, für das sie beten. In den reichen Ländern herrscht nämlich eine geradezu verzweifelte Sehnsucht nach diesem Zeichen. Das Zeichen ist wichtiger als jedes mögliche Problem mit den WTO-Regeln. Beschwerden werden ja ohnehin nur die armen Länder erheben, die ein System satt haben, das sie zwingt, ihre Handelsbarrieren abzubauen, während die reichen Länder ihre aufrechterhalten.

Deshalb ist es keine Überraschung, dass die armen Länder die schärfsten Gegner dieser Verhandlungsrunde sind. Bevor sie sich damit einverstanden erklären, die Zuständigkeitsbereiche der WTO drastisch zu erweitern, wollen viele erst einmal erleben, dass die reichen Länder ihre Versprechungen von der letzten Verhandlungsrunde in die Tat umsetzen. Es sind scharfe Auseinandersetzungen über Agrarsubventionen und Dumping, über auf Textilien erhobene Zölle und über die Patentierung von Lebensformen zu erwarten. Indien, Brasilien, Thailand und eine Koalition afrikanischer Länder wollen klare Vereinbarungen, nach denen Patente aufgehoben werden können, wenn es um die Volksgesundheit geht. Die USA und Kanada widersetzen sich dieser Forderung – obwohl ihre eigenen Delegierten auf dem Weg nach Katar Billig-Cipro einwerfen, das dem Pharmakonzern Bayer mit genau denselben Druckmitteln abgepresst wurde, die sie sonst als unfaire Handelspraktiken bezeichnen.

Die Anliegen der armen Länder haben im Entwurf für die Ministererklärung keinen Niederschlag gefunden. Deshalb hat Nigeria die WTO gerade angegriffen: Sie sei »parteiisch« und missachte »die Anliegen der Entwicklungsländer und der am wenigsten entwickelten Länder«. Der indische WTO-Delegierte sagte letzte Woche, der Entwurf vermittle »den unangenehmen Eindruck, dass kein ernsthafter Versuch gemacht wurde, Themen, die den Entwicklungsländern wichtig sind, ins Zentrum der Verhandlungen zu rücken«.

Diese Proteste haben bei der WTO wenig Eindruck gemacht. Das Wachstum ist der einzige Gott bei den Verhandlungen, und jede Maßnahme, die den Gewinnzuwachs – von Pharma-, Wasserversorgungs- und Ölkonzernen – auch nur ein bisschen schmälern könnte, wird von den Gläubigen als Teufelswerk verdammt.

Wir werden Zeuge, wie der Handel (im Stil von Microsoft) »gebündelt« wird mit der Logik »wer nicht für uns ist, ist gegen uns«, die im »Krieg gegen den Terrorismus« gelten soll. Letzte Woche erklärte Zoellick, dass »diese 142 Staaten [...] indem sie sich für das Programm der WTO einsetzen, dem abstoßenden Destruktionismus des Terrorismus etwas entgegensetzen können«. Offene Märkte, so Zoellick, seien ein »Gegengift« gegen den »gewalttätigen Obstruktionismus« der Terroristen. (Wie passend, dass es sich um Leerformeln handelt, die mit erfundenen Wörtern zusammengeklebt sind.)

Ferner rief Zoellick die Mitgliedsstaaten der WTO dazu auf, ihre kleinlichen Bedenken wegen massiver Hungersnöte und der Aids-Epidemie zu vergessen und sich in die wirtschaftliche Front des US-amerikanischen Krieges einzureihen. »Wir hoffen, die Repräsentanten, die in Doha zusammentreffen, setzen die richtigen Prioritäten«, sagte er.

Bei Verhandlungen über den Welthandel geht es stets um Macht und Gelegenheiten, und für die Kamikaze-Kapitalisten in Doha ist der Terrorismus nur eine weitere Gelegenheit, die es zu nutzen gilt. Sie scheinen sich an Nietzsches Maxime zu orientieren: »Was uns nicht umbringt, macht uns stärker.« Viel stärker.

Die furchtbare Wiederkehr der grossen Männer

Wenn einige wenige beschließen, überlebensgroß zu sein, werden wir alle zertrampelt

Dezember 2001

Seit der Veröffentlichung des Videos wurde jede einzelne Geste, jedes leise Lachen, jedes Wort von bin Laden analysiert. Da sich alle Aufmerksamkeit auf Bin Laden konzentrierte, hat der zweite Star des Videos, der in der offiziellen Transkription des Gesprächs nur als »Scheich« bezeichnet wird, relativ wenig Würdigung erfahren. Das ist schade, denn, wer auch immer er ist (und es gibt mehrere Theorien, wer er sein könnte), er bietet einen seltenen Einblick in die Psyche von Menschen, die Massenmord für ein großes Spiel halten.

Ein Thema, das Bin Ladens Gast in seinen irrwitzigen Monologen immer wieder zur Sprache bringt, ist die Vorstellung, dass er und bin Laden in Zeiten lebten, die so groß sind, wie die im Koran geschilderten. Dieser Krieg, sagt der Scheich, sei wie »in den Tagen des Propheten Mohammed. Genau das Gleiche passiert heute auch.« Kurz darauf sagt er, es werde »ähnlich sein wie in den frühen Tagen von al-Mudschaheddin und al-Ansar« [ähnlich wie in der Frühzeit des Islam]. Und nur für den Fall, dass wir immer noch nicht begriffen haben, fügt er hinzu: »Wie in der alten Zeit bei Abu Bakr und Uthman und Ali und anderen. In diesen Tagen, in unserer Zeit …«

Es ist leicht, seine Nostalgie mit der üblichen Theorie über Osama Bin Ladens im Mittelalter stehen gebliebene Anhänger zu erklären. Aber seine Worte scheinen noch eine andere Bedeutung zu haben. Er sehnt sich nicht nach irgendeinem asketischen mittelalterlichen Lebensstil, sondern ist fasziniert von der Idee, in einer neuen mythischen Zeit zu leben, einer Zeit, in der Männer wieder wie Götter sind, in der epische Schlachten geschlagen werden und Geschichte gemacht wird. Leck mich, Francis Fukuyama, scheint er zu sagen, das Ende der Geschichte ist noch nicht gekommen. Wir machen Geschichte, hier und jetzt!

Diesen Gedanken haben wir seit dem 11. September von vielen Seiten gehört, die Wiederkehr einer großen epischen Zeit: auserwählte Männer, Reiche des Bösen, geniale Pläne und große Schlachten. Alles ist in seiner ganzen Herrlichkeit wieder da. Die Bibel, der Koran, der Kampf der Kulturen, der *Herr der Ringe* – sie alle sind plötzlich wieder im Spiel »in diesen Tagen, in unserer Zeit«.

Diese Erlösungsgeschichte ist unser hartnäckigster Mythos, und er hat eine gefährliche Kehrseite. Wenn einige Männer beschließen, ihren Mythos zu leben, überlebensgroß zu sein, dann muss das seine Folgen für alle haben, deren Leben sich in Normalgröße entfaltet. Normalbürger sehen plötzlich ganz unbedeutend aus im Vergleich zu den Überlebensgroßen und sind leicht zu opfern für einen höheren Zweck.

Als die Berliner Mauer fiel, begrub sie dieses Heldenepos angeblich unter ihren Trümmern. Dies galt als der entscheidende Sieg des Kapitalismus.

Francis Fukuyamas Theorie vom Ende der Geschichte machte verständlicherweise alle wütend, die den Kampf der Gladiatoren verloren hatten, gleichgültig ob sie den globalen Sieg des Kommunismus vorgezogen hätten oder wie Osama Bin Laden eine imperialistische Version des Islam. Inzwischen ist im

Gefolge des 11. September jedoch klar geworden, dass das Ende der Geschichte auch für die kalten Krieger in Amerika ein schaler Sieg war. Es scheint, dass viele von ihnen seit 1989 ihr Heldenepos vermissten wie ein verlorenes Glied.

Während des Kalten Krieges diente der Konsum in den USA nicht nur der persönlichen Befriedigung; er war die wirtschaftliche Front der großen Schlacht. Wenn die Amerikaner einkaufen gingen, praktizierten sie einen Lebensstil, den die Kommies angeblich vernichten wollten. Wenn man die kaleidoskopischen Einkaufszentren Amerikas mit den grauen und öden Läden in Moskau verglich, dann ging es nicht nur darum, dass wir im Westen leichten Zugang zu Levi's 501 hatten. Im damaligen Epos standen unsere Einkaufszentren für Freiheit und Demokratie, während die leeren Regale im Osten Metaphern für Überwachung und Unterdrückung waren.

Doch als der Kalte Krieg zu Ende war und der von ihm gelieferte ideologische Hintergrund jäh verschwand, löste sich auch die höhere Bedeutung des Shoppings in Luft auf. Ohne Ideologie war Shopping einfach nur, na ja, eben Einkaufen. Die Konzerne reagierten auf diesen Verlust mit »Lifestyle-Branding«, das heißt, sie versuchten den Konsum wieder als philosophische oder politische Tätigkeit zu rehabilitieren, indem sie mächtige Ideen verkauften, statt bloßer Produkte. In Werbekampagnen wurde das Tragen von Benetton-Pullovern mit dem Kampf gegen Rassismus gleichgesetzt, Ikea-Möbel mit Demokratie und Computer mit Revolution.

Das Lifestyle-Branding kompensierte eine Zeit lang den Sinnverlust beim Shopping, doch es reichte nicht aus, um die Träume der kalten Krieger alter Schule zu erfüllen. Als kulturelle Außenseiter in einer Welt, die sie selbst geschaffen hatten, kosteten diese Falken das Jahrzehnt ihres großen Triumphs nicht etwa aus und sonnten sich in Amerikas neuer konkurrenzloser Macht, sondern sie mäkelten, dass die USA »weich« geworden, ja verweiblicht seien. Sie erlebten das Jahrzehnt als eine Orgie der Zügellosigkeit, personifiziert durch Oprah Winfrey und Bill Clinton.

Aber nach dem 11. September ist die Geschichte wieder da. Die Shopper sind wieder die Fußsoldaten in einer Schlacht zwischen Gut und Böse. Sie tragen neue Elita-Büstenhalter mit den Stars and Stripes und werfen eigens hergestellte blau-weiß-rote M&Ms ein.

Wenn US-Politiker ihre Bürger auffordern, durch Shopping den Terrorismus zu bekämpfen, dann geht es nicht nur darum, eine Not leidende Wirtschaft wieder auf Trab zu bringen. Es geht darum, den amerikanischen Alltag wieder in einen Mythos zu kleiden, gerade noch rechtzeitig zu Weihnachten.

AMERIKA IST KEIN HAMBURGER

Amerikas Versuch, seine »Markenidentität« im Ausland zu erneuern, könnte ein schlimmerer Flop werden als New Coke

März 2002

Das Weiße Haus zog keine Karrierediplomaten zu Rate, als es beschloss, sich um den auf der ganzen Welt zunehmenden Antiamerikanismus zu kümmern. Stattdessen engagierte es in Übereinstimmung mit Präsident Bushs Philosophie, dass der private Sektor alles besser kann als der öffentliche, eine der besten Produktmanagerinnen aus der Madison Avenue.

Die Hauptaufgabe von Charlotte Beers als Staatssekretärin für Public Diplomacy and Public Affairs besteht nicht etwa darin, die Beziehungen zu anderen Ländern zu verbessern, sondern sie soll das amerikanische Image im Ausland aufpolieren. Beers hatte noch nie für das Außenministerium gearbeitet, aber sie hatte die Werbeagenturen J. Walter Thompson und Ogilvy & Mather geleitet und so ziemlich alles, vom Hundefutter bis zur Bohrmaschine, als Markenprodukt aufgebaut.

Nun sollte sie ihre magische Kraft bei der größten werblichen Herausforderung aller Zeiten beweisen: Sie sollte die Vereinigten Staaten und ihren »Krieg gegen den Terrorismus« einer zunehmend feindseligen Welt verkaufen. Die Ernennung einer Marketingspezialistin für diesen Posten stieß verständlicherweise auf Kritik, aber Außenminister Colin L. Powell tat sie mit einem Achselzucken ab: »Es ist kein Fehler, eine Person zu engagieren, die etwas verkaufen kann«, sagte er. »Wir verkaufen ein Produkt. Wir brauchen eine Person, die der amerikanischen Außenpolitik und Diplomatie eine neue Markenidentität verpassen kann.« Außerdem, fügte er hinzu, »hat sie mich dazu gebracht, Uncle Ben's Reis zu kaufen«. Wenn dem so ist, warum ist dann die Kampagne für eine neue und verbesserte Marke namens USA nach nur fünf Monaten Laufzeit allem Anschein nach ins Stottern geraten? Mehrere von Beers' Presseverlautbarungen zeichneten sich durch mangelnde Übereinstimmung mit den Fakten aus. Und als sie im Januar nach Ägypten reiste, um dort das Image der USA bei arabischen »Meinungsmachern« zu verbessern, lief es nicht gut. Muhammad Abdel Hadi, ein Redakteur der Zeitung *Al-Ahram*, war nach seinem Gespräch mit Beers enttäuscht, weil sie lieber über vage amerikanische Werte dozierte als konkret über die US-amerikanische Politik zu reden. »Man kann sagen, was man will«, sagte er, »sie begreifen es einfach nicht.«

Beers Unverständnis resultierte vermutlich aus der Tatsache, dass sie das miserable Image der Vereinigten Staaten im Ausland vor allem als Kommunikationsproblem betrachtet. Trotz all der globalen Kultur, die New York, Los Angeles und Atlanta verströmen, und obwohl man in Kairo CNN gucken kann und *Black Hawk Down* in Mogadischu, hat es Amerika irgendwie immer noch nicht geschafft, wie Beer es formuliert, »da raus zu gehen und unsere Geschichte zu erzählen«.

In Wirklichkeit ist genau das Gegenteil das Problem: Die amerikanische Selbstvermarktung war *zu wirksam*. Schulkinder auf der ganzen Welt können genauso gut die amerikanischen Versprechen von Demokratie, Freiheit und Chancengleichheit rezitieren, wie sie McDonald's mit Spaß für die Familie und Nike mit sportlichen Höchstleistungen in Verbindung bringen können. Und sie erwarten, dass die USA ihre Versprechungen erfüllen.

Wenn sie wütend sind, was eindeutig auf Millionen zutrifft, dann weil sie erlebt haben, wie die US-Politik diese Versprechen verraten hat. Auch wenn Präsident Bush hartnäckig darauf besteht, dass die Feinde der USA gegen die amerikanischen Freiheiten seien, erheben die meisten Kritiker der Vereinigten Staaten keineswegs Einspruch gegen die ausdrücklich von den USA vertretenen Werte. Sie kritisieren vielmehr ihren Unilateralismus und ihre Gleichgültigkeit gegenüber dem Internationalen Recht, die wachsende Kluft zwischen Reich und Arm, ihr hartes Vorgehen gegen Einwanderer und ihre Menschenrechtsverletzungen – für letztere sind die Gefangenenlager an der Guantánamo Bay das jüngste Beispiel. Dabei wird die Wut nicht nur durch die Einzelheiten des genannten Verhaltens, sondern auch durch die klare Erkenntnis bestärkt, dass die USA mit falschen Tatsachen für sich werben. Mit anderen Worten, die USA haben kein Problem mit ihrer Marke – sie könnte kaum stärker sein –, sondern mit ihrem Produkt.

Noch ein weiteres, massiveres Hindernis erschwert die Erneuerung der Marke USA. Sie hat mit dem Wesen des Branding selbst zu tun. Für den erfolgreichen Aufbau einer Marke, schrieb Allen Rosenshine, Chef der Werbeagentur BBDO Worldwide, kürzlich in der Fachzeitschrift *Advertising Age,* »ist eine sorgfältig verfasste Botschaft erforderlich, die mit Konsistenz und Disziplin vermittelt werden muss«. Wohl wahr. Doch die Werte, die Charlotte Beers verkaufen muss, sind Demokratie und Vielfalt, also Werte, die mit der geforderten »Konsistenz und Disziplin« kaum zu vereinbaren sind. Bedenkt man außerdem, dass sich viele der härtesten Kritiker der USA durch die amerikanische Regierung ohnehin schon unter Konformitätsdruck gesetzt fühlen (bei Begriffen wie »Schurkenstaat« stehen ihnen die Haare zu Berge), dann könnte die Werbung für die Marke USA leicht ins Auge gehen, und zwar böse.

Wenn sich bei einem Großunternehmen die Chefetage einmal für eine »Markenidentität« entschieden hat, dann wird diese bei allen Operationen des Unternehmens mit militärischer Präzision durchgesetzt. Die Markenidentität mag jeweils auf die lokale Sprache und kulturelle Besonderheiten zugeschnitten sein (so bietet McDonald's in Mexiko eine scharfe Soße an), aber ihre zentralen Eigenschaften – Ästhetik, Botschaft, Logo – bleiben stets unverändert.

Diese Konsistenz wird von Markenmanagern »das Versprechen« einer Marke genannt. Es bedeutet, dass ein Wal-Mart, eine Holiday Inn oder ein Themenpark von Disney überall auf der Welt dasselbe angenehm vertraute Bild bieten. Alles, was diese Homogenität gefährdet, schwächt die Gesamtstärke des Unternehmens. Deshalb ist die Kehrseite der leidenschaftlichen Durchsetzung einer Marke die aggressive Verfolgung aller, die in irgendeiner Form mit der Marke Schindluder treiben, sei es durch Fälschungen oder indem sie im Internet unerwünschte Informationen über sie verbreiten.

Im Kern geht es beim Branding um rigoros kontrollierte Einbahn-Botschaften, die auf Hochglanz poliert ausgesandt werden. Sobald dies geschehen ist, werden sie hermetisch gegen alle abgeriegelt, die aus dem Monolog des Unternehmens womöglich einen gesellschaftlich wirksamen Dialog machen wollen. Die wichtigsten Instrumente zum Aufbau einer starken Marke sind vielleicht tatsächlich solide Forschung, Kreativität und Design, danach jedoch ist die Klage wegen Verleumdung oder Urheberrechtsverletzung der Marke bester Freund.

Wenn Markenmanager ihr Können von der unternehmerischen auf die politische Welt übertragen, bringen sie diese fanatische Sucht nach Homogenität unweigerlich mit ein. Als zum Beispiel Wally Olins, Mitgründer der Markenberatungsfirma Wolff Olins, gebeten wurde, sich zum amerikanischen Image-problem zu äußern, beklagte er, dass die Leute nicht über eine einzige klare Idee verfügten, für was Amerika stünde. Vielmehr seien es Dutzende, wenn nicht Hunderte von Ideen, »die in den Köpfen der Leute auf eine ganz außerordentliche Weise durch-einander geraten. Deshalb wird man oft Leute finden, die Ame-rika zugleich bewundern und beschimpfen, oft sogar in ein und demselben Satz.«

Aus einer markenpolitischen Perspektive wäre es gewiss ärgerlich, wenn wir unser Waschmittel zugleich bewundern und beschimpfen würden. Aber wenn es um unsere Beziehung zu Regierungen geht, und insbesondere zu der des reichsten und mächtigsten Landes der Welt, ist ein bisschen Komplexität schon in Ordnung. Widersprüchliche Ansichten über die USA zu haben – etwa ihre Kreativität zu bewundern, aber ihre Dop-pelmoral zu verabscheuen – bedeutet nicht, dass man, wie Olin meint, »durcheinander« ist, sondern dass man aufmerksam beobachtet.

Außerdem beruht ein Großteil des Zorns auf die USA, der in Argentinien genauso gern geäußert wird wie in Frankreich, in Indien genauso gern wie in Saudi-Arabien, darauf dass die USA jetzt schon viel zu viel »Konsistenz und Disziplin« von anderen Ländern verlangen und dass sie trotz aller Lippenbekenntnisse zu Demokratie und Volkssouveränität zutiefst intolerant auf Abweichungen vom Wirtschaftsmodell des »Washingtoner Kon-sens« reagieren. Gleichgültig ob diese für ausländische Investo-ren so angenehme Politik vom Internationalen Währungsfonds in Washington oder durch internationale Handelsabkommen durchgesetzt wird, die Kritiker der USA sind jedenfalls der

Ansicht, dass die Welt schon viel zu sehr von der Ordnungspolitik Marke USA beherrscht wird (von den Marken der USA ganz zu schweigen).

Es gibt noch einen weiteren Grund, warum eine Vermischung von Markenpolitik und realer Politik mit Vorsicht zu genießen ist. Wenn Unternehmen versuchen, weltweit ein konsistentes Markenimage durchzusetzen, wirken sie wie globale Franchise-Unternehmen. Wenn jedoch Staaten dasselbe versuchen, können sie ausgesprochen autoritär wirken. Es ist kein historischer Zufall, dass die Politiker, die am meisten darum bemüht waren, sich und ihren Parteien eine grandiose Markenidentität zu verpassen, zugleich allergisch gegen Demokratie und Vielfalt waren. Man denke nur an Mao Tse-tungs gewaltige Wandgemälde und die roten Mao-Bibeln und, oh ja, auch an Adolf Hitler, der absolut besessen von einem unbefleckten Image war, sowohl in Bezug auf seine Partei als auch in Bezug auf sein Land und seine Rasse. Folgendes sind die hässlichen Kehrseiten, wenn sich Diktatoren um eine konsistente Markenidentität bemühen: staatliches Informationsmonopol, staatlich kontrollierte Medien, Umerziehungslager, Verfolgung von Dissidenten und noch viel Schlimmeres.

Die Demokratie hat zum Glück andere Eigenschaften. Im Gegensatz zu starken Marken, bei denen es auf Konsistenz und Disziplin ankommt, ist echte Demokratie unordentlich und widerspenstig, wenn nicht gar offen rebellisch. Beers und ihre Kollegen mögen Colin Powell überzeugt haben, Uncle Ben's Reis zu kaufen, indem sie dem Produkt ein heimeliges Markenimage verpassten, aber die Vereinigten Staaten bestehen nicht aus lauter gleichen Reiskörnern, aus Hamburgern vom Fließband oder Khaki-Klamotten von Gap.

Ihr stärkstes »Markenattribut«, um einen Begriff aus Beers

Welt zu benutzen, besteht darin, dass sie die Vielfalt schätzen, ein Wert, den Beer nun mit schablonenhafter Einförmigkeit der Welt aufdrücken möchte, blind für das Paradoxe ihrer Bemühungen. Ihr Vorhaben ist nicht nur zum Scheitern verurteilt, sondern auch gefährlich: Die Konsistenz der Marke und wahre menschliche Vielfalt sind Antithesen – die eine strebt nach Einheitlichkeit, die andere feiert die Differenz; die eine fürchtet alle nicht fixierten Aussagen, die andere liebt Debatten und Widerspruch.

Kein Wunder, sind wir doch so »durcheinander«. »In einer freien Gesellschaft ist Mannigfaltigkeit nicht gleich Unordnung«, versuchte Präsident Bush kürzlich in Peking für die Marke USA zu werben, »Debatte nicht gleich Streit.« Die Zuhörer reagierten mit höflichem Applaus. Bushs Botschaft wäre vielleicht überzeugender gewesen, wenn sich diese Werte in der Kommunikation seiner Regierung mit dem Ausland und auch in ihrem Image, vor allem aber in ihrer Politik stärker niederschlagen würden.

Denn, wie Bush zu Recht bemerkt, sind Vielfalt und Debatte der Lebensnerv der Freiheit. Aber sie sind Feinde der Markenpolitik.

V

FENSTER ZUR DEMOKRATIE

... durch die mit einer Politik
der radikalen Dezentralisierung von Macht
Funken der Hoffnung leuchten – in den Bergen
von Chiapas und den städtischen Slums in Italien

Demokratisierung der Bewegung

Beim ersten Weltsozialforum ließ sich das Themen- und Interessen-Spektrum in keine Agenda pressen

März 2001

»Wir sind hier, weil wir der Welt zeigen wollen, dass eine andere Welt möglich ist!«, rief der Mann auf der Bühne, und über 10 000 Zuschauer jubelten zustimmend. Das Merkwürdige daran war, dass wir nicht eine bestimmte andere Welt bejubelten, sondern nur die Möglichkeit. Wir applaudierten der Idee, dass eine andere Welt theoretisch existieren konnte.

Seit 30 Jahren trifft sich eine Gruppe von CEOs und politischen Führern in der letzten Januarwoche in der Schweiz und tut das, wozu sie ihrer Ansicht nach als einzige berechtigt oder befähigt ist: Sie steuert die Entwicklung der Weltwirtschaft. Wir jubelten, weil es wieder die letzte Januarwoche war, es sich aber bei der Versammlung nicht um das Weltwirtschaftsforum in Davos handelte. Wir waren beim ersten Weltsozialforum in Pôrto Alegre in Brasilien. Obwohl wir keine Führer aus Politik und Wirtschaft waren, würden wir die ganze Woche mit Gesprächen über die zukünftige Richtung der Weltwirtschaft verbringen.

Viele Teilnehmer hatten das Gefühl, es handle sich um einen historischen Moment. Mein Eindruck war unspezifischer: Ich spürte das Ende vom »Ende der Geschichte«. Passenderweise lautete das offizielle Motto der Veranstaltung »Eine andere Welt ist möglich«. Nach anderthalb Jahren weltweiter Proteste gegen die Welthandelsorganisation, die Weltbank und den Internationalen Währungsfonds sollte das Weltsozialforum der noch jungen Bewegung die Möglichkeit bieten, nicht nur gegen etwas zu protestieren, sondern ihre Ziele zu formulieren.

Wenn Seattle für viele die Coming-out Party einer Widerstandsbewegung gewesen war, dann war Pôrto Alegre laut Soren Ambrose, Politikanalytiker beim Netzwerk 50 Years is Enough, »die Coming-out Party für ernsthafte Überlegungen zu Alternativen«. Der Schwerpunkt lag bei Alternativen in Ländern, die besonders unter den negativen Effekten der Globalisierung zu leiden hatten: Flüchtlingsströme, eine tiefere Kluft zwischen Arm und Reich und eine geschwächte politische Macht.

Pôrto Alegre wurde als Veranstaltungsort gewählt, weil die brasilianische Arbeiterpartei (Partido dos Trabalhadores, die PT) in der Stadt sowie im Bundesstaat Rio Grande do Sul regiert und weltweit für ihre innovativen Ansätze bei der Bürgerbeteiligung bekannt ist. Die Konferenz wurde von einem Netzwerk aus brasilianischen Gewerkschaften und NROs organisiert, doch die brasilianische Arbeiterpartei stellte modernste Konferenzräume in der katholischen Universität von Pôrto Alegre zur Verfügung und finanzierte das mit Starauftritten gespickte Programm und die Gastredner. Die Unterstützung durch eine progressive Regierung war für Menschen, die an Wolken von Pfefferspray, Leibesvisitationen an der Grenze und »Bannmeilen« für Demonstranten gewohnt sind, etwas völlig Neues. In Pôrto Alegre wurden die Aktivisten von freundlichen Polizisten und Mitarbeitern des örtlichen Tourismusamtes mit Willkommenstransparenten empfangen.

Obwohl die Konferenz von lokalen Gruppen organisiert wurde, war sie zum Teil auch die Idee von ATTAC France, einem

Zusammenschluss aus Gewerkschaftern, Landwirten und Intellektuellen, die in weiten Teilen Mitteleuropas und Skandinaviens zum bekanntesten Vertreter der Globalisierungsgegner geworden ist. (ATTAC ist die Abkürzung für Association pour une Taxation des Transactions financières pour l'aide aux Citoyens, Vereinigung für eine Besteuerung von Finanztransaktionen zum Wohle der BürgerInnen, was zugegebenermaßen nicht sonderlich gut klingt.) ATTAC wurde 1998 von Bernard Cassen und Susan George von der linksliberalen Monatszeitschrift *Le Monde Diplomatique* gegründet und begann als Kampagne für die Einführung der so genannten Tobin-Steuer, einem Vorschlag des amerikanischen Nobelpreisträgers James Tobin, alle spekulativen Finanzgeschäfte zu besteuern. Gemäß ihrer marxistischen intellektuellen Wurzeln zeigte sich die Gruppe enttäuscht über die weniger stringente Zielsetzung der nordamerikanischen Anti-Konzern-Bewegung. »Der Fehler von Seattle war die Unfähigkeit, eine gemeinsame Agenda zu schaffen, eine globale Allianz zum Kampf gegen die Globalisierung«, meint Christophe Aguiton von ATTAC, der bei der Organisation des Forums half.

Und so kam das Weltsozialforum ins Spiel: ATTAC sah die Konferenz als Chance, einige der klügsten Köpfe der Globalisierungskritiker zusammenzubringen, die Alternativen zur neoliberalen Wirtschaftspolitik ausarbeiten sollten – nicht nur neue Besteuerungssysteme, sondern auch alle anderen Möglichkeiten von nachhaltiger Landwirtschaft über partizipatorische Demokratie und genossenschaftliche Produktion bis zu unabhängigen Medien. ATTAC glaubte, durch diesen Informationsaustausch könne eine »gemeinsame Agenda« entstehen.

Das Ergebnis der Zusammenkunft war wesentlich komplizierter – es gab ebenso viel Chaos wie Zusammenhalt, so viel

Uneinigkeit wie Einigkeit. In Pôrto Alegre begann die Koalition aus Kräften, die so oft unter dem Etikett Globalisierungsgegner zusammengefasst werden, sich kollektiv als pro-demokratische Bewegung neu zu erschaffen. Dabei musste sich die Bewegung auch den Schwächen ihrer eigenen internen Demokratie stellen und sich mit der schwierigen Frage befassen, wie Entscheidungen getroffen werden – direkt beim Weltsozialforum und noch wichtiger, bei der Planung für die nächste Runde der Verhandlungen der Welthandelsorganisation und über das panamerikanische Freihandelsabkommen.

Ein Teil der Herausforderung bestand darin, dass die Organisatoren keine Ahnung hatten, wie viele Menschen nach Pôrto Alegre kommen würden. Atila Roque, Koordinator von Ibase (einem brasilianischen Politikinstitut) und Mitglied des Organisationskomitees, räumte ein, dass man monatelang von etwa 2000 Teilnehmern ausging. Und dann waren es plötzlich 10000, bei einigen Veranstaltungen sogar darüber, die mehr als 1000 Gruppen aus 120 Ländern vertraten. Die wenigsten Delegierten hatten eine Ahnung, was sie erwartete: eine Art vorbildliche UNO? Ein gigantisches Teach-in? Eine politische Versammlung von Aktivisten? Eine Partei?

Die Zusammenkunft war eine seltsame Mischung aus allem, und hinzu kamen noch – zumindest bei der Eröffnungszeremonie – Showelemente im Las Vegas-Stil. Nachdem die Reden am ersten Tag vorüber waren und wir das Ende vom Ende der Geschichte bejubelt hatten, wurden die Lichter gedimmt. Auf zwei riesigen Leinwänden wurden Fotos von der Armut in den Favelas von Rio gezeigt. Auf der Bühne stellten sich Tänzer auf, die Köpfe vor Scham gebeugt, die Füße scharrten unruhig. Allmählich wurden die Fotos hoffnungsvoller, und die Tänzer auf der Bühne rannten umher und schwangen die Instrumente, die sie stark gemacht hatten: Hammer, Sägen, Ziegelsteine, Äxte, Bücher, Stifte, Computertastaturen, erhobene Fäuste. In der Schlussszene streute eine schwangere Frau Samen – Samen, wie man uns sagte, für eine andere Welt.

Störend und unpassend war weniger, dass dieses Genre des utopischen sozialistischen Tanzes seit den Aufführungen der Works Progress Administration in den dreißiger Jahren nur noch selten zu sehen war, sondern dass bei der Darbietung großer Wert auf technische Perfektion gelegt wurde: perfekte Akustik, professionelle Beleuchtung, Kopfhörer, die das Erzählte simultan in vier Sprachen übersetzten. Alle 10 000 Zuschauer erhielten kleine Samentüten, die man mitnehmen und zu Hause einpflanzen konnte. Sozialistischer Realismus meets *Cats*.

Beim Forum fand man immer wieder diese Gegensätze zwischen politischem Untergrund und brasilianischem Personenkult: Schnauzbärtige Kommunalpolitiker mit ihren glamourösen Frauen in rückenfreien weißen Kleidern trafen auf den Vorsitzenden der »Bewegung der Landlosen« Brasiliens, die bekannt dafür ist, Zäune niederzureißen und große Flächen ungenutzten Agrarlandes zu besetzen. Eine alte Frau von den argentinischen Müttern der Plaza de Mayo mit dem Namen ihres vermissten Kindes auf dem weißen Kopftuch saß neben einem brasilianischen Fußballstar, der dort so verehrt wird, dass seine Anwesenheit mehrere hartgesottene Politiker verleitete, einen Fetzen von ihrer Kleidung abzureißen und um ein Autogramm zu bitten. Und José Bové konnte sich nur mit Leibwächtern fortbewegen, die ihn vor den Paparazzi schützten.

Jeden Abend wurde die Konferenz in ein Openair-Stadion verlegt, wo Musiker aus der ganzen Welt auftraten, darunter Cuarteto Patria, eine der Bands, die durch Wim Wenders' Dokumentarfilm *Buena Vista Social Club* berühmt wurden. Alles, was mit Kuba zu tun hatte, war sehr angesagt. Redner mussten nur die Existenz des Inselstaats erwähnen, und schon brach der Raum in »Kuba! Kuba! Kuba!«-Rufe aus. Sprechchöre waren ohnehin sehr beliebt: nicht nur für Kuba, sondern auch für den damaligen Ehrenpräsidenten der brasilianischen Arbeiterpartei und jetzigen Präsidenten Brasiliens Luiz »Lula« da Silva (»Lula-Lula«). José Bové verdiente sich seinen eigenen Schlachtgesang: »Olé Olé, Bové, Bové«, gesungen in der Manier von Fußballfans.

Weniger beliebt waren beim Weltsozialforum die USA. Es gab täglich Protestaktionen gegen die »Todesmauer« zwischen den USA und Mexiko, sowie gegen George W. Bushs Ankündigung, die neue Regierung werde Organisationen, die Informationen über Abtreibung verbreiten, den Geldhahn abdrehen. In den Workshops und bei den Vorträgen sprach man immer wieder vom amerikanischen Imperialismus und von der Tyrannei der englischen Sprache. US-Bürger waren auffallend selten. Der Gewerkschaftsdachverband AFL-CIO war kaum vertreten (Präsident John Sweeney war in Davos) und von der National Organization for Women war niemand dabei. Sogar Noam Chomsky, der sagte, das Forum biete »Chancen von ungeheurer Bedeutung, populäre Kräfte zusammenzubringen«, hatte abgesagt. Von Public Citizen waren zwei Leute in Pôrto Alegre, aber der Star der Organisation, Lori Wallach, war in Davos. [Beim zweiten Weltsozialforum im Januar 2002 hatte sich einiges geändert: Chomsky nahm ebenso teil wie Wallach und ein größeres Kontingent an amerikanischen Aktivisten.]

»Wo sind die Amerikaner?«, fragten die Teilnehmer, wenn sie sich in die Schlangen für Kaffee oder Internetzugänge einreihten. Es gab viele Theorien dazu. Einige gaben den Medien die Schuld: Die amerikanische Presse berichtete nicht über die Veranstaltung. Unter den 1500 registrierten Journalisten waren vielleicht zehn Amerikaner, von denen die Mehrheit von unabhängigen Medienzentren kam. Andere gaben Bush die Schuld: Das Forum fand eine Woche nach dessen Amtsantritt statt, weswegen die meisten amerikanischen Aktivisten damit beschäftigt waren, gegen den Wahlbetrug zu demonstrieren, anstatt nach Brasilien zu kommen. Andere gaben den Franzosen die Schuld: Viele US-Gruppen wussten überhaupt nichts von der Veranstaltung, weil die internationale Werbung im Vorfeld hauptsächlich von ATTAC betrieben wurde, die, wie Christophe Aguiton zugab, »bessere Verbindungen zur angelsächsischen Welt« braucht.

Die meisten gaben jedoch den Amerikanern selbst die Schuld. »Ein Teil davon ist einfach auf die amerikanische Engstirnigkeit zurückzuführen«, meinte Peter Marcuse, Professor für Stadtplanung an der Columbia University und ein Sprecher beim Forum. Die Geschichte ist altbekannt: Wenn etwas nicht in den USA stattfindet, wenn es nicht auf Englisch ist, wenn es nicht von amerikanischen Gruppen organisiert wurde, kann es nicht so wichtig sein – und schon gar nicht die Fortsetzung der Schlacht von Seattle.

Letztes Jahr schrieb Thomas Friedman, Kolumnist bei der *New York Times*, aus Davos: »Jedes Jahr gibt es beim Weltwirtschaftsforum einen Star oder ein herausragendes Thema« – die Dotcoms oder die Asienkrise zum Beispiel. Letztes Jahr hieß das Topthema in Davos laut Friedman Seattle. Auch Pôrto Alegre hatte seinen Star; es war zweifellos die Demokratie: Was war mit ihr geschehen? Wie bekommen wir sie zurück? Und warum gibt es nicht mehr Demokratie auf der Konferenz selbst?

In Workshops und Diskussionsrunden wurde Globalisierung definiert als Transfer von Reichtum und Wissen vom öffentlichen in den privaten Bereich – durch die Patentierung von Leben und Samen, die Privatisierung von Trinkwasser und die Konzentration von Besitz an Agrarland. Da die Diskussion in Brasilien stattfand, wurden die Themen nicht als schockierende neue Auswirkungen eines bislang unbekannten Phänomens namens »Globalisierung« präsentiert – wie es im Westen oft der Fall ist –, sondern als Teil einer Entwicklung von der Kolonialisierung zur Zentralisierung und dem Verlust der Selbstbestimmung, die vor 500 Jahren ihren Lauf nahm.

Die neueste Phase der Marktintegration bedeutet, dass Macht und Entscheidungsprozesse nun noch weiter delegiert werden und immer weiter von den Orten entfernt stattfinden, wo die Auswirkungen der Entscheidungen zu spüren sind, während gleichzeitig die Städte noch größere finanzielle Bürden auf sich nehmen müssen. Die wahre Macht hat sich immer weiter nach oben verlagert, von der Kommune zum Staat, von national zu international, bis repräsentative Demokratie schließlich nur noch bedeutet, dass man alle paar Jahre Politiker wählt, die dieses Mandat dazu benutzen, nationale Macht auf die Welthandelsorganisation oder den Internationalen Währungsfonds zu übertragen.

Als Reaktion auf die globale Krise der repräsentativen Demokratie wollte das Forum mögliche Alternativen aufzeigen, aber schon bald ergaben sich grundlegende Fragen. Ist das eine Bewegung, die versucht, ihre eigene, humanere Form der Globalisierung durchzubringen, mit einer Besteuerung der Weltfinanz und mehr Demokratie und Transparenz bei der internationalen Kontrolle? Oder ist die Bewegung prinzipiell gegen Zentralisierung und die Delegierung von Macht und steht einer linken, Eine-für-alle-Ideologie genauso kritisch gegenüber wie dem McGovernment-Rezept, das bei Konferenzen wie in Davos ausgeheckt wurde? Es ist schön, eine mögliche andere Welt zu bejubeln – aber ist das Ziel eine bestimmte andere Welt, von der es bereits konkrete Vorstellungen gibt, oder ist es, wie die Zapatisten sagen, »eine Welt, die die Möglichkeit vieler Welten in sich trägt«?

Bei diesen Fragen gab es keine Einigung. Einige Gruppen, vor allem die mit Verbindungen zu politischen Parteien, schienen auf die Bildung einer vereinten internationalen Organisation oder Partei zu drängen und wollten, dass das Forum ein offizielles Manifest herausgab, das als organisatorische Blaupause dienen konnte. Andere, die außerhalb traditioneller politischer Organisationen arbeiteten und oft direkte Aktionen durchführten, traten für eine weniger geeinte Vision ein. Sie wollten ein universelles Recht auf Selbstbestimmung und kulturelle Vielfalt.

Atila Roque zählte zu jenen, die eindringlich dafür eintraten, dass das Forum nicht versuchen sollte, einen Satz politischer Forderungen herauszugeben. »Wir versuchen, die Uniformität des Denkens aufzubrechen, und das erreicht man nicht, indem man einfach eine andere uniforme Denkweise durchsetzt. Ehrlich gesagt, vermisse ich nicht die Zeit, als wir alle in der Kommunistischen Partei waren. Wir können ein höheres Maß an Konsolidierung erreichen, aber ich glaube nicht, dass die zivile Gesellschaft versuchen sollte, sich selbst als Partei zu organisieren.«

Am Ende sprach die Konferenz nicht mit einer Stimme, es gab keine einzelne offizielle Erklärung, dafür aber mehrere inoffizielle. Anstelle mitreißender Blaupausen für den politischen Wandel gab es Einblicke in lokale demokratische Alternativen. Die »Bewegung der Landlosen« nahm Delegierte auf Tagesausflüge zu besetztem Land mit, auf dem nachhaltige Landwirtschaft betrieben wurde. Und dann gab es noch die lebendige Alternative der Stadt Pôrto Alegre selbst: Sie wurde zum Modell für partizipatorische Demokratie, das auf der ganzen Welt studiert wird. In Pôrto Alegre ist Demokratie nicht auf die Abgabe von Stimmzetteln beschränkt, sondern ein aktiver Vorgang, der in überfüllten Versammlungen im Rathaus umgesetzt wird. Das Kernstück ist das so genannte »partizipatorische Budget«, ein System, das bei der Verteilung der knappen städtischen Finanzen eine direkte Bürgerbeteiligung ermöglicht. Über ein Netzwerk aus Stadtviertel- und Themenräten bestimmen die Einwohner direkt, welche Straßen geteert und welche Gesundheitszentren gebaut werden sollen. In Pôrto Alegre hat diese Dezentralisierung der Macht Ergebnisse erzielt, die das genaue Gegenteil des globalen wirtschaftlichen Trends sind. So werden zum Beispiel die Sozialleistungen für die Armen nicht gekürzt wie fast überall auf der Welt, sondern die Stadt hat diese Leistungen erheblich ausgebaut. Anstelle von Zynismus und sinkender Wahlbeteiligung wächst die demokratische Partizipation von Jahr zu Jahr.

»Diese Stadt entwickelt ein neues Modell der Demokratie, bei dem die Leute die Kontrolle nicht einfach an den Staat abgeben«, sagte die britische Autorin Hilary Wainwright beim Forum. »Die Herausforderung liegt in der Frage: Wie übertragen wir das auf eine nationale und globale Ebene?«

Vielleicht, indem wir aus der konzernkritischen Bewegung eine prodemokratische Bewegung machen, die die Rechte der Kommunalpolitik verteidigt, Schulen, Trinkwasserversorgung und Ökologie selbst zu planen und zu verwalten. In Pôrto Alegre schien die überzeugendste Antwort auf das internationale Scheitern der repräsentativen Demokratie diese radikale Form der partizipatorischen Demokratie in Städten und Kommunen zu sein, in denen die Abstraktionen der Weltwirtschaft zu alltäglichen Problemen wie Obdachlosigkeit, verunreinigtes Trinkwasser, überfüllte Gefängnisse und chronischer Geldmangel an den Schulen werden. Natürlich muss dies in einem Kontext nationaler und internationaler Standards und Ressourcen stattfinden. Doch aus dem Weltsozialforum entstand (trotz großer Anstrengung einiger seiner Organisatoren) keine Bewegung für eine einzelne globale Regierung, sondern eine Vision für ein zunehmend miteinander verbundenes internationales Netzwerk sehr lokal ausgerichteter Initiativen, die jeweils auf direkter Demokratie aufbauen.

Demokratie als Thema wurde nicht nur bei den Diskussionen und Workshops, sondern auch auf den Gängen und bei nächtlichen Diskussionen auf dem Zeltplatz angesprochen. Dort ging es nicht um eine demokratische Weltregierung, ja nicht einmal um eine globale Entscheidungsfindung, sondern um etwas, das viel näher lag: das klaffende »demokratische Defizit« beim Weltsozialforum selbst. Einerseits war das Forum außergewöhnlich offen: Jeder, der wollte, konnte als Delegierter teilnehmen, die Zahl der Teilnehmer war nicht begrenzt. Und jede Gruppe, die einen Workshop anbieten wollte – allein oder mit einer anderen Gruppe –, musste einfach nur den Titel der Veranstaltung dem Organisationskomitee melden, bevor das Programm in Druck ging.

Manchmal fanden 60 solcher Workshops gleichzeitig statt, allerdings wurden die Veranstaltungen auf der Hauptbühne mit oft mehr als 1000 Delegierten nicht von Aktivisten, sondern von Politikern und Akademikern dominiert. Einige hielten mitreißende Reden, andere wirkten auf peinliche Weise fehl am Platz: Wenn die Teilnehmer 18 Stunden oder noch mehr gereist waren, um zum Forum zu kommen, musste man ihnen nicht sagen, dass »Globalisierung ein Raum des Disputs« sei. Es war auch wenig hilfreich, dass solche Diskussionen von Männern Mitte 50 dominiert wurden, die noch dazu fast alle weiß waren.

Nicola Bullard, stellvertretende Leiterin von Focus on the Global South aus Bangkok, meinte halb im Scherz, die Pressekonferenz zur Eröffnung »wirkte wie das letzte Abendmahl: zwölf Männer mit einem Durchschnittsalter von 52 Jahren.« Es war wahrscheinlich auch keine so gute Idee, den VIP-Raum, eine Enklave der Ruhe und des Luxus, die nur auf Einladung betreten werden durfte, aus Glas zu gestalten. Diese Zweistufenhierarchie inmitten des Geredes über mehr Macht für die Menschen direkt vor Augen zu haben, begann spätestens dann zu nerven, als auf dem Campingplatz das Klopapier ausging.

Diese Ärgernisse standen aber nur stellvertretend für ein weitreichenderes Problem. Die Organisationsstruktur des Forums war so undurchsichtig, dass man unmöglich erkennen konnte, wie Entscheidungen getroffen wurden oder wie man diese Entscheidungen in Frage stellen konnte. Es gab keine offenen Vollversammlungen und keine Möglichkeit, die Struktur zukünftiger Veranstaltungen mitzubestimmen. Mangels eines transparenten Prozesses wurden hinter den Kulissen erbitterte Kämpfe zwischen den NROs ausgetragen – wessen Star am meisten Redezeit erhalten würde, wer Zugang zur Presse bekam und wer als wahrer Anführer der Bewegung wahrgenommen werden würde.

Am dritten Tag taten die frustrierten Delegierten genau das, was sie am besten konnten: Sie protestierten. Es gab Märsche und Manifeste. Den belagerten Organisatoren des Forums wurde alles Mögliche vorgeworfen, von Reformismus bis zu Rassismus. Die Abteilung der Antikapitalistischen Jugend beschuldigte sie, die wichtige Rolle zu ignorieren, die direkte Aktion beim Aufbau der Bewegung spielte. Ihr Manifest verurteilte die Konferenz als eine »List«, die die gleiche breiige Sprache der Demokratie verwende, um eine Diskussion zu verhin-

dern. Die PSTU, eine Splittergruppe der brasilianischen Arbeiterpartei, unterbrach Reden über die Möglichkeit einer anderen
Welt mit lauten Gesängen: »Eine andere Welt ist unmöglich,
wenn man den Kapitalismus nicht zerschmettert und den Sozialismus einführt!« (Auf Portugiesisch klang es wesentlich besser.)

Ein Teil der Kritik war unfair. Das Forum bot Raum für eine
ungewöhnliche Bandbreite an Ansichten, und gerade diese
Vielfalt machte Konflikte unvermeidlich. Indem das Weltsozialforum Gruppen mit so unterschiedlichen Vorstellungen von
Macht – Gewerkschaften, Parteien, NROs, anarchistische Stra-
ßenkämpfer und Agrarreformer – zusammenbrachte, machte es
nur die Spannungen sichtbar, die stets unter der Oberfläche so
fragiler Koalitionen lauern.

Andere Fragen waren jedoch berechtigt und zeigten Auswirkungen, die weit über die einwöchige Konferenz hinausreichten.
Wie werden in dieser Bewegung der Bewegungen Entscheidungen getroffen? Wer bestimmt zum Beispiel, welche »Vertreter
der Zivilgesellschaft« hinter die Zäune in Davos oder Quebec
dürfen – während die Demonstranten davor mit Wasserwerfern
zurückgehalten werden? Wenn Pôrto Alegre die Gegenveran-
staltung zu Davos war, warum standen dann einige der bekanntesten Gesichter der Opposition »im Dialog« mit Davos?

Wie bestimmen wir unser Ziel bei internationalen Vereinbarungen? Dringen wir auf »Sozialklauseln« für Arbeits- und
Umweltfragen oder wollen wir versuchen, solche Abkommen
komplett abzuschmettern? Diese Debatte, die zuvor noch aka-
demisch war, weil die Wirtschaft sich sozialen Klauseln wider-
setzte, muss jetzt dringend geführt werden. Führende amerikanische Unternehmen wie Caterpillar und Boeing setzen sich
aktiv dafür ein, den Handel an Arbeitsbedingungen und Umweltschutz zu knüpfen – nicht, weil sie die Standards heben

wollen, sondern weil diese Verknüpfung als Schlüssel gilt, die
Pattsituation im amerikanischen Kongress zur Frage der schnellen Abwicklung von Handelsvereinbarungen aufzubrechen.
Tragen die Gewerkschaften und Umweltschützer mit ihren Forderungen unwissentlich zum Voranschreiten der Verhandlungen
bei und leisten damit auch der Privatisierung der Trinkwasserversorgung und einem strengeren Patentschutz für Medikamente Vorschub? Soll das Ziel lauten, Handelsabkommen zu
ergänzen, oder sollen ganze Abschnitte – Wasser, Landwirtschaft, Sicherheit der Lebensmittel, Patentschutz für Medikamente, Bildung, Gesundheitsfürsorge – aus den Abkommen
herausgenommen werden? Walden Bello, Leiter von Focus on
the Global South, erklärte zu dieser Frage unmissverständlich:
»Die Welthandelsorganisation ist nicht reformierbar. Es ist eine
furchtbare Geldverschwendung, auf eine Reform zu drängen.
Klauseln zu Arbeitsbedingungen und Umweltschutz werden
eine bereits allzu mächtige Organisation nur noch mächtiger
machen.«

Ernsthafte Debatten über Strategie und Vorgehensweisen
sind dringend nötig, doch man kann nicht absehen, wie sich
diese entwickeln werden, ohne dass sich die Bewegung verzet-
telt, deren größte Stärke bisher ihre Beweglichkeit war. Ein Teil
des Problems ist strukturbedingt. Anarchistische Gruppen nehmen bei der Frage nach der Vorgehensweise zwar eine fanatische Haltung ein, neigen aber dazu, sich Bemühungen um eine
Strukturierung oder Zentralisierung der Bewegung zu widersetzen. Dem International Forum on Globalization – ein Forum
kritischer Wissenschaftler der nordamerikanischen Seite der
Bewegung – fehlt es bei der Entscheidungsfindung an Transparenz, seine Strukturen sind für eine breite Mitgliedschaft
undurchsichtig (was aber nicht heißen soll, dass seine bekann-

ten Vertreter nicht rechtschaffen sind). Viele wichtige NROs wiederum arbeiten zwar meist zusammen, konkurrieren aber auch miteinander um Publicity und Spenden. Traditionelle, auf Mitglieder ausgerichtete Strukturen wie politische Parteien und Gewerkschaften werden dagegen in den weiten Netzen des Aktivismus immer mehr in Nebenrollen gedrängt.

Die eigentliche Lektion von Pôrto Alegre lautet vielleicht, dass Demokratie und Verantwortlichkeit zunächst in einem überschaubaren Rahmen funktionieren sollten – innerhalb lokaler Gemeinschaften und Koalitionen sowie in einzelnen Organisationen. Ohne diese Grundlage besteht nicht viel Hoffnung für einen zufriedenstellenden demokratischen Prozess, wenn 10 000 Aktivisten ganz unterschiedlicher Herkunft an einem Ort aufeinandertreffen. Deutlich ist auf jeden Fall geworden, dass das eine »Pro«, auf das sich diese ungleiche Koalition einigen kann, das pro in »pro-demokratisch« ist, und deshalb muss der Demokratie in der Bewegung ein hoher Stellenwert eingeräumt werden. Im Aufruf zur Mobilisierung aus Pôrto Alegre heißt es eindeutig: »Wir fordern die Elite und ihre undemokratischen Verfahren heraus, deren Symbol das Weltwirtschaftsforum in Davos ist.« Die meisten Delegierten waren sich darüber einig, dass es nicht genügt, »Elitär!« zu rufen, wenn man im Glashaus sitzt – oder in einer gläsernen VIP-Lounge.

Trotz der Augenblicke offener Revolte endete das Weltsozialforum in so euphorischer Stimmung, wie es begonnen hatte. Es wurde gejubelt und gesungen, vor allem, als das Organisationskomitee verkündete, dass auch im nächsten Jahr wieder ein Forum in Pôrto Alegre stattfinden würde. Das Flugzeug von Pôrto Alegre nach São Paulo war am 30. Januar voller Delegierter, die von Kopf bis Fuß in Devotionalien der Konferenz gekleidet waren – T-Shirts, Baseballmützen und als Beute noch Tassen und Taschen, die alle den utopischen Slogan trugen »Eine andere Welt ist möglich«. Nach einer Konferenz ist das vielleicht nichts Ungewöhnliches, aber ich fand es doch bemerkenswert, dass ein Paar, das in der Sitzreihe schräg vor mir saß, immer noch die Namensschildchen vom Forum trug. Es war, als ob sie so lange wie möglich an einer Traumwelt festhalten wollten, so unvollkommen sie auch sein mochte, bevor sie auseinander gingen, ihre Anschlussflüge nach Newark, Paris und Mexiko Stadt nahmen und von der Menge der Geschäftsreisenden mit ihren Duty-Free Guccitaschen und Börsennachrichten von CNN verschluckt wurden.

Rebellion in Chiapas

Subcomandante Marcos und die Zapatisten inszenieren eine Revolution, die mehr auf Worte als auf Kugeln vertraut

März 2001

Vor einem Monat erhielt ich eine E-Mail von Greg Ruggiero, dem Herausgeber von *Our Word Is Our Weapon*, einer Aufsatzsammlung von Subcomandante Marcos, dem Sprecher der Zapatistischen Nationalen Befreiungsarmee in Chiapas, Mexiko. Ruggiero schrieb, dass sich die zapatistischen Kommandanten nach Mexiko Stadt aufmachen würden. Das Ereignis »entspricht Martin Luther Kings Marsch nach Washington«. Ich sah mir diesen Satz lange an. Den Filmausschnitt von Kings Rede, die mit den berühmten Worten »I have a dream« beginnt, habe ich schon mindestens tausendmal gesehen, allerdings meist in Reklamespots, in denen für Investmentfonds oder Nachrichten im Kabelfernsehen geworben wird. Da ich in einer geschichtslosen Zeit aufgewachsen bin, hatte ich mir bis dahin nicht vorstellen können, dass ich einmal bei einem wirklich historischen Augenblick (historisch mit großem H) dabei sein könnte.

Im nächsten Augenblick telefonierte ich schon hektisch mit Fluggesellschaften und sagte Termine ab. Meine Ausreden klangen verrückt, ich murmelte etwas von Zapatisten und Martin Luther King Jr. Was machte das schon, wenn meine Sätze keinen Sinn ergaben? Ich wusste nur, dass ich am 11. März in Mexiko City sein musste, dem Tag, an dem Marcos und die Zapatisten ihren triumphalen Einzug in die Stadt halten sollten.

Jetzt sollte ich vielleicht gestehen, dass ich noch nie in Chiapas gewesen bin. Ich bin noch nie in den Lakandonischen Urwald gepilgert. Ich habe noch nie im Schlamm und Nebel von La Realidad gehockt. Ich habe noch nie um eine Audienz bei Subcomandante Marcos gebeten oder gefleht, dem Mann mit der Maske, dem gesichtslosen Gesicht der zapatistischen Befreiungsarmee Mexikos. Ich kenne Leute, die das getan haben. Viele sogar. Im Sommer 1994 nach der Zapatistischen Rebellion war es unter nordamerikanischen Aktivisten der letzte Schrei, in Konvois nach Chiapas zu ziehen: Freunde taten sich zusammen und sammelten Geld für alte gebrauchte Lastwagen, beluden sie mit Lebensmitteln und Material, fuhren dann gen Süden nach San Cristobal de las Casas und ließen die Lastwagen dann dort stehen. Ich kümmerte mich zu der Zeit nicht darum. Damals sah die Begeisterung für die Zapatisten verdächtig nach einem weiteren Fall von schuldbewussten Linken mit einem lateinamerikanischen Fetisch aus: noch eine mexikanische Rebellenbewegung, noch ein Macho-Anführer, noch eine Gelegenheit, in den Süden zu reisen und bunte Stoffe zu kaufen. Kannten wir diese Geschichte nicht schon? Und ihr böses Ende kannten wir auch.

Aber mit diesem Zug der Zapatisten ist es anders. Zum einen endet er nicht in San Cristobal de las Casas, sondern beginnt dort und führt kreuz und quer durch Mexiko, bevor er schließlich in der Hauptstadt endet. Der Zug, der von der mexikanischen Presse den Spitznamen »Zapatour« erhalten hat, wird von einem Rat aus 24 Zapatisten-Kommandanten in Uniform und komplett mit Masken angeführt (aber ohne Waffen), darunter befindet sich auch Subcomandante Marcos persönlich. Weil das zapatistische Kommando noch nie außerhalb von Chiapas gereist ist (auf dem ganzen Weg gibt es Bürgerwehren, die Mar-

cos zum tödlichen Duell aufgefordert haben), braucht die Zapatour strenge Sicherheitsvorkehrungen. Das Rote Kreuz hat
abgelehnt, daher boten sich mehrere Hundert Aktivisten aus
Italien als Geleitschutz an, die sich selbst ¡Ya basta! (»Genug ist
genug«) nennen, nach dem trotzigen Satz, der bei der Kriegserklärung der Zapatisten verwendet wurde. (Letzten Endes stellten lokale Gruppen den Geleitschutz.) Hunderte von Studenten,
Kleinbauern und Aktivisten haben sich der Tour angeschlossen, und unterwegs winken Tausende dem Zug zu. Im Gegensatz zu den frühen Besuchern in Chiapas sagen diese Reisenden
heute, sie seien nicht hier, weil sie den Zapatistas ihre »Soli-
darität« bezeugen wollten, sondern, weil sie Zapatistas sind.
Manche behaupten sogar, Subcomandante Marcos selbst zu
sein, zur Verwirrung der Journalisten erklären sie: »Wir sind alle
Marcos.«

Vielleicht kann nur ein Mann, der nie die Maske abnimmt,
diese Karawane von Abtrünnigen, Rebellen, Einzelgängern und
Anarchisten auf ihrem zweiwöchigen Treck führen, denn das
sind alles Leute, die gelernt haben, um charismatische Anführer
mit einer Eine-für-alle-Ideologie einen großen Bogen zu machen.
Das sind keine Parteigetreuen, sondern Mitglieder von Gruppen, die stolz auf ihre Autonomie und fehlende Hierarchie sind.
Und Marcos mit seiner schwarzen Wollmaske, dem intensiven
Blick und seiner Pfeife scheint der perfekte Antiführer für diesen misstrauischen, kritischen Haufen zu sein. Er weigert sich,
sein Gesicht zu zeigen, und beschneidet damit seine eigene Pro-
minenz (obwohl er sie dadurch natürlich auch steigert). Doch
Marcos' Geschichte ist auch die eines Mannes, der nicht mit forscher Gewissheit zu seiner Führungsposition kam, sondern
indem er sich der politischen Ungewissheit stellte und lernte
sich einzufügen.

Die wahre Identität von Marcos ist zwar nicht bekannt, doch die am häufigsten wiederholte Legende lautet folgendermaßen: Marcos war ein urbaner marxistischer Intellektueller und Aktivist, der vom Staat verfolgt wurde und in der Stadt nicht mehr sicher war. Er floh in die Berge von Chiapas im Südosten von Mexiko voller revolutionärer Rhetorik und der Überzeugung, dass er dort die verarmten Indios vom Sinn der bewaffneten proletarischen Revolution gegen die Bourgeoisie überzeugen könne. Er erklärte, die Arbeiter der Welt müssten sich vereinigen, und die Mayas starrten ihn nur an. Sie sagten, sie seien keine Arbeiter, außerdem sei Land kein Besitz, sondern das Herz ihrer Gemeinschaft. Nachdem Marcos als marxistischer Missionar gescheitert war, vertiefte er sich in die Kultur der Mayas. Je mehr er lernte, desto weniger wusste er. Aus diesem Prozess entstand eine neue Armee, die EZLN, die Zapatistische Nationale Befreiungsarmee. Sie wird nicht von einer Elite von Guerilla-Kommandanten kontrolliert, sondern über geheime Räte und offene Versammlungen direkt von den Gemeinschaften. »Unsere Armee«, erklärt Marcos, »wurde skandalös indianisch.« Das bedeutete, dass er kein Kommandant war, der Befehle bellte, sondern ein Subcomandante, ein Vermittler für den Willen der Räte. Die ersten Worte, die er in seiner neuen Persönlichkeit äußerte, lauteten: »Durch mich spricht der Wille der Zapatistischen Nationalen Befreiungsarmee.« Marcos unterwirft sich noch weiter und sagt denjenigen, die nach ihm suchen, er sei kein Anführer, sondern seine schwarze Maske sei ein Spiegel, der die Kämpfe der anderen reflektiere; ein Zapatista sei jeder, der gegen die Ungerechtigkeit kämpfe, denn »wir sind ihr«. Am berühmtesten sind seine Worte gegenüber einem Reporter: »Marcos ist ein Schwuler in San Francisco, ein Schwarzer in Südafrika, ein Asiate in Europa, ein Chicano in San

Ysidro, ein Anarchist in Spanien, ein Palästinenser in Israel, ein Maya-Indianer in den Straßen von San Christobal, ein Jude in Deutschland, ein Zigeuner in Polen, ein Mohawk in Quebec, ein Pazifist in Bosnien, eine Frau allein in der Metro nach 22 Uhr, ein Bauer ohne Land, ein Bandenmitglied in den Slums, ein Arbeitsloser, ein unzufriedener Student und natürlich ein Zapatista in den Bergen.«

»Dieses nicht vorhandene Ich«, schreibt Juana Ponce de Leon, die Marcos' Schriften herausgibt, »ermöglicht es Marcos, zum Sprecher für die Indios zu werden. Er ist transparent und er ist ikonographisch.« Das Paradox bei Marcos und den Zapatistas ist, dass es bei ihrem Kampf trotz der Masken und des Geheimnisses um ihre Person um das Gegenteil von Anonymität geht – um das Recht, wahrgenommen zu werden. Als die Zapatistas 1994 zu den Waffen griffen und »¡Ya basta!« riefen, war das ein Aufbegehren gegen ihre Unsichtbarkeit. Wie so viele andere, die bei der Globalisierung auf der Strecke bleiben, waren die Mayas von Chiapas durch das ökonomische Raster gefallen: »Unten in den Städten«, erklärte das Kommando der EZLN, »existierten wir nicht. Unsere Leben waren weniger wert als das Leben der Maschinen oder Tiere. Wir waren wie Steine, wie Unkraut auf der Straße. Wir wurden mundtot gemacht. Wir waren gesichtslos.« Indem sie sich bewaffneten und maskierten, erklären die Zapatisten weiter, traten sie nicht in ein an *Star Trek* erinnerndes Universum der Borg ein, in dem Menschen ohne Identität für die gemeinsame Sache kämpfen, sondern sie zwangen die Welt, ihre Not wahrzunehmen, ihnen in die lange ignorierten Gesichter zu blicken. Die Zapatisten sind »die Stimme, die sich selbst bewaffnet, um gehört zu werden. Das Gesicht, das sich verbirgt, um gesehen zu werden.«

Marcos selbst – der Mann ohne Selbst, der Vertreter, der Spiegel – schreibt in einem Ton, der so persönlich und poetisch und so unmissverständlich sein eigener ist, dass er die Anonymität seiner Maske und seines Pseudonyms ständig untergräbt. Es heißt oft, die beste Waffe der Zapatistas sei das Internet, aber ihre eigentliche Geheimwaffe ist ihre Sprache. In *Our Word Is Our Weapon* lesen wir Manifeste und Schlachtrufe, die zugleich auch Gedichte, Legenden und Refrains sind. Hinter der Maske zeichnet sich eine Persönlichkeit ab. Marcos ist ein Revolutionär, der lange meditative Briefe an den uruguayischen Schriftsteller Eduardo Galeano über die Bedeutung des Schweigens verfasst, der den Kolonialismus als Abfolge »schlechter Witze, die schlecht erzählt werden« beschreibt, der Lewis Carroll, Shakespeare und Borges zitiert. Der schreibt, dass Widerstand immer dann stattfindet, »wenn ein Mann oder eine Frau rebelliert und sich die Kleider vom Leib reißt, die die Resignation für sie gewebt und die der Zynismus grau gefärbt hat«. Der aber andererseits auch wieder freche Scherztelegramme an die »zivile Gesellschaft« schickt: »Die Grauen hoffen auf Sieg stop Regenbogen dringend nötig.«

Marcos ist sich seiner Rolle als unwiderstehlicher romantischer Held deutlich bewusst. Er ist die Umkehrung einer Figur von Isabel Allende – nicht der arme Landarbeiter, der zum marxistischen Rebellen wird, sondern ein marxistischer Intellektueller, der ein armer Landbewohner wird. Er spielt mit seiner Rolle, flirtet mit ihr und erklärt, er könne seine wahre Identität nicht enthüllen, weil er fürchten müsse, seine weiblichen Fans zu enttäuschen. Vielleicht hatte er Bedenken, dass ihm dieses Spiel über den Kopf wachsen würde, denn am Valentinstag diesen Jahres verkündete er die schlechte Nachricht: Er sei verheiratet und liebe seine Frau sehr. Sie heiße La Mar (»das Meer« – wie könnte es auch anders sein?).

Die zapatistische Bewegung ist sich der Macht der Worte und Symbole wohl bewusst. Das 24-köpfige Kommando der Zapatisten hatte ursprünglich geplant, wie einheimische Conquistadores hoch zu Ross in Mexiko City einzuziehen (schließlich war es dann ein offener LKW mit Heu auf der Pritsche). Aber dieser Einzug hat nicht nur symbolische Bedeutung. Ziel ist eine Ansprache vor dem Mexikanischen Kongress, in der die Verabschiedung eines Gesetzes zum Schutz der Rechte und Kultur der Indios gefordert wird, ein Gesetz, das sich aus den gescheiterten Friedensverhandlungen der Zapatisten mit dem ehemaligen Präsidenten Ernesto Zedillo entwickelte. Sein Nachfolger Vicente Fox Quesada, der im Wahlkampf des Jahres 2000 prahlte, er könne das Zapatistenproblem »in 15 Minuten« lösen, hat um ein Treffen mit Marcos gebeten, was bisher aber abgelehnt wurde. Erst wenn das Gesetz verabschiedet werde, sagt Marcos, erst, wenn weitere Truppen von zapatistischem Gebiet abgezogen werden, erst wenn alle zapatistischen politischen Gefangenen freigelassen werden. Marcos wurde zuvor schon betrogen und wirft Fox vor, er inszeniere »eine Simulation des Friedens«, bevor die Friedensverhandlungen überhaupt wieder aufgenommen worden seien.

Bei dem ganzen Positionsgerangel ist klar, dass es im Machtgleichgewicht Mexikos radikale Veränderungen gegeben hat. Die Zapatistas haben das Sagen – und das, obwohl sie kaum mehr Gewalt anwenden. Was als kleiner, bewaffneter Aufstand begann, hat sich in den vergangenen sieben Jahren zu einer Art friedlichen Massenbewegung entwickelt. Sie trug dazu bei, die Vormacht der korrupten, seit 71 Jahren regierenden Partido Revolucionario Institucional (PRI) zu brechen und die Rechte der Indios auf die politische Agenda Mexikos zu setzen.

Deswegen wird Marcos auch wütend, wenn man ihn nur als einen weiteren Typen betrachtet, der mit dem Gewehr herumfuchtelt: »Welche andere Guerilla hat einen nationalen demokratischen Konvent einberufen, zivil und friedlich, sodass ein bewaffneter Kampf sinnlos wird?«, fragt er. »Welche andere Guerilla fragt die Basis, was sie tun soll, bevor sie es tut? Welche andere Guerilla hat sich bemüht, einen demokratischen Raum zu schaffen, anstatt einfach die Macht zu übernehmen? Welche andere Guerilla hat mehr auf Worte als auf Kugeln vertraut?«

Die Zapatisten hatten den 1. Januar 1994, den Tag, an dem das Nordamerikanische Freihandelsabkommen in Kraft trat, gewählt, um dem mexikanischen Militär den »Krieg zu erklären«. Bei einem Aufstand übernahmen sie kurzzeitig die Kontrolle über San Cristóbal de las Casas und fünf Städte in Chiapas. In einem Kommuniqué erklärten sie, dass die NAFTA, die Subventionen für landwirtschaftliche Kooperativen der Indios verbot, eine »Massenexekution« der vier Millionen Indios in Chiapas, der ärmsten Provinz des Landes, bedeute.

Fast 100 Jahre waren vergangen, seit bei der Revolution in Mexiko versprochen worden war, den Indios ihr Land mit einer Agrarreform zurückzugeben. Nach all den gebrochenen Versprechen war die NAFTA einfach der Tropfen, der das Fass zum Überlaufen brachte. »Wir sind das Produkt eines 500 Jahre währenden Kampfes [...] aber heute sagen wir ›¡Ya basta!‹, genug ist genug.« Die Rebellen nannten sich nach Emiliano Zapata, dem ermordeten Helden der Revolution von 1910. Er hatte zusammen mit einer Armee von Bauern dafür gekämpft, das Land der Großgrundbesitzer den Indios und Kleinbauern zurückzugeben.

In den sieben Jahren seit ihrem Erscheinen vertreten die Zapatisten zwei Kräfte gleichzeitig: zum einen Rebellen, die gegen Armut und Demütigung in den Bergen von Chiapas kämpfen, zum anderen Theoretiker einer neuen Bewegung, einer anderen Einstellung gegenüber Macht, Widerstand und Globalisierung. Diese Theorie – der Zapatismo – kehrt nicht nur klassische Guerillataktiken von innen nach außen, sondern stellt auch einen Großteil der linken Politik auf den Kopf.

Jahrelang habe ich beobachtet, wie sich die zapatistischen Ideen in Aktivistenkreisen verbreiteten und von Hand zu Hand gingen: ein Satz; die Art, ein Treffen zu leiten; eine Metapher, die einem die Gedanken durcheinander wirbelt. Im Gegensatz zu klassischen Revolutionären, die über Megaphone und von Kanzeln herunter predigen, hat Marcos die zapatistische Botschaft über Rätsel und langes, bedeutungsvolles Schweigen verbreitet. Revolutionäre, die keine Macht wollen. Menschen, die ihr Gesicht verstecken müssen, um gesehen zu werden. Eine Welt mit vielen Welten darin.

Eine Bewegung mit einem ›Nein‹ und vielen ›Jas‹.

Diese Sätze wirken auf den ersten Blick einfach, aber davon sollte man sich nicht täuschen lassen. Sie schaffen es, sich einem ins Gedächtnis zu graben, steigen an seltsamen Orten wieder empor und werden so lange wiederholt, bis sie zur Wahrheit werden – aber keine absolute Wahrheit: eine Wahrheit, wie die Zapatisten sagen würden, mit vielen Wahrheiten. In Kanada werden Proteste der Ureinwohner immer durch eine Blockade symbolisiert: eine körperliche Barriere gegen den Golfplatz, der auf einem Friedhof der Ureinwohner angelegt werden soll, eine Blockade gegen den Bau eines Staudamms zur Stromgewinnung oder eine Blockade, um Urwald vor Abholzung zu schützen. Der Aufstand der Zapatisten war eine neue Form, Land und Kultur zu schützen: Anstatt die Welt auszuschließen, öffneten die Zapatisten weit die Türen und luden die ganze Welt ein. Chiapas wurde trotz der Armut und obwohl die Provinz unter ständiger Belagerung durch das Militär stand, zu einem globalen Versammlungsort für Aktivisten, Intellektuelle und Einheimische umgestaltet.

Schon mit dem ersten Kommuniqué luden die Zapatisten die Welt ein, »über unsere Schlachten zu wachen und sie zu regulieren«. Im Sommer nach dem Aufstand hielten sie eine nationale demokratische Versammlung im Dschungel ab, an der 6000 Menschen überwiegend aus Mexiko teilnahmen. 1996 veranstalteten sie das erste *encuentro* für eine menschliche Gesellschaft und gegen den Neoliberalismus. Etwa 3000 Aktivisten reisten nach Chiapas und trafen sich mit Gleichgesinnten aus der ganzen Welt.

Marcos selbst ist ein Netz, das aus einer Person besteht: Er muss unbedingt kommunizieren, streckt ständig die Fühler aus und zieht Verbindungen zwischen verschiedenen Problemen und Auseinandersetzungen. Seine Kommuniqués nennen zahlreiche Gruppen, die er als Verbündete der Zapatisten betrachtet: kleine Ladenbesitzer, Rentner und Behinderte ebenso wie Arbeiter und Campesinos. Er schreibt den politischen Häftlingen Mumia Abu-Jamal und Leonard Peltier. Er korrespondiert mit einigen der bekanntesten Schriftsteller Lateinamerikas. Er verfasst Briefe mit der Anschrift »an die Völker der Welt«.

Zu Beginn des Aufstands versuchte die mexikanische Regierung, die Ereignisse als »lokales« Problem herunterzuspielen, als einen ethnischen Disput, der sich leicht eindämmen ließ. Der strategische Sieg der Zapatisten lag darin, die Bedingungen zu verändern. Sie beharrten darauf, dass es sich bei den Vorfällen in Chiapas nicht um kleinräumige »ethnische« Auseinandersetzungen handle, sondern um einen spezifischen, aber zugleich universalen Konflikt. Der Feind sei nicht nur der mexikanische Staat, sondern die Wirtschaftspolitik allgemein, der so genannte »Neoliberalismus«, erklärten die Zapatisten. Marcos verkündete, die Armut und Verzweiflung in Chiapas seien nur die fortgeschrittenere Version einer Entwicklung, die sich auf der ganzen Welt vollziehe. Er verwies auf die vielen Menschen, die vom Wohlstand übergangen wurden, deren Land und Arbeit diesen Wohlstand aber erst ermöglichten. »Die neue Verteilung der Welt schließt ›Minderheiten‹ aus«, sagt Marcos. »Einheimische, Jugendliche, Frauen, Homosexuelle, Lesben, Farbige, Immigranten, Arbeiter, Bauern; die Mehrheit, die das Fundament der Welt bildet, stellt für die Mächtigen nur eine leicht verfügbare Masse dar. Die Verteilung der Welt schließt die Mehrheiten aus.«

Die Zapatisten inszenierten einen offenen Aufstand, dem sich jeder anschließen konnte, solange er sich als Außenseiter und Mitglied der Schattenmehrheit sah. Nach konservativen Schätzungen gibt es heute 45 000 Websites über die Zapatisten in 26 Ländern. Marcos' Kommuniqués sind in mindestens 14 Sprachen verfügbar. Und außerdem gibt es noch die zapatistische Heimindustrie: schwarze T-Shirts mit roten fünfzackigen Sternen oder weiße T-Shirts mit EZLN in schwarzen Buchstaben. Es gibt Baseballmützen, schwarze EZLN-Skimasken und Maya-Puppen. Dazu kommen noch Poster, darunter auch eines von Comandante Ramona, der beliebten EZLN-Matriarchin, als Mona Lisa.

Der Zapatista-Effekt reicht weit über traditionelle Solidaritätsbekundungen hinaus. Viele, die an den ersten *encuentros* teilnahmen, hatten später Schlüsselrollen bei den Protesten gegen die Welthandelsorganisation in Seattle und die Weltbank und den IWF in Washington D. C. inne. Sie brachten neue Ideen für direkte Aktionen, kollektive Entscheidungsfindung und dezentrale Organisation mit. Zu Beginn des Aufstands war die mexikanische Militärführung überzeugt, sie könne die zapatistische Rebellion im Dschungel wie eine Wanze zerquetschen. Sie sandte schwere Artillerie, verübte Luftangriffe und mobilisierte Tausende von Soldaten. Doch anstatt auf einer zerquetschten Wanze zu stehen, fand sich die Regierung plötzlich von einem Schwarm internationaler Aktivisten umgeben, die überall in Chiapas umherschwirrten. In einer Studie der konservativen RAND Corporation [RAND steht für Research ANd Development und ist laut ihrer eigenen Website eine »konservative Denkfabrik des Kalten Krieges« bzw. eine »Nonprofit-Organisation, die Politik und Entscheidungen mit Recherchen und Analysen verbessern will«, d. Ü.] im Auftrag des amerikanischen Militärs wird die EZLN als »neue Konfliktform« bezeichnet, als ein »›Netzkrieg‹, in dem sich die Protagonisten auf netzwerkartige Formen der Organisation, Doktrin, Strategie und Technologie stützen.«

Der Ring um die Rebellen konnte sie nicht gänzlich schützen. Im Dezember 1997 kam es zum brutalen Massaker von Acteal, bei dem 45 Anhänger der Zapatisten, überwiegend Frauen und Kinder, beim Gebet in einer Kirche ermordet wurden. Die Lage in Chiapas ist immer noch verzweifelt, Tausende wurden aus ihrer Heimat vertrieben. Man muss aber auch sagen, dass ohne den internationalen Druck die Situation wohl noch viel schlimmer wäre und das amerikanische Militär stärker interveniert hätte. In der RAND-Studie heißt es, dass die weltweite Aufmerksamkeit von Aktivisten zu einer Zeit geweckt wurde, »als die Vereinigten Staaten wahrscheinlich daran interessiert gewesen wären, stillschweigend für eine wirkungsvolle Vernichtung der Rebellen zu sorgen«.

Es stellt sich die lohnende Frage, welche Ideen sich als so mächtig erwiesen, dass Tausende es auf sich nahmen, sie auf der ganzen Welt zu verbreiten? Sie haben mit Macht zu tun – und neuen Vorstellungen davon. Vor wenigen Jahren wäre es zum Beispiel noch unvorstellbar gewesen, dass Rebellen nach Mexiko City reisen und vor dem Kongress sprechen. Maskierte Guerillakämpfer, die ein Parlament betreten, signalisieren eigentlich nur eines: Revolution. Aber die Zapatisten sind nicht an einem Umsturz des Staates oder daran interessiert, ihren Führer zum Präsidenten zu ernennen. Wenn überhaupt, dann wollen sie, dass der Staat weniger Macht über ihr Leben ausübt. Außerdem hat Marcos erklärt, dass er seine Maske abnehmen und verschwinden werde, sobald ein Frieden ausgehandelt sei. [*Als die Zapatisten schließlich vor dem Kongress sprachen, blieb Marcos draußen.*]

Was bedeutet es, ein Revolutionär zu sein, der keine Revolution herbeiführen will? Das ist ein Paradox bei den Zapatisten. In einem seiner vielen Kommuniqués schreibt Marcos: »Es ist nicht nötig, die Welt zu erobern. Es genügt, sie neu zu gestalten.« Er fügt hinzu: »Uns. Heute.« Was die Zapatisten von den typischen marxistischen Aufständischen abhebt, ist ihr Ziel, nicht die Kontrolle zu erlangen, sondern autonome Räume zu erhalten und aufzubauen, in denen »Demokratie, Freiheit und Gerechtigkeit« gedeihen können.

Die Zapatisten haben zwar bestimmte Ziele ihres Widerstands formuliert (Kontrolle über das Land, eine direkte politische Vertretung und das Recht, ihre Sprache und Kultur zu schützen), sie sagen aber auch, dass sie an »der Revolution« kein Interesse haben, sondern vielmehr an »einer Revolution, die eine Revolution ermöglicht«.

Marcos ist der Ansicht, dass das, was er in Chiapas über nichthierarchische Entscheidungsfindung, dezentrale Organisation und Demokratie in der Gemeinschaft gelernt hat, auch

Antworten für die übrige Welt bietet – wenn die Menschen nur bereit wären zuzuhören. Dieses Organisationsmodell splittert Gemeinschaften nicht in Arbeiter, Krieger, Bauern und Studenten auf, sondern versucht stattdessen, die Gemeinschaft als Ganzes zu organisieren und über Schichten und Generationen hinweg echte »soziale Bewegungen« zu schaffen. Bei der Einrichtung der autonomen Zonen geht es den Zapatisten nicht um Isolationismus oder ums »Aussteigen« im Stil der sechziger Jahre. Ganz im Gegenteil: Marcos ist überzeugt, dass diese Freiräume, die auf wiedergewonnenem Land, kollektiver Landwirtschaft und Widerstand gegen Privatisierung basieren, letztendlich eine Gegenmacht zum Staat darstellen werden.

Das ist die Essenz des Zapatismo und erklärt seine Anziehungskraft: ein weltweiter Aufruf zur Revolution, der einem sagt, man solle nicht auf die Revolution warten, sondern dort beginnen, wo man steht, und mit seinen eigenen Waffen kämpfen. Das kann eine Videokamera sein, Worte, Ideen, »Hoffnung« – all das, so schreibt Marcos, »ist eine Waffe«. Eine Revolution in Miniaturformat, die sagt: »Ja, das kannst du auch daheim probieren.« Dieses Organisationsmodell hat überall in Lateinamerika und auf der Welt Verbreitung gefunden. Man kann es bei den anarchistischen Hausbesetzungen in Italien erleben (den so genannten *centri sociali*) und in der »Bewegung der Landlosen« (Movimento Sem Terra) in Brasilien, die ungenutztes Agrarland besetzt und es für nachhaltige Landwirtschaft, für Märkte und Schulen unter dem Slogan *Ocupar, Resistir, Producir* (»besetzen, widerstehen, produzieren«) verwendet. Die gleichen Ideen über die Mobilisierung der wirtschaftlich Benachteiligten ziehen sich auch durch die Piquetero-Bewegung in Argentinien, mehreren Organisationen der Arbeitslosen, die vom Hunger getrieben neue Formen der Erzwingung staatlicher Zugeständnisse gefun-

den haben. In einer Umkehrung der traditionellen Streikposten-
kette (man kann keine Fabriken bestreiken, die bereits geschlos-
sen sind) blockieren die Piqueteros die Zufahrtsstraßen zu den
Städten und legen manchmal wochenlang den Privat- und
Güterverkehr lahm. Die Politiker sind dann gezwungen, zu den
Straßenposten zu gehen und mit ihnen zu verhandeln, und dann
erreichen die Piqueteros regelmäßig Arbeitslosengeld für ihre
Mitglieder. Die argentinischen Piqueteros (die oft T-Shirts mit
EZLN-Aufdruck tragen) glauben, dass Gewerkschaften in einem
Land, in dem 30 Prozent der Bevölkerung arbeitslos sind, nicht
nur die Arbeiter, sondern ganze Stadtviertel und Gemeinden
organisieren müssen. »Die neue Fabrik ist das Stadtviertel«, er-
klärt Luis D'Elia, ein Führer der Piqueteros. Zapatistische An-
sichten wurden aber auch nachdrücklich von den Studenten der
Autonomen Universität Mexikos bei der langen, militanten
Besetzung ihres Campus' im letzten Jahr formuliert. Zapata er-
klärte einst, das Land gehöre denjenigen, die es bearbeiten; ihre
Banner verkündeten, »WIR SAGEN, DIE UNIVERSITÄT GEHÖRT
DENJENIGEN, DIE DORT STUDIEREN.«

Laut Marcos ist Zapatismo keine Doktrin, sondern »Intuition«. Er versucht bewusst etwas anzusprechen, das jenseits des
Verstandes existiert, etwas in uns, das frei von Zynismus ist und
das Marcos bei sich selbst in den Bergen von Chiapas fand: Staunen, »Suspendierung« der Ungläubigkeit, dazu Mythos und
Magie. Anstatt Manifeste herauszugeben, versucht er, mit langen Meditationen und lautem Träumen einen Zugang zu diesem Ort zu finden. Das ist in gewisser Weise eine Art intellektueller Guerillakrieg: Marcos stellt sich nicht den Bedingungen
seiner Gegner, sondern wechselt das Gesprächsthema.

Deswegen sah ich bei meiner Ankunft in Mexiko am 11. März
etwas anderes als den großen historischen Moment, den ich mir

vorgestellt hatte, als ich die E-Mail bekommen hatte. Als die Zapatistas den Zócalo betraten, den Platz vor dem Parlament, und 200 000 Menschen ihnen zujubelten, war das natürlich ein historischer Augenblick, aber er war kleiner, bescheidener und unspektakulärer als die Momente in den alten Wochenschauen in Schwarzweiß. Ein historischer Augenblick, der besagt: »Ich kann keine Geschichte für dich machen. Aber ich kann dir sagen, dass es an dir liegt, Geschichte zu machen.«

Die Anhänger der Zapatistas mit der größten Begeisterung waren an jenem Tag Frauen mittleren Alters – die Schicht, die Amerikaner als »Soccer Moms« bezeichnen. Sie begrüßten die Revolutionäre mit Sprechchören: »Ihr seid nicht allein!« Einige hatten bei ihren Jobs in Fastfood-Restaurants eine kurze Pause eingelegt und trugen noch die entsprechenden gestreiften Uniformen.

Aus der Ferne wirkt die Popularität der Zapatistas – mit ihren 40 T-Shirt-Varianten, Postern, Fahnen und Puppen – wie Massenmarketing, das radikale »Branding« einer alten Kultur. Doch aus der Nähe wandelt sich der Eindruck: Es ist echte, anachronistische Folklore. Die Zapatisten verbreiten ihre Botschaft nicht über Werbung oder Musiksongs, sondern über Geschichten und Symbole, die von Hand auf Wände gemalt, von Mund zu Mund weitergegeben werden. Das Internet, das diese organischen Netzwerke nachahmt, griff diese Folklore einfach auf und verbreitet sie auf der ganzen Welt.

Als ich Marcos' Rede zu den Menschen in Mexiko City hörte, war ich verblüfft, dass er sich nicht wie ein Politiker bei einer Kundgebung oder ein Priester auf der Kanzel anhörte, sondern wie ein Poet – bei der größten Dichterlesung der Welt. Ich begriff, dass Marcos nicht Martin Luther King Jr. ist, sondern Kings sehr moderner Nachkomme, geboren aus der bittersüßen

Verbindung von Vision und Notwendigkeit. Dieser maskierte Mann, der sich selbst Marcos nennt, ist zwar der Nachfahre von Martin Luther King, Che Guevara, Malcolm X, Emiliano Zapata und all den anderen Helden, die von Kanzeln predigten und erschossen wurden. Doch sie hinterließen orientierungslose Anhänger, die blind umhertappten, weil sie ihren Kopf verloren hatten. Nun aber hat die Welt eine neue Form des Helden, der mehr zuhört als spricht, der keine Gewissheiten, sondern Rätsel predigt, ein Führer, der sein Gesicht verbirgt und sagt, seine Maske sei in Wirklichkeit ein Spiegel. Mit den Zapatisten haben wir nicht den Traum von einer Revolution, sondern eine träumende Revolution bekommen. »Das ist unser Traum«, schreibt Marcos, »das zapatistische Paradox, das einem den Schlaf nimmt. Der einzige Traum, der wach geträumt wird, schlaflos. Die Geschichte, die geboren und von unten genährt wird.«

Italiens soziale Zentren

In besetzten Lagerhäusern öffnen sich
Fenster zur Demokratie

Juni 2001

Eine Frau mit langen braunen Haaren und rauchiger Stimme hat eine Frage. »Wie sieht dieser Ort für Sie aus?«, fragt sie mit Hilfe eines Dolmetschers. »Wie ein hässliches Ghetto oder wie etwas vielleicht Schönes?«

Das war eine Fangfrage. Wir saßen in einem baufälligen Haus in einem der letzten malerischen Vororte von Rom. Die Mauern des gedrungenen Gebäudes waren mit Graffiti bedeckt, der Boden war schlammig und um uns herum ragten unförmige Wohnblocks auf. Wenn einer der 20 Millionen Touristen, die letztes Jahr nach Rom gekommen waren, eine falsche Abzweigung genommen hätte und hier gelandet wäre, hätte er sich auf seinen Reiseführer gestürzt und wäre auf der Suche nach einem Gebäude mit Säulen, Brunnen und Fresken geflohen. Die Überreste eines der mächtigsten Reiche in der Geschichte sind in der Innenstadt von Rom makellos erhalten, aber hier, in den armen Vororten, kann man den Blick auf eine neue, lebendige Politik werfen.

Bei dem angesprochenen Gebäude handelte es sich um Corto Ciccuito, eines der vielen *centri sociali* in Italien. Diese sozialen Zentren sind leer stehende Gebäude – Lagerhäuser, Fabriken, Kasernen, Schulen –, die von Hausbesetzern übernommen und in kulturelle und politische Zentren umgestaltet wurden, die sich der Kontrolle des Marktes und des Staates entziehen. Laut Schätzungen gibt es in Italien mittlerweile 150 solcher Zentren.

Das größte und älteste – Leoncavallo in Mailand – ist praktisch eine eigene kleine Stadt mit mehreren Restaurants, Gärten, einer Buchhandlung, einem Kino, einer überdachten Halfpipe für Skateboardfahrer und einem Klub, der so groß ist, dass Public Enemy dort auftreten konnten. Diese Zentren sind seltene Freiräume in einer Welt der schnellen Einheitssanierung, was die französische Zeitung *Le Monde* zu der Bezeichnung »die italienische kulturelle Perle« veranlasste.

Aber die sozialen Zentren bieten mehr als tolle Unterhaltung am Samstagabend. Sie sind auch Ausgangsbasis für eine wachsende politische Militanz in Italien. In ihnen mischen sich Kultur und Politik: Aus einer Debatte über direkte Aktion wird eine riesige Freiluftparty, neben einer Versammlung über die gewerkschaftliche Organisation der Mitarbeiter von Fastfood-Ketten findet ein Rave statt.

In Italien entwickelte sich diese Kultur aus purer Notwendigkeit. Angesichts der in Korruptionsskandale verstrickten Politiker rechter und linker Parteien kommen viele italienische Jugendliche zu dem Schluss, dass Macht korrumpiert. Das Netzwerk der sozialen Zentren ist eine parallele politische Sphäre, die nicht versucht, staatliche Macht zu erlangen, sondern alternative Angebote macht wie etwa Kinderbetreuung oder Beratung für Asylsuchende, gleichzeitig jedoch den Staat mit direkter Aktion konfrontiert.

An jenem Abend beispielsweise, den ich im Corto Ciccuito in Rom verbrachte, wurde das gemeinsame Essen aus Lasagne und Insalata Caprese besonders begeistert begrüßt, weil der Koch gerade aus der Haft entlassen worden war, die er wegen Teilnahme an einer antifaschistischen Kundgebung verbüßt hatte. Und am Tag zuvor hatte ich im Leoncavallo-Zentrum in Mailand mehrere Mitglieder der Tutte Bianches kennen gelernt, die digitale Stadtpläne von Genua studierten und sich so auf den G8-Gipfel im Juli 2001 vorbereiteten. Die Gruppe, die nach der Bekleidung ihrer Mitglieder bei Protesten, den weißen Overalls, benannt ist, hatte gerade eine »Kriegserklärung« gegen die Konferenz in Genua herausgegeben.

Aber solche Erklärungen sind nicht das Schockierendste, was in den sozialen Zentren vorgeht. Weit überraschender ist die Tatsache, dass diese antiautoritären militanten Gruppen, die sich über ihre Ablehnung politischer Parteien definieren, für politische Ämter kandidieren – und gewinnen. In Venedig, Rom und Mailand sind prominente Aktivisten aus den sozialen Zentren, darunter auch Anführer der Tute Bianche, mittlerweile Mitglieder des Stadtrats.

Seit Silvio Berlusconis rechtsgerichtete Forza Italia an der Macht ist, müssen sich die Aktivisten gegen die Schließung ihrer Zentren wehren. Allerdings erklärt Beppe Caccia, Mitglied der Tutte Bianches und Stadtrat von Venedig, die Hinwendung zur Kommunalpolitik sei eine natürliche Weiterentwicklung der Theorie der sozialen Zentren. Der Nationalstaat befinde sich in der Krise, argumentiert er, er sei geschwächt durch die globalen Mächte und korrumpiert durch die Konzerne. Zugleich werden in vielen Industrieländern ausgeprägte regionalistische Forderungen nach Dezentralisierung von der Rechten für sich beansprucht. In diesem Klima braucht man laut Caccia eine zweigleisige Strategie: Man muss sich unberechenbaren, nicht gewählten Organen auf globaler Ebene (wie zum Beispiel dem G8-Gipfel) entgegenstellen, gleichzeitig jedoch auf lokaler Ebene eine verantwortungsvollere und partizipatorisch orientierte Politik aufbauen (zum Beispiel die Verknüpfung sozialer Zentren mit Stadträten).

Das führt mich zu der Frage zurück, die mir in den Vororten des mumifizierten Römischen Reichs gestellt wurde. Anfänglich ist es vielleicht nur schwer zu erkennen, aber die sozialen Zentren sind keine Ghettos, sondern Fenster – nicht nur in ein anderes Leben, das losgelöst vom Staat ist, sondern auch in eine neue, engagierte Politik. Und ja, sie sind etwas vielleicht Schönes.

DIE GRENZEN POLITISCHER PARTEIEN

Der Sprung vom Protest zur Macht
muss an der Basis vorbereitet werden

Dezember 2000

Ich bin nie einer politischen Partei beigetreten, war nie auf einem Parteitag. Bei den letzten Wahlen wurde ich an den Haaren zur Wahlurne gezerrt und bekam danach schlimmeres Bauchweh als meine Freunde, die ihre Wahlentscheidung einfach verdauten. Warum teile ich dann trotzdem die Ansicht, dass wir die progressiven Kräfte in Kanada in einem neuen politischen Bündnis vereinigen müssen, wenn auch nicht in einer Partei?

Es geht um eine Debatte, die in allen Ländern von Argentinien bis Italien stattfindet, wo die linken Parteien sich erfolglos abquälen, während die außerparlamentarische Protestbewegung wächst. Auch Kanada ist da keine Ausnahme. Klar ist, dass die kanadische Linke in ihrer gegenwärtigen Verfassung – mit einer geschwächten und erfolglosen New Democratic Party (NDP) [Kanadas Sozialdemokraten] und einer endlosen Serie von Demonstrationen – kämpfen muss wie verrückt, damit die Dinge nicht ganz so schlimm werden, wie sie sonst würden. Und das ist wirklich schlimm.

In den letzten vier Jahren haben wir eine Welle politischer Mobilisierung und militanter Proteste erlebt. Studenten blockieren Handelsgipfel, auf denen Politiker über ihre Zukunft verhandeln. In den Gemeinschaften der Ureinwohner von Vancouver Island über Burnt Church bis New Brunswick wächst die Unterstützung für eine Rückeroberung des Waldes und der Fischgründe; die Menschen haben es satt zu warten, bis Ottawa endlich genehmigt, was die Gerichte bereits positiv entschieden haben. In Toronto besetzt die Ontario Coalition Against Poverty Gebäude und verlangt für die Obdachlosen das Dach über dem Kopf, auf das alle Kanadier ein Recht haben.

Es herrscht kein Mangel an aufrechter linker Basisarbeit, aber um daraus eine koordinierte politische Kraft zu machen, genügt es nicht, dass die alten Akteure einfach ihre »Reichweite« vergrößern. Es bedarf eher eines Neuanfangs und einer systematischen Identifizierung der Wählerschichten, die unter dem gegenwärtigen wirtschaftspolitischen Modell am meisten leiden – und sich teilweise bereits sehr energisch dagegen organisieren. Davon ausgehend muss eine neue politische Plattform aufgebaut werden.

Ich fürchte, solche Vorstellungen entsprechen nicht gerade dem gegenwärtigen Programm der NDP. Wenn man den wirtschaftlich und sozial am schlimmsten ausgegrenzten Kanadiern zuhört, wird man mit einer Einstellung konfrontiert, die der parlamentarischen Linken sehr fremd ist: einem tiefen Misstrauen gegen den Staat. Dieses Misstrauen stützt sich auf reale Erfahrungen mit Polizeischikanen gegen Oppositionelle und Immigranten, mit strafenden Sozialämtern, mit wirkungslosen Weiterbildungsprogrammen, mit Patronage und Korruption und mit dem skandalösen Missmanagement der natürlichen Ressourcen.

In Reaktion auf die Wut auf die Zentralregierung, die im ganzen Land artikuliert wird, hat die NDP lediglich einen Aktionsplan für eine bessere zentrale Verwaltung entwickelt. Nach ihrem politischen Glaubensbekenntnis kann jedes Problem

durch eine stärkere, von oben nach unten regierende Staats-
macht gelöst werden. Weil sich die NDP konsequent weigert,
auf das Bedürfnis nach lokaler Selbstbestimmung oder auf das
höchst berechtigte Misstrauen gegenüber zentralisierter Macht
einzugehen, hat sie das gesamte regierungskritische Wählerpo-
tenzial an die Rechte verloren.

Eine linke Bundespartei könnte Vorstellungen vertreten, die
auf lokaler Demokratie und nachhaltiger Wirtschaftsentwick-
lung basieren. Doch bevor dies geschehen kann, muss sich die
Linke mit der nicht nur in den Reservaten der Ureinwohner
weitverbreiteten Wut auf die Bundesregierung und die jeweilige Provinzregierung auseinander setzen. Staatliche Programme zur »Entwicklung« bestimmter Regionen sind im
ganzen Land völlig diskreditiert. Initiativen der Bundesregierung, etwa Fischer im Ökotourismus oder Bauern in der Infor-
mationstechnik zu beschäftigen, werden als reine Arbeitsbe-
schaffungsprogramme wahrgenommen – bestenfalls wirkungs-
los und manchmal gegen die realen Bedürfnisse der Gemeinden
gerichtet.

Die Enttäuschung über die miserable zentralistische Planung ist nicht nur im ländlichen Kanada und natürlich in der
Provinz Quebec ein Thema. Städtische Ballungsräume im ganzen Land werden gegen ihren Willen in so genannten Megacitys
zusammengefasst, und Krankenhäuser, in denen einst modernste
Forschungsprogramme florierten, werden zu ineffizienten me-
dizinischen Fabriken zusammengelegt. Auch wer mit Lehrern
spricht, denen von halb-analphabetischen Politikern standardi-
sierte Prüfungsprogramme aufgezwungen werden, bekommt
dieselbe Ablehnung von in weiter Ferne ausgeübter Macht zu
hören und dieselben Forderungen nach lokaler Selbstbestimmung und einer echteren, alltäglicheren Demokratie.

In all diesen lokalen Auseinandersetzungen geht es im Grunde darum, dass Menschen erleben, wie sich die Macht immer weiter von den Orten wegverlagert, wo sie leben und arbeiten – auf die WTO, auf die Multis, die niemandem rechenschaftspflichtig sind, aber auch auf die immer stärker zentralisierten Regierungen im Bund und in den Provinzen und auf die Stadtverwaltungen. Diese Menschen fordern nicht etwa eine aufgeklärtere Zentralplanung, sie fordern die richtigen finanzpolitischen und demokratischen Instrumente, damit sie ihr Schicksal selbst in die Hand nehmen und mit ihrem Fachwissen vor Ort diversifizierte Wirtschaftsstrukturen aufbauen können, die wirklich nachhaltig sind. Und sie haben massenweise Ideen.

An der Westküste von Vancouver Island verlangen sie kommunale Vergabestellen für Fischereilizenzen, die den Gemeinden ihre Fischereirechte erhalten würden, anstatt sie nach Ottawa oder an konzerneigene Fischereiflotten zu verkaufen. Die Fischer appellieren verzweifelt an das Department of Fisheries and Oceans, durch die Sanierung von Laichgründen und den Schutz von Brutplätzen die Lachsfischerei zu retten. In anderen Teilen von British Columbia sind gemeindeeigene Lizenzen für die Waldnutzung im Gespräch. Die Wälder der Krone sollen nicht mehr durch multinationale Konzerne bewirtschaftet werden, die nur an Holzeinschlag in möglichst großem Umfang interessiert sind, sondern unter der Regie der Gemeinden, die nachhaltige Forstwirtschaft betreiben.

Selbst in Neufundland, das Ottawa schon seit langem als den Sozialfall Kanadas abgeschrieben hat, war bei den Wahlen im Jahr 2000 davon die Rede, das föderale System so umzugestalten, dass die Provinz über ihre reichen Energiereserven und die Reste ihres Fischbestands selbst verfügen kann. Dieselbe Bot-

schaft kommt auch von den Führern der Inuit. Sie sind fest entschlossen, dafür zu sorgen, dass die Gewinne aus den wieder
anlaufenden Öl- und Gasbohrungen auf ihren Territorien der
regionalen Entwicklung zugute kommen, anstatt nur die multinationalen Konzerne noch reicher zu machen.

In vieler Hinsicht sind diese spontanen Ideen und Experi-
mente an der Basis die Antithese des Freihandelsmodells, das
die Liberal Party auf Bundesebene vertritt und demzufolge
ausländische Investitionen der Schlüssel zum wirtschaftlichen
Wohlstand sind, selbst wenn wir dafür demokratische Rechte
aufgeben müssen. Die Gemeinschaften an der Basis wollen
genau das Gegenteil: eine Erweiterung der lokalen Befugnisse,
damit sie aus weniger mehr machen können.

Ihre Vorstellungen sind auch eine klare Alternative zu den
regionalen Ressentiments und der Ausländerfeindlichkeit, mit
denen die Rechtspopulisten auf Stimmenfang gehen. Steuersenkungen und Sündenböcke sind immerhin ein Trostpreis für die
Unzufriedenen, wenn es sonst nichts zu holen gibt. Doch es gibt
eindeutig ein tiefes Bedürfnis in diesem Land, auch weiterhin
kollektiv zu handeln, Ressourcen und Wissen miteinander zu
teilen und dadurch etwas Besseres aufzubauen, als der Einzelne
erreichen kann.

All dies bietet der Linken eine fantastische Chance, die jedoch die NDP und die sozialdemokratischen Parteien in Europa
völlig verspielt haben. Es besteht ein großer offener Raum für
eine neue politische Koalition, die auf diese Forderungen ein-
geht und sie nicht als gefährliche Bedrohung der nationalen Einheit betrachtet, sondern als Baustein für eine vereinigte und
doch mannigfaltige Kultur. Die Rufe nach Selbstbestimmung,
Basisdemokratie und ökologischer Nachhaltigkeit sind die
Grundlage einer neuen politischen Vision, die auch viele Kana-

dier teilen, die sich von der so genannten Linken noch nie vertreten fühlten.

Im Augenblick haben wir Bundesparteien, die das Land gegen seinen Willen zusammenhalten wollen, und Regionalparteien, die es in einen gefährlichen Kampf mit sich selbst hetzen. Was wir brauchen, ist eine politische Kraft, die nicht die Differenzen, sondern die Gemeinsamkeiten der regionalen Bestrebungen betont.

Dies bedeutet, dass die traditionelle Linke einige ihrer grundlegenden Vorstellungen über die Organisation eines Staates über Bord werfen muss. Schließlich besteht Verbindung zwischen erweiterten kommunalen Rechten und nachhaltigem Ressourcenmanagement oder zwischen der Souveränität der Provinz Quebec und indigener Selbstregierung nicht in einem stärkeren Zentralstaat, sondern in dem Bedürfnis nach Selbstbestimmung, wirtschaftlicher Nachhaltigkeit und partizipatorischer Demokratie.

Die Dezentralisierung der Macht muss nicht bedeuten, dass auf strenge nationale und internationale Normen – und eine stabile und gerechte Finanzierung – in den Bereichen Gesundheitsversorgung, Bildung, sozialer Wohnungsbau und Umweltschutz verzichtet wird. Aber sie muss bedeuten, dass die Linke ihr altes Mantra »erhöht die Aufwendungen« durch das neue Mantra »befähigt die Basis« ersetzt – die Basis in den Städten, in den Reservaten der Ureinwohner, in den kleinen Kommunen, in den Schulen, am Arbeitsplatz.

Eine Zusammenfassung dieser und anderer Kräfte würde die schwelenden Konflikte zwischen indigenen und nicht-indigenen Kanadiern, zwischen Gewerkschaften und Umweltschützern, zwischen städtischen und ländlichen Gemeinden und zwischen der blassen kanadischen Linken und der trüben kana dischen Armut zunächst einmal aufdecken. Zur Überwindung dieser Konflikte brauchen wir keine neue politische Partei – wenigstens jetzt noch nicht –, sondern einen neuen politischen Prozess mit so viel Vertrauen in die Demokratie, dass ein echtes politisches Mandat entsteht.

Einen solchen Prozess herbeizuführen ist eine schwierige und langwierige Aufgabe. Aber es würde sich lohnen.

Vom Symbol zur Substanz

Nach dem 11. September sind konkrete politische Alternativen sowohl zum religiösen als auch zum ökonomischen Fundamentalismus wichtiger denn je

Oktober 2001

In Toronto, wo ich lebe, straften Aktivisten der Obdachlosenbewegung die Behauptung Lügen, dass der konzernkritische Protest mit dem 11. September gestorben sei. Sie taten es, indem sie letzte Woche das Geschäftsviertel »blockierten«. Es war keine höfliche Veranstaltung. Der Demonstrationsaufruf bestand aus einem Plakat mit den Hochhäusern des Viertels, umschlossen von einer roten Linie, die den Bereich der geplanten direkten Aktionen markierte. Es war fast, als ob der 11. September nie stattgefunden hätte. Natürlich wussten die Organisatoren, dass sich zurzeit nicht beliebt macht, wer Bürogebäude und Aktienbörsen zum Objekt von Protestaktionen macht, insbesondere wenn New York nur eine Flugstunde entfernt ist. Doch die Ontario Coalition Against Poverty (OCAP) war schon vor dem 11. September nicht sonderlich populär. Bei ihrer letzten Aktion hatte sie das Büro des Provinzministers für Wohnungsbau »symbolisch zwangsgeräumt«, das heißt, seine Möbel hinaus auf die Straße getragen. Man kann sich vorstellen, welche Unterstützung sie in der Presse genießt.

Auch in anderer Hinsicht hat sich durch den 11. September für die OCAP nur wenig verändert: Immer noch werden im Herbst die Nächte kälter, immer noch droht eine Rezession. Und wie schon in den letzten beiden Wintern werden auch in diesem Winter wieder viele Obdachlose auf der Straße sterben, wenn nicht schleunigst mehr Schlafplätze aufgetrieben werden.

Für andere Gruppen, die auf die öffentliche Meinung vielleicht mehr Rücksicht nehmen müssen, hat sich durch den 11. September jedoch viel verändert. Zumindest in Nordamerika müssen Kampagnen, die sich auf machtvolle Symbole des Kapitalismus konzentrieren, selbst wenn sie mit friedlichen Mitteln arbeiten, mit einer völlig veränderten semiotischen Landschaft zurechtkommen. Schließlich waren die Angriffe am 11. September reale und absolut entsetzliche Terrorakte, aber sie waren auch ein Akt der symbolischen Kriegführung und wurden sofort als solcher verstanden. Wie viele Kommentatoren es formulierten, waren die Türme des World Trade Centers nicht irgendwelche Gebäude, sondern »Symbole des amerikanischen Kapitalismus«.

Natürlich deutet kaum etwas darauf hin, dass Amerikas meistgesuchter, in Saudi-Arabien geborener Millionär einen Hass auf den Kapitalismus hätte – angesichts von Osama Bin Ladens recht eindrucksvollem globalen Exportimperium, dessen Bandbreite von der Agrarwirtschaft bis zu Öl-Pipelines reicht, wäre das auch verwunderlich. Dennoch kann eine Bewegung, die von manchen als »globalisierungsfeindlich« und von anderen als »antikapitalistisch« bezeichnet wird (und die ich einfach salopp »die Bewegung« nenne), Diskussionen über ihre Symbolik kaum vermeiden: über all die konzernkritischen Zeichen und Bedeutungsträger, die als zentrale Metaphern der Bewegung fungieren – die parodistisch veränderten Logos, das am Guerillakrieg orientierte Styling der Aktivisten, die Auswahl von Marken und politischen Ereignissen als Angriffsobjekte. Viele politische Gegner des konzernkritischen Aktivismus nutzen die Symbolik der Angriffe auf das World Trade Center und das Pentagon für Angriffe auf die Protestbewegung. Sie sagen, die jungen Aktivisten hätten Guerillakrieg gespielt und seien nun durch einen realen Krieg ausgeschaltet worden. Schon erscheinen in Zeitungen auf der ganzen Welt Nachrufe: »Die Antiglobalisierung ist von vorgestern«, lautet eine typische Schlagzeile. Und laut dem *Boston Globe* ist die Bewegung »in Fetzen«. Stimmt das?

Unsere Bewegung ist schon oft für tot erklärt worden. Tatsächlich wird sie mit ritueller Regelmäßigkeit vor und nach jeder Massendemonstration für tot erklärt. Unsere Strategien sind dann immer längst überholt, unsere Bündnisse gespalten und unsere Argumente verfehlt. Und doch sind diese Demonstrationen immer weiter gewachsen, von 50 000 Teilnehmern in Seattle auf schätzungsweise 300 000 in Genua.

Andererseits wäre es töricht, so zu tun, als hätte sich seit dem 11. September nichts verändert. Dieser Gedanke kam mir neulich, als ich mir mal wieder eine Diashow anschaute, die ich vor den Angriffen zusammengestellt hatte. Ihr Thema war, wie die konzernkritische Bildersprache zunehmend vom Marketing der Konzerne absorbiert wird. Ein Dia zeigt eine Gruppe von Demonstranten, die während der Protestaktionen gegen die WTO in Seattle ein Bild auf das Schaufenster einer Gap-Filiale sprühen. Das nächste Dia zeigt ein Schaufenster von Gap, das mit eigenen, vorfabrizierten Graffiti der Kette – dem schwarz gesprühten Wort »Independence« – dekoriert ist. Das nächste Dia ist ein Standbild aus dem Videospiel State of Emergency: Cool aussehende Anarchisten werfen Steine auf böse Bereitschaftspolizisten, die eine fiktive amerikanische Handelsorganisation schützen. Heute ist mir klar, dass diese Schnappschüsse aus den Image-Kriegen durch den 11. September weggeblasen

wurden wie die Autos und Figuren auf dem Set eines Katastro-
phenfilms.

Obwohl sich das Umfeld verändert hat – oder gerade deshalb –, sollte man nicht vergessen, warum sich die Bewegung
überhaupt für den Kampf gegen Symbole entschieden hat. Die
Entscheidung der OCAP, das Geschäftsviertel zu blockieren,
beruhte auf einer Reihe sehr spezifischer Umstände. Wie viele
andere auch, die sich dafür einsetzen, dass das Problem der
wirtschaftlichen Ungleichheit auf die politische Agenda gesetzt
wird, fühlen sich die von der OCAP vertretenen Menschen weg-
geworfen, ausgegrenzt, zum Verschwinden gebracht, um dann
als Bettler- oder Schnorrerproblem wieder aufzutauchen, das
mit harten gesetzlichen Maßnahmen bekämpft werden muss.
Sie haben erkannt, dass sie sich nicht gegen einen lokalen politischen Feind oder ein bestimmtes Gesetz wehren müssen,
sondern gegen ein ökonomisches Paradigma – das gebrochene
Versprechen des deregulierten Trickle-Down-Kapitalismus.

Genau dies ist die Herausforderung für die modernen Aktivisten: Wie organisiert man sich gegen eine Ideologie, deren
Geltungsbereich so groß ist, dass sie keine Ränder hat, und die
so allgegenwärtig ist, dass sie nirgends zu sein scheint? Wo und
wie können diejenigen Widerstand leisten, die keine Arbeitsplätze mehr haben, die sie bestreiken könnten, und deren Gruppen ständigen Schikanen ausgesetzt sind. An was sollen wir uns
halten, wenn so vieles, das mächtig ist, virtuell ist, der Devisen-
handel, die Aktienkurse, das geistige Eigentum und die un-
durchschaubaren Handelsverträge?

Zumindest bis zum 11. September lautete die einfache Antwort, greif dir, was du kriegen kannst: das Markenimage eines
bekannten Multis, eine Aktienbörse, ein internationales politisches Gipfeltreffen, ein Handelsabkommen oder, wie die

OCAP in Toronto, die Zentralen der Banken und Konzerne, die die negative Entwicklung vorantreiben. All das macht wenigstens vorübergehend das Ungreifbare konkret, reduziert das Gigantische auf ein menschliches Maß. Kurz gesagt, man sucht sich Symbole und hofft, dass sie zu Sinnbildern des Wandels werden.

Als beispielsweise die Vereinigten Staaten einen Handelskrieg gegen Frankreich führten, weil das Land es wagte, den Import von hormonverseuchtem Fleisch zu verbieten, gewannen José Bové und der französische Bauernverband die Aufmerksamkeit der Weltöffentlichkeit nicht etwa, indem sie sich laut über die Strafzölle auf Roquefort-Käse beschwerten, sondern durch den strategischen Schachzug, ein Restaurant von McDonald's zu demolieren. Viele Aktivisten haben während des letzten Jahrzehnts gelernt, dass die im Westen weit verbreitete Blindheit für internationale Angelegenheiten überwunden werden kann, indem man seine Kampagne mit einer berühmten Marke verbindet – eine effektive, wenn auch häufig problematische Waffe gegen den Provinzialismus. Bei diesen Kampagnen gegen Konzerne ergaben sich wiederum neue Erkenntnisse über die öffentlichkeitsscheue Welt des internationalen Handels und der internationalen Finanzen, über die Welthandelsorganisation und die Weltbank, die bei manchen zu einer Infragestellung des Kapitalismus führten.

Doch diese Taktik der Bewegung erweist sich inzwischen selbst als dankbares Ziel. Nach dem 11. September begannen Politiker und Leitartikler sofort ein Kontinuum zwischen den Terroranschlägen und antiamerikanischer, konzernkritischer Gewalt zu postulieren: zuerst der Stein in das Fenster der Starbucks-Filiale, dann vermutlich der Anschlag auf das World Trade Center. Peter Beinart, der Herausgeber von *New Republic,* griff einen einzigen Beitrag in einem konzernkritischen Chatroom auf, in dem es hieß, ob »einer von uns« die Angriffe begangen habe. Beinart schloss daraus, dass »die Antiglobalisierungsbewegung [...] eine teilweise vom Hass auf die USA motivierte Bewegung ist« – eine unmoralische Position, wo doch die USA gerade angegriffen wurden. Reginald Dale trieb in der *International Herald Tribune* den Vergleich zwischen Demonstranten und Terroristen am weitesten: »Die Demonstranten, die die Abhaltung von Konferenzen etwa des IWF oder der WTO verhindern wollen, sind zwar nicht bewusst darauf aus, Tausende Unschuldige zu ermorden, aber sie versuchen ihre politischen Vorstellungen durch Einschüchterung durchzusetzen, und die ist ein klassisches Ziel des Terrorismus.«

In einer vernünftigen Welt hätten die Angriffe der Terroristen keine solche reaktionäre Wut auf die Protestbewegung ausgelöst, sondern die Frage aufgeworfen, warum die US-amerikanischen Sicherheitsdienste so viel Zeit damit verbrachten, Reclaim the Streets und die unabhängigen Medienzentren auszuspionieren, anstatt sich mit den Terrornetzen zu befassen, die den Massenmord planten. Doch es sieht leider ganz so aus, als ob das aggressive Vorgehen gegen den politischen Aktivismus, das bereits vor dem 11. September begann, sich jetzt nur noch verschlimmern wird, mit schärferen Überwachungsmaßnahmen, verstärkter Infiltration und noch mehr Polizeigewalt. Die Terrorangriffe, so steht zu befürchten, könnten der Bewegung durchaus einige ihrer politischen Siege kosten. Die Geldmittel zur Aids-Bekämpfung in Afrika schwinden, und vermutlich wird auch der versprochene Schuldenerlass für die ärmsten Länder bald in Vergessenheit geraten. Diese Gelder werden jetzt zur Bestechung von Ländern gebraucht, die bei dem Krieg der USA mitmachen sollen.

Und der Freihandel, der lange unter einer PR-Krise litt, erhält nun rasch ein neues Markenimage, das ihn wie Shopping und Baseball zur patriotischen Pflicht deklariert. Laut dem US-amerikanischen Handelsbeauftragten Robert Zoellick soll die Welt »den Terror mit Handel« bekämpfen. In einem Essay im *New York Times Magazine* zieht der Wirtschaftsjournalist Michael Lewis einen ähnlichen Vergleich zwischen dem Kampf für die Freiheit und dem für den Freihandel, wenn er erklärt, die Händler, die im World Trade Center starben, seien nicht nur als »Symbole, sondern auch als Praktiker der Freiheit« zum Ziel der Terroristen geworden. »Sie arbeiten hart, wenn auch unabsichtlich daran, andere von Beschränkungen zu befreien. Dies macht sie unwillkürlich zur spirituellen Antithese der Fundamentalisten, deren Geschäft auf der Verneinung der persönlichen Freiheit unter Berufung auf eine angeblich höhere Macht beruht.«

Die Fronten sind abgesteckt: Handel ist Freiheit, Opposition gegen den Handel ist Faschismus.

Für unsere Bewegung stehen heute die Bürgerrechte, die von uns erzielten Fortschritte und unsere gewohnten Strategien auf dem Spiel. Aber die Krise bietet auch neue Chancen. Die Herausforderung einer Bewegung für soziale Gerechtigkeit besteht ja darin, aufzuzeigen, dass Gerechtigkeit und Gleichheit die nachhaltigsten Strategien gegen Gewalt und Fundamentalismus sind. Was bedeutet das in der Praxis? Nun ja, die Amerikaner finden schnell heraus, was es heißt, wenn das öffentliche Gesundheitssystem so überlastet ist, dass es mit der saisonalen Grippeepidemie nicht fertig wird, von Milzbrandinfektionen ganz zu schweigen. Obwohl seit einem Jahrzehnt versprochen wird, die US-amerikanische Wasserversorgung vor Bioterrorismus zu schützen, hat die ebenfalls völlig überlastete Umweltschutzbehörde fast nichts getan. Die Nahrungsmittelversor-

gung ist sogar noch verwundbarer für bioterroristische Angriffe, da wegen Personalmangel nur etwa ein Prozent der Nah-
rungsmittelimporte inspiziert werden kann – eine Tatsache, die
kaum geeignet sein dürfte, die wachsende Furcht vor Agrarterrorismus einzudämmen.

In »dieser neuen Art von Krieg« wird unsere halb verfallene
Infrastruktur für die Terroristen zur Waffe. Dies gilt nicht nur in
reichen Ländern wie den USA, sondern auch in armen Ländern,
wo sich der Fundamentalismus schnell ausbreitet. Wo die Infrastruktur durch Überschuldung und Krieg zerstört ist, können
sich fanatische Paten wie Bin Laden eine Machtbasis schaffen,
indem sie staatliche Aufgaben übernehmen und grundlegende
Dinge wie Straßen, Schulen, Krankenhäuser und sogar rudi-
mentäre Einrichtungen finanzieren. Im Sudan baute Bin Laden
die Straße, die den Bau der Öl-Pipeline von Talisman Inc. er-
möglichte, durch die das Regime seinen blutigen ethnischen
Bürgerkrieg finanzierte. Die extremistischen Koranschulen in
Pakistan, an denen so viele führende Taliban indoktriniert wurden, gedeihen ebenfalls, weil sie eine gewaltige öffentliche Ver-
sorgungslücke stopfen. In einem Land, das 90 Prozent seiner
Staatsausgaben für das Militär und den Schuldendienst auf-
wendet – und so gut wie nichts für das Bildungswesen –, bieten
die Medresen armen Kindern nicht nur Islamunterricht, sondern auch Essen und ein Dach über dem Kopf.

Um die Ausbreitung des Terrorismus im Norden wie im
Süden zu verstehen, sind Fragen nach der Infrastruktur und
den öffentlichen Ausgaben unvermeidlich. Aber wie haben die
Politiker bis jetzt reagiert? Mit den alten Methoden: Steuererleichterungen für Unternehmen und weitere Privatisierung von
Dienstleistungen. Am selben Tag, an dem die *International Herald Tribune* titelte »New Terrorism Front Line: The Mailroom«

(Die neue terroristische Front: Die Poststelle), verkündeten die
EU-Länder die Bereitschaft, die Postzustellung für die private
Konkurrenz zu öffnen.

Die Debatte, welche Art von Globalisierung wir wollen, ist
nicht »von vorgestern«; sie ist nötiger denn je. Viele Gruppen
in der Bewegung argumentieren heute im Namen der »allgemeinen Sicherheit« – im Gegensatz zur engstirnigen Sicher-
heitsmentalität, die sich in festungsartigen Grenzverläufen und
B-52-Bombern äußert und ihren Sinn bislang schlicht verfehlt
hat. Wir dürfen jedoch nicht so naiv sein anzunehmen, dass
die sehr reale Gefahr weiterer Massaker an Unschuldigen
allein durch politische Reformen gebannt werden könnte.
Wir brauchen soziale Gerechtigkeit, aber wir brauchen auch
Gerechtigkeit für die Opfer der Angriffe und praktische
Maßnahmen zur Verhinderung weiterer Terrorakte. Der Terrorismus ist tatsächlich eine internationale Bedrohung, und
zwar nicht erst seit den Angriffen auf die USA. Viele unterstützen die Bombenangriffe auf Afghanistan nur widerstrebend; für einige scheinen Bomben die einzig verfügbaren
Waffen zu sein, auch wenn sie brutal und ungenau sind.
Dass es kaum andere Optionen gibt, ist jedoch teilweise
das Ergebnis des US-amerikanischen Widerstands gegen eine
Reihe präziserer und potenziell effektiverer internationaler
Instrumente.

So sind die USA zum Beispiel gegen die Gründung eines
ständigen Internationalen Gerichtshofs, weil vielleicht ihre eigenen Kriegshelden eines Tages vor ihm stehen könnten. Oder
gegen einen umfassenden Atomwaffen-Teststopp-Vertrag. Oder
gegen all die anderen Verträge, die sie nicht ratifiziert haben,
über Landminen, Handfeuerwaffen und viele andere Dinge, die
den Umgang mit einem hoch militarisierten Staat wie Afgha-

nistan erleichtert hätten. Während Bush die Welt einlädt, ohne Rücksicht auf die Vereinten Nationen und Internationale Gerichtshöfe an seinem Krieg teilzunehmen, müssen wir in unserer Bewegung zu leidenschaftlichen Verteidigern des Multilateralismus werden und in diesem Sinne ein für alle Mal die Etikettierung als »globalisierungsfeindlich« zurückweisen. Bushs »Koalition« ist keine echte globale Antwort auf den Terrorismus, sondern die Internationalisierung der außenpolitischen Ziele eines einzigen Landes – das Markenzeichen der US-amerikanischen Außenpolitik von den WTO-Verhandlungen bis Kioto. Wir dagegen können unsere internationalen Verbindungen als echte Internationalisten und nicht als Antiamerikaner knüpfen.

Unterscheidet sich die gegenseitige Hilfe und Unterstützung, die es nach dem 11. September gegeben hat, wirklich grundlegend von den humanitären Zielen unserer Bewegung? Die Parolen auf der Straße – Menschen sind wichtiger als Profite, die Welt kann man nicht verkaufen – wurden im Gefolge der Angriffe für viele zu selbstverständlichen, tief empfundenen Wahrheiten. Es wird gefragt, warum die Finanzhilfen für die Fluggesellschaften nicht an die Arbeiter ausgeschüttet werden, die ihren Job verloren haben. Es gibt eine wachsende Besorgnis über die Unberechenbarkeit des deregulierten Handels. Es gibt eine positive Grundstimmung gegenüber allen Angestellten des öffentlichen Dienstes. Kurz, das »Gemeinwesen« – der öffentliche Bereich, das Gemeinwohl – wird ausgerechnet in den USA wieder entdeckt.

Wer auf einen echten Meinungswandel Wert legt und nicht nur Diskussionen gewinnen will, sollte diese Chance nutzen. Er sollte diese humanen Reaktionen mit den vielen anderen Bereichen verknüpfen, in denen menschliche Bedürfnisse wichtiger sein sollten als der Profit von Konzernen und die von der Behandlung von Aids bis zur Obdachlosigkeit reichen.

Dies würde eine dramatische Strategieänderung der Aktivisten voraussetzen. Ihre neue Strategie müsste mehr auf der Substanz als auf Symbolen basieren. Glücklicherweise vollzieht sich der Wandel bereits. Schon sei über einem Jahr stellen Teile der Bewegung den weitgehend symbolischen Aktivismus bei den Gipfeltreffen und in den Kampagnen gegen einzelne Konzerne in Frage. An einem Krieg gegen Symbole ist vieles unbefriedigend: Die Glasscherben im Fenster von McDonald's, die Tatsache, dass die Gipfeltreffen an immer entfernteren Orten stattfinden – was soll's? Es sind immer nur Symbole, Fassaden, Stellvertreter.

Schon vor dem 11. September begann eine neue, ungeduldige Stimmung in der Bewegung Fuß zu fassen, ein hartnäckiges Bedürfnis, soziale und wirtschaftliche Alternativen vorzutragen, die geeignet wären, die Wurzeln der Ungerechtigkeit zu beseitigen – von der Landreform, über die Entschädigung der Nachkommen von Sklaven bis zur partizipatorischen Demokratie.

Nach dem 11. September ist die Aufgabe sogar noch klarer. Sie besteht darin, statt der Debatte um einen vagen Globalisierungsbegriff eine Debatte über spezifische Vorstellungen von Demokratisierung zu führen. In einer Zeit beispiellosen Wohlstands wurde Ländern auf der ganzen Welt gesagt, sie hätten keine andere Wahl, als ihre öffentlichen Ausgaben radikal zu kürzen, Arbeitsschutzgesetze aufzuheben, Umweltschutzbestimmungen – die als illegale Handelshemmnisse gewertet wurden – zu annullieren und weniger Geld für ihre Schulen auszugeben. All dies war scheinbar notwendig, um die betroffenen Länder für den internationalen Handel attraktiv zu machen,

um Auslandsinvestitionen anzulocken und um auf dem Welt-
markt konkurrenzfähig zu werden.

Heute besteht die Aufgabe darin, die euphorischen Versprechungen der Globalisierungsbefürworter – Wohlstand für alle,
mehr Entwicklung, mehr Demokratie – an der Realität zu messen. Wir müssen beweisen, dass die Globalisierung – besser, die
gegenwärtige Version der Globalisierung – auf der Entmach-
tung lokaler Gemeinschaften und auf einem Krieg gegen die
Umwelt basiert.

Allzu oft werden diese Zusammenhänge zwischen dem Globalen und dem Lokalen nicht hergestellt. Stattdessen scheint es
manchmal zwei isolierte Formen von Aktivismus zu geben. Auf
der einen Seite stehen jene, die gegen weit entfernte Dinge zu
kämpfen scheinen und mit den alltäglichen Problemen der Menschen scheinbar nichts zu tun haben. Sie werden, weil sie sich
nicht um die Auswirkungen der Globalisierung in ihrem eigenen Land kümmern, oft als irregeleitete Studenten und Berufs-
aktivisten dargestellt. Auf der anderen Seite gibt es Tausende
von Organisationen auf lokaler Ebene, die täglich ums Überle-
ben oder um die Erhaltung der rudimentärsten öffentlichen
Dienstleistungen kämpfen. Ihre Kampagnen werden oft als rein
lokal abgetan, ja sogar als unbedeutend, weshalb sich die meisten dieser Basisaktivisten verständlicherweise ausgebrannt und
demoralisiert fühlen.

Der einzige klare Schritt nach vorn besteht darin, dass sich
diese beiden Kräfte zusammentun. Was heute noch die Antiglobalisierungsbewegung ist, muss sich in Tausende lokaler Bewegungen verwandeln und die verheerenden Auswirkungen der
neoliberalen Politik an der Basis bekämpfen: Obdachlosigkeit,
stagnierende Löhne, steigende Mieten, Polizeibrutalität, explo-
sionsartige Zunahme von Gefängnisstrafen, Kriminalisierung

von Immigranten und Flüchtlingen, Niedergang der öffentlichen Schulen und Gefährdung der Wasserversorgung. Zugleich jedoch müssen die Gruppen, die an der Basis gegen Privatisierung und Deregulierung kämpfen, ihre Kampagnen zu einer großen globalen Bewegung vernetzen, die ihre spezifischen Forderungen in ein internationales wirtschaftspolitisches Programm integriert, das weltweit durchgesetzt werden soll. Was wird brauchen, ist eine politische Rahmenorganisation, die es auf internationaler Ebene mit der Macht der Konzerne aufnehmen kann und zugleich die lokale Selbstorganisation und Selbstbestimmung fördert.

Der Schlüssel zu einer solchen Entwicklung ist ein politischer Diskurs, der die Vielfalt nicht scheut und nicht versucht, jede politische Bewegung in eine einzige Form zu pressen. Die neoliberale Wirtschaftspolitik hat auf allen Ebenen starke Tendenzen zu Zentralisierung, Konsolidierung und Vereinheitlichung. Sie ist ein Krieg gegen die Vielfalt. Wir dagegen brauchen eine Bewegung, die zur Vielfalt ermutigt und das Recht auf Vielfalt energisch verteidigt – das Recht auf kulturelle, ökologische, landwirtschaftliche Vielfalt und ja, auch auf politische Vielfalt, auf verschiedene Arten, Politik zu machen. Das Ziel sind nicht bessere Regeln und Regenten in der Ferne, sondern Basisdemokratie in der Nähe.

Um dahin zu kommen, müssen wir den Stimmen Gehör verschaffen, die beispielsweise aus Chiapas, Pôrto Alegre oder Kerala kommen, und wir müssen beweisen, dass es möglich ist, den Imperialismus zu bekämpfen und gleichzeitig pluralistisch, fortschrittlich und zutiefst demokratisch zu sein. 1998 beschrieb Benjamin Barber in seinem Buch *Coca-Cola und Heiliger Krieg* einen drohenden weltweiten Konflikt. Unsere Aufgabe, die nie so wichtig war wie heute, besteht darin, darauf hinzuweisen, dass es nicht nur zwei Welten gibt. Wir müssen all die unsichtbaren Welten sichtbar machen, die zwischen dem wirtschaftlichen und dem religiösen Fundamentalismus existieren.

Es ist die Stärke unserer Bewegung von Bewegungen, dass sie eine reale Alternative zu der von der Globalisierung verkörperten Vereinheitlichung und Zentralisierung darstellt. Kein Bereich und kein Land kann diese Bewegung für sich beanspruchen, keine einzelne intellektuelle Elite kann sie beherrschen, das ist ihre Geheimwaffe. Eine wirklich vielfältige globale Bewegung, die überall verwurzelt ist, wo aus abstrakten Wirtschaftstheorien lokale Realität wird, muss nicht mehr bei jedem Gipfel präsent sein und sich beim Frontalangriff auf viel mächtigere Institutionen der militärischen und wirtschaftlichen Macht blutige Köpfe holen. Sie kann ihre Gegner von allen Seiten einkreisen. Wie wir gesehen haben, kann die Polizei gegen eine Protestaktion Krieg führen, sie kann lernen, sie im Zaum zu halten, sie kann noch höhere Zäune bauen. Doch kein Zaun ist hoch genug, um eine echte soziale Bewegung in Schach zu halten, denn sie ist überall.

Vielleicht gehen die Image-Kriege gerade zu Ende. Vor einem Jahr besuchte ich die University of Oregon, um eine Geschichte über die dortige Anti-Sweatshop-Bewegung mit dem Spitznamen Nike U zu schreiben. Dort sprach ich mit der studentischen Aktivistin Sarah Jacobson. Nike, erklärte sie mir, sei nicht das Ziel ihres Aktivismus, sondern nur ein Werkzeug, um konkreten Zugang zu einem großen und häufig amorphen Wirtschaftssystem zu bekommen. »Es ist eine Einstiegsdroge«, sagte sie vergnügt.

Jahrelang haben wir in unserer Bewegung von Bewegungen von den Symbolen unserer Gegner gezehrt – von ihren Marken, ihren Bürotürmen und ihren Gipfeltreffen, auf denen sie sich stolz von der Presse ablichten lassen. Wir haben sie als Schlachtrufe, als Brennpunkte, als Instrumente zur Volksbildung genutzt. Aber die Symbole waren nie der wirkliche Gegner; sie waren nur die Hebel und Griffe. Die Symbole waren immer nur Fenster. Es ist Zeit, durch diese Fenster zu steigen.

Danksagung

Bei der Zusammenstellung der Artikel und Aufsätze für dieses Buch stellte ich mir vor, das Projekt könne zur Finanzierung der Organisationen beitragen, deren mutige Arbeit an den Fronten meine Aufsätze erst ermöglicht. Meine Agenten Bruce Westwood und Nicole Winstanley griffen diese vage Hoffnung auf, verhandelten darüber und ließen sie mit der erfahrenen und beständigen Hilfe von Brian Iler, Alisa Palmer und Clayton Ruby Wirklichkeit werden. Ich bin meinen englischsprachigen Verlagen sehr dankbar, dass sie sich verpflichteten, einen Teil der Einkünfte aus dem Buch an den Fences and Windows Fund zu spenden, mit dessen Geldern die Prozesskosten für Aktivisten und eine allgemeine Aufklärung über die globale Demokratie finanziert werden sollen. Louise Dennys, Susan Roxborough, Philip Gwyn Jones und Frances Coady befürworteten diese Idee von Anfang an.

Bei der Arbeit an diesem Buch bin ich Debra Levy zu besonderem Dank verpflichtet. Debra half mir nicht nur bei der Recherche zu vielen Artikeln, sondern übernahm auch die Überarbeitung der Artikelsammlung mit unbeirrbarer Begeisterung und großem Gespür. Sie verlor nie den Gesamtzusammenhang aus den Augen und übersah trotzdem nicht das kleinste

Detail. Louise Dennys widerstand der Versuchung, von mir eine völlige Neufassung zu verlangen, und schaffte es dennoch mit leichter Hand, alles zu ändern. Das Manuskript wurde von Damián Tarnopolsky, Deirdre Molina und Alsion Reid weiter verbessert, poliert und doppelt geprüft und von Scott Richardson grafisch gestaltet.

Mein Mann Avi Lewis redigierte jeden Artikel, egal wie viele Kilometer oder Zeitzonen zwischen uns lagen. Kyle Yamada war Debra Levys persönliche und Lektoratsassistentin, wir sind ihr beide sehr dankbar. Auch meine Eltern Bonnie und Michael Klein lasen Auszüge und halfen mir mit ihren Kommentaren. Wie die Datumsangaben der Artikel zeigen, habe ich die letzten zweieinhalb Jahre nahezu überall, nur nicht daheim verbracht. Diese Streifzüge waren nur möglich, weil meine Kollegin Christina Magill die Stellung hielt und jede logistische Herausforderung mit beeindruckender Gelassenheit und großem Einfallsreichtum bewältigte.

Bei den Artikeln in diesem Buch arbeitete ich mit vielen herausragenden Zeitungs- und Zeitschriftenredakteuren zusammen: Patrick Martin, Val Ross und Larry Orenstein bei *The Globe and Mail*, Seumas Milne und Katherine Viner beim *Guardian*, Betsy Reed und Katrina van den Heuvel bei *The Nation*, Jesse Hirsh und Andréa Schmidt bei www.nologo.org, Joel Bleifuss bei *In These Times*, Michael Albert bei Znet, Tania Molina bei *La Jornada*, Håkan Jaensson beim *Aftonbladet*, Giovanni De Mauro bei *Internazionale* und Sander Pleij bei *De Groene Amsterdammer*.

Richard Addis und Bruce Westwood hatten die Idee, dass ich in den hektischsten Jahren meines Lebens eine wöchentliche Zeitungskolumne schreiben sollte. Während ich mich mühte, die Abgabetermine zu halten, und meine Artikel per E-Mail von Telefonen auf Flughäfen, aus von Tränengas umnebelten Gemeindezentren und miesen Hotels versandte, habe ich oft ihr Urteilsvermögen bezweifelt. Jetzt erkenne ich, was sie mir gegeben haben: einen wöchentlichen Bericht eines bemerkenswerten Kapitels in unserer Geschichte.

Quellenverzeichnis

I. Fenster des Widerstands

»Seattle: Die Coming-out-Party der Bewegung«, erstmals veröffentlicht in: *New York Times*, 2. Dezember 1999.

»Washington D.C.: Kapitalismus – die Wiedergeburt eines Begriffs. Vorher«, erstmals veröffentlicht in: *Globe and Mail*, 12. April 2000.

»Washington D.C.: Kapitalismus – die Wiedergeburt eines Begriffs. Nachher«, erstmals veröffentlicht in: *Globe and Mail*, 19. April 2000.

»Was nun?«, erstmals veröffentlicht in: *Nation*, 10. Juli 2000.

»Prag: Die Alternative zum Kapitalismus ist nicht der Kommunismus, sondern die Dezentralisierung der Macht«, erstmals veröffentlicht in: *Globe and Mail*, 27. September 2000.

»Toronto: Der Kampf gegen die Armut und die Gewaltfrage«, erstmals veröffentlicht in: *Globe and Mail*, 21. Juni 2000.

II. Das Einzäunen der Demokratie

Die Kollateralschäden des Freihandels

»Das panamerikanische Freihandelsabkommen«, erstmals veröffentlicht in: *Globe and Mail*, 28. März 2001.

»Zur Hölle mit dem IWF«, erstmals veröffentlicht in: *Globe and Mail*, 16. März 2002.

»Kein Platz für Demokratie«, erstmals veröffentlicht in: *Globe and Mail*, 28. Februar 2001.

»Der Krieg gegen die Gewerkschaften«, erstmals veröffentlicht in: *Globe and Mail*, 17. Januar 2001.

»Die NAFTA-Bilanz«, erstmals veröffentlicht in: *Globe and Mail*, 18. April 2001.

»Nach dem 11. September«, erstmals veröffentlicht in: *Globe and Mail*, 12. Dezember 2001.

»Hohe Zäune an der Grenze«, erstmals veröffentlicht in: *Globe and Mail*, 12. Dezember 2001.

Der Markt schluckt das Gemeinwesen

»Gentechnisch veränderter Reis«, erstmals veröffentlicht in: *Globe and Mail*, 2. August 2000.

»Genetische Umweltverschmutzung«, erstmals veröffentlicht in: *Globe and Mail*, 20. Juni 2001.

»Die Opferlämmer der Maul- und Klauenseuche«, erstmals veröffentlicht in: *Globe and Mail*, 7. März 2001.

»Das Internet als Tupper-Party«, erstmals veröffentlicht in: *Globe and Mail*, 8. November 2000.

»Den Widerstand integrieren«, erstmals veröffentlicht in: *Globe and Mail*, 31. Mai 2001.

»Wirtschaftliche Apartheid in Südafrika«, erstmals veröffentlicht in: *Globe and Mail*, 21. November 2001.

»Giftpolitik in Ontario«, erstmals veröffentlicht in: *Globe and Mail*, 14. Juni 2000.

»Amerikas schwächste Front«, erstmals veröffentlicht in: *Globe and Mail*, 26. Oktober 2001.

III. Das Einzäunen der Bewegung: Die Kriminalisierung Andersdenkender

»Grenzüberschreitende Kontrolle«, erstmals veröffentlicht in: *Globe and Mail*, 31. Mai 2000.

»Präventivgewahrsam«, erstmals veröffentlicht in: *Globe and Mail*, 7. Juni 2000.

»Überwachung«, erstmals veröffentlicht in: *Globe and Mail*, 30. August 2000.

»Angst schüren«, erstmals veröffentlicht in: *Globe and Mail*, 21. März 2001.

»Infiltration«, erstmals veröffentlicht in: *Globe and Mail*, 21. April 2001.

»Willkürliches Tränengas«, erstmals veröffentlicht in: *Globe and Mail*, 25. April 2001.

»Drohungen«, erstmals veröffentlicht in: *Globe and Mail*, 5. September 2001.

»Im Spektakel gefangen«, erstmals veröffentlicht in: *Globe and Mail*, 2. Mai 2001.

IV. Aus dem Terror Kapital schlagen

»Die neuen Opportunisten«, erstmals veröffentlicht in: *Globe and Mail*, 3. Oktober 2001.

»Kamikaze-Kapitalisten«, erstmals veröffentlicht in: *Globe and Mail*, 7. November 2001.

»Die furchtbare Wiederkehr der großen Männer«, erstmals veröffentlicht in: *Globe and Mail*, 19. Dezember 2001.

»Amerika ist kein Hamburger«, erstmals veröffentlicht in: *Los Angeles Times*, 10. März 2002.

V. Fenster zur Demokratie

»Demokratisierung der Bewegung«, erstmals veröffentlicht in: *Nation*, 19. März 2001

»Rebellion in Chiapas«, erstmals veröffentlicht in: *Guardian*, 3. März 2001.

»Italiens soziale Zentren«, erstmals veröffentlicht in: *Globe and Mail*, 7. Juni 2001.

»Die Grenzen politischer Parteien«, erstmals veröffentlicht in: *Globe and Mail*, 20. Dezember 2000.

»Vom Symbol zur Substanz«, erstmals veröffentlicht in: *Nation*, 22. Oktober 2001.

REGISTER

11. September 18, 29, 104, 115, 156, 202 f., 206, 209 ff., 213, 220 ff., 277–282, 286 f.
50 Years is Enough 57, 234

Abu-Jamal, Mumia 50, 258
Acteal, Massaker von 260
Adbusters 58
Advertising Age 225
Afghanistan 132, 201 f., 204, 208, 213, 285
African National Congress (ANC) 144–147
Afrika 15 f., 19, 22, 24, 28, 43, 48, 117 f., 144–147, 153, 193, 206, 214, 217, 282
– Apartheid 144–147
Agrarindustrie 19, 124, 126 f., 129, 131, 133, 196
Aguilera, Christina 139
Aguiton, Christophe 235, 239
Aids 15, 43, 145, 211 f., 218, 282, 287
– Medikamente 79, 85, 102, 118, 214
Al-Ahram 224
al-Kaida 212, 215
Allende, Isabel 254
Allende, Salvador 78
Ambrose, Soren 234
Amerikagipfel 25, 27, 55, 77, 99, 167–171, 174, 176 f., 183
Anarchisten 33, 35, 37 f., 42, 49, 57, 67 f., 172, 184, 186, 245 f., 251, 279

Antiglobalisierung 15, 112, 279
Arbeiter 16, 28, 84, 97, 108, 110 f., 286
Arbeitsbedingungen 23, 34 f., 40, 96, 98, 100, 104, 111 f., 116, 168, 197, 245 f., 272, 286 f.
Argentinien 16, 22, 83 f., 262 f., 270
– Wirtschaftskrise in 20, 86–90, 117
AstraZeneca 123, 125
ATTAC 234 f., 239
Atwood, Margaret 175
Australien 18, 23, 117

Baldwin, Robert 177
Barber, Benjamin 289
Barlow, Maude 52, 183, 185
Bauern 16, 28, 40, 64, 123
BBC 78, 205
Beer, Charlotte 223 ff., 228 f.
Beinart, Peter 281
Bello, Walden 246
Berliner Mauer 21, 66, 207, 220
Berlusconi, Silvio 126, 192 ff., 268
Bertelsmann-Konzern 137, 139
Bewegung der Landlosen 237, 241, 262
Bildung 40, 88, 102, 152, 272, 275, 284, 287
– Privatisierung der 21 f., 115, 164, 242 f., 289
– Zugang zu 19

Bin Laden, Osama 208, 212 f., 219 f.,
    278, 284
Black Panther 62
Blair, Tony 134
BMG Entertainment 136 f.
Bolivien 28, 103
Bond, Patrick 145
Bookchin, Murray 58
Borges, Jorge Luis 254
Boston Globe 279
Bové, José 102, 237 f., 281
Bradley, Bill 62
Brasilien 16, 24, 28, 84 f., 118, 211, 214,
    217, 233 f., 237–240, 262
British Columbia 103, 108, 129 f., 180,
    273
British Petroleum 142 f.
Britney Spears 139, 212
Buenos Aires 13, 18, 82, 85 ff., 90
Bullard, Nicola 244
Bush, George W. 17, 62 f., 77, 81, 89, 155,
    184, 213, 223, 225, 229, 238 f., 286

Caballero, Ricardo 87 ff.
Caccia, Beppe 268
Campbell's Soup 124
Canadian Security Intelligence Service
    (CSIS) 167–170, 176
Carroll, Lewis 254
Carter, Rubin »Hurricane« 175
Cartier, Étienne 177
Cassen, Bernard 235
Castro, Fidel 20
centri sociali 266–269
Challis, Roland 78
Chao, Manu 193 f.
Chávez, Hugo 20, 79
Chiapas 53, 169, 190, 249–253,
    256–261, 263, 289
China 78, 109, 162, 212, 214
Chomsky, Noam 238
Chrétien, Jean 104, 175
CIA 78, 209
Cipro (Medikament von Bayer) 118 f.,
    217

Clarke, John 69 f., 72, 151
Clinton, Bill 36, 96, 153, 222
CNN 43, 205, 248
Council of Canadians 52, 183

Dale, Reginald 282
Danaher, Kevin 49, 54, 56
Davos 177, 233, 238 ff., 245, 247
D'Elia, Luis 263
Diouf, Jacques 193
Doha 215 f., 218
Dornbusch, Rüdiger 87 ff.
Duhalde, Eduardo 86

Economist 38
Egoyan, Atom 175
Eisenhower, Dwight D. 78
encuentros 197, 258 f.
Energie 50
    – -preise 146 f.
    – fossile -quellen 15, 143, 196
    – nachhaltige -quellen 15, 143
    – Stromnetz 28
    – Zugang zu 38, 145
Enron 14, 20, 96
Esprit 140
Exxon 111

Fair Labor Association 96
FDA (U.S. Food & Drug Administra-
    tion) 154 f.
Financial Post 142
Financial Times 87, 135
Fisher, Donald 62
Flüchtlinge 23 f., 106 f., 120, 234, 289
    – Abschiebung von 18
    – Hungerstreik von 23
    – Lager für 23, 117
Focus on the Global South 244, 246
Food and Agriculture Organization
    (FAO) 192 ff.
Food Not Bombs 70
Fox Quesada, Vicente 255
Free Trade Area of the Americas
    (FTAA) 77, 82 ff., 91, 94, 99,

102, 104, 164, 170, 173, 179, 183 f.,
236
Freihandel 23, 80, 93, 107, 109 ff., 115,
120, 146, 162, 166 ff., 274, 283
 – -sabkommen 20, 25, 99–107, 165,
169
 – Befürworter des 38, 85, 184
Friedman, Thomas 239
Fritsch, Winston 87
Frum, David 41
Fukuyama, Francis 220

G-7-Gipfel 48
G-8-Gipfel 25, 125, 188, 190 ff.,
268
Galeano, Eduardo 19, 254
Gap 61 f., 228, 279
Gates, Bill 36
General Agreement of Trade in Servi-
ces (GATS) 115
Gentechnik 22, 165, 198
 – Lebensmittel 20, 34, 50, 123 ff.,
128–131, 134 f.
Genua 188–194, 268, 279
George, Susan 235
Gesundheitswesen 20 ff., 37, 40, 79, 84,
87 f., 93, 105, 108, 115 f., 119, 142,
152 f., 195, 272, 275, 283 f.
Gewerkschaften 23, 50, 69, 80, 84, 97 f.,
116, 183 f., 234 f., 238, 245 ff., 263,
275
Giovanardi, Carlo 193
Giuliani, Carlo 188 ff., 192
Gladwell, Malcolm 138
Global Exchange 49, 98
Globe and Mail 17, 99, 125, 167
Godin, Seth 138
Golfkrieg 153, 203 f.
Gore, Al 62 f.
Granger, Betty 108 f., 111
Greenfield, Gerard 21
Greenpeace 134
Greffrath, Mathias 132
Guantánamo Bay 225
Guardian 17

Guatemala 78, 103
Guevara, Che 265

Hadi, Muhammad Abdel 224
Hammonds, Tom 155
Harris, Mike 148–151
Havel, Václav 56 f.
Hazen, Josie 159
Hernandez, Josephina 97
Hirsch, Jesse 49
Hitler, Adolf 228
Huffington, Arianna 45
Hunger 15, 70, 87, 126 f., 193, 209, 218,
262

Ignatieff, Michael 175
Indonesien 23, 78, 117
International Forum on Globalization
(IFG) 56, 246
International Herald Tribune 282, 284
Internationaler Gerichtshof 285 f.
Internationaler Währungsfonds (IWF)
14 f., 19, 27, 37, 39–42, 44, 49–53, 55,
66 ff., 79, 84, 86–90, 118, 145, 147,
159, 177, 227, 234, 240, 259, 282
Internet 34, 45, 47, 49, 51, 53 f., 56 f.,
136 f., 139, 254, 264
Irak 203 f., 209
Isherwood, Christopher 209
Italien 16, 191, 193 f., 266 f., 270

Jacobson, Sarah 290
Johannesburg 24, 147
Jordan, John 52
Jubilee 2000 57

Kalter Krieg 79, 221
Kanada 110 f., 118 f., 125, 160 f., 170,
192, 206, 270, 272
Karliner, Joshua 52
Katar 25, 211, 217
Kellogg's 124
King, Martin Luther 61, 249, 264 f.
Kioto-Protokoll 100, 286
Kissinger, Henry 78 f.

Kolumbien 63
Kommunismus 67, 77 ff.
Korruption 15, 89, 101, 255, 267, 271
Korten, David 45
Kosovo 204
Kuba 20, 225, 238
Kuk-Dong 96 ff.
Künast, Renate 134

Landreformen 50, 80, 115, 287
Lasn, Kalle 58
Le Devoir 104
Le Monde 267
Le Monde Diplomatique 235
Leon, Juana Ponce de 253
Lerner, Michael 45, 58
Lewis, Michael 283
Loblaws 128 f., 131
London 18, 48, 195–198, 205
Los Angeles 60, 62, 65, 169
Los Angeles Times 17
Lucas, George 168
Luellen, Michèle 180

Mailand 267 f.
Malcolm X 265
Manager, Vada 97 f.
Mandela, Nelson 109, 144 f., 147
Mander, Jerry 56
Mao Tse-tung 228
Maquiladora-Fabriken 197
Marcos (Subcomandante) 26, 249–259,
    261–265
Marcuse, Peter 239
Martin, Paul 105 f.
Marx, Karl 61
Mazer, Robyn 211 ff.
Mbeki, Thabo 146
McCarthy-Ära 211
McDonald's 26, 67, 102, 196, 205, 213,
    224, 226, 281, 287
Medikamente 14
    – patentierte 22, 120, 246
Menschenrechte 34, 63, 70, 98, 111,
    114, 116, 169, 186, 225

Metalclad 91–94
Mexiko 16, 39, 80, 91 f., 94–100, 103,
    249 f., 252, 255, 258, 260
Mexiko City 17, 95, 197, 249, 255, 261,
    264
Microsoft 60 f., 217
Middelhoff, Thomas 137
Militär 28, 52, 117, 154, 156, 215, 258,
    260, 284
Mohapi, Agnes 147
Monaghan, Joanne 94
Monsanto 22, 34, 61, 130, 142
Montreal 140, 181, 183
Montrealer Protokoll 50
Moore, Michael 33, 38
Mulroney, Brian 99–102
Murdoch, Rupert 60, 207

Nahrungsmittelversorgung 15, 21, 34,
    88, 102, 131, 133 ff., 155, 198, 283 f.
Napster 64, 136–139
National Organization for Women 238
Nato 193, 204
Nazon, Helen 180
Neapel 191, 193
New Democratic Party (NDP) 270 f.,
    274
New Republic 281
Newsweek 189
New York 37, 104, 203, 205, 208, 277
New York Times 43, 59, 130, 239
New York Times Magazine 283
Ngwane, Trevor 145
Nichtregierungsorganisationen
    (NROs) 45, 49, 51, 53, 57, 234,
    244 f., 247
Nike 34, 38, 49, 60 f., 95–98, 142, 205,
    212 ff., 224, 290
Nordamerikanische Freihandelsab-
    kommen (NAFTA) 80, 83 f., 92, 94,
    99, 100, 110, 159, 169 ff.

Obdachlosigkeit 69, 71 f., 87, 93, 102,
    145, 148–150, 156, 195, 242, 271,
    277 f., 287 f.

– Kinder 16
– Safe Streets Act 150
Occidental Petroleum 61 f.
Olins, Wally 227
Ondaatje, Michael 175
Ontario 69, 71, 148–150
Ontarion Coalition Against Poverty
   (OCAP) 69–72, 149, 151, 271, 277,
   280 f.
Oppenheimer, Jonathan 146
Organisation Amerikanischer Staaten
   (OAS) 55, 159, 161, 165
Ottawa 84, 147, 271, 273

Paradis, Michèle 159, 161
Partido dos Trabalhadores (PT) 234
Patentrechte 22, 64, 118, 120, 217,
   246
Patria, Cuarteto 237
Peltier, Leonard 258
Pentagon 152, 208, 279
Pettigrew, Pierre 168, 173
Pinochet, Augusto 78
Piquetero-Bewegung 262 f.
Pirisi, Pat 141 f.
Politics of Meaning 58
Polizeigewalt 160 ff., 166, 170, 172–175,
   177, 179–183, 185–190, 192, 196,
   271, 282, 288
Polley, Sarah 175
Pôrto Alegre 15, 233 f., 236, 238 f.,
   241 f., 245, 247, 289
Postman, Neil 166
Powell, Colin L. 223, 228
Prag 13, 27, 49, 55 f., 66 ff.
Privatisierung 20, 22, 28, 67, 88 f., 93,
   101, 115 f., 120, 146 f., 154, 156, 196,
   216, 284, 289

Quebec City 13, 25, 27, 55, 77, 84, 91,
   99, 102, 104, 167–171–178, 180,
   183–185, 245, 275

Ramona (Comandante) 259
RAND Corporation 53, 260

Reclaim the Streets 52, 64, 282
Redstone, Sumner 207
Rifkin, Jeremy 131
Rio-Gipfel 51
Rio Grande do Sul 234, 236
Riverside Church 44 f., 56, 58
Rom 18, 126, 192, 266 ff.
Roque, Atila 236, 241
Rosen, Emanuel 138
Rosenshine, Allen 225
Roy, Arundhati 209
Ruby, Clayton 175
Ruggiero, Greg 249

Saatgut 20, 28, 123, 127, 165
   – patentiertes 22, 130, 211
San Cristobal de las Casas 250, 256
São Paulo 24, 82
Saudi-Arabien 77, 278
Schmeiser, Percy 130
Schuldenfalle 37, 43, 50, 57, 89, 118,
   126, 168, 195, 282, 284
Seattle 13, 18, 29, 33–38, 40, 44 f., 47 ff.,
   54 f., 58, 65, 82, 159, 161 ff., 167,
   234 f., 239, 279
Shakespeare, William 254
Shell 34, 38, 61, 142
Shiva, Vandana 68
Shoppers Drug Mart 141 f.
Silva, Luiz »Lula« da 84, 238
Singh, Jaggi 179 ff., 183, 185
Solnit, David 163–166
Soweto 19, 147
Sozialleistungen 19, 52, 83, 88, 105,
   107, 149, 242
Starbucks 42, 160, 281
Staudämme 68, 79, 109, 257
Staudenmaier, Mike 180
Stephens, Arran 130
Stiglitz, Joseph 42
Suharto, Mohammed 78
Sweatshops 34, 39, 49 f., 62, 95, 171,
   214, 290
Sweeney, John 238

Taliban 132, 284
Terrorismus 28, 79, 115, 120, 144, 152, 212 f., 215, 222, 278, 281–285 f.
– Agrar- 284
– Bio- 152–156, 215, 283 f.
– Krieg gegen den 17, 25, 104 f., 214, 218, 223
Thailand 39, 117, 217
The Nation 60
Thobani, Sunera 206
Thompson, Tommy 155
Time 123
Tobin, James 235
Tobin-Steuer 235
Toronto 16, 95, 149 ff., 169, 271, 277, 281
Traub-Werner, Marion 95, 98
Trickle-Down-Effekt 34, 39, 77, 80, 100, 280
TRIPS (Agreement on Trade-Related Aspects of Intellectual Property Rights) 211 f.
Tschechien 67 f.
Tutte Bianche 27, 268

Umweltschutz 34 f., 39 f., 66, 93, 100–103, 112, 114, 116, 142 f., 168 f., 198, 242, 245 f., 274 f., 283, 287 f.
United Fruit Company 78
Urheberrecht 136 f., 211

Vancouver 48, 94, 160
– Island 270 f., 273
Vereinigung für Asiatisch-Pazifische wirtschaftliche Zusammenarbeit (APEC) 48, 160, 177, 180
Verhofstadt, Guy 112
Verschuren, Annette 106
Villasín, Fely 109

Wainwright, Hilary 242
Walkerton 148–151, 156
Wallach, Lori 238
Wal-Mart 111, 142, 226

Washington D.C. 17, 37, 40, 43 f., 47 ff., 53, 55 f., 58, 79, 92, 104, 159 ff., 177, 203, 208, 211, 227, 249, 259
Washington Post 147, 212
Wasser 22, 165, 242, 283, 289
– -mangel 14
– -preise 19, 146 f.
– -verschmutzung 15, 19, 40, 91, 146, 148 f., 154, 242
– Privatisierung der -versorgung 19, 28, 92 f., 115, 240, 246
– Zugang zu 18, 103, 145
Weldon, Curt 152
Weltbank 15, 19, 27, 37, 39–43 f., 49 f., 53, 55 f., 66 ff., 78 f., 109, 118, 145, 147, 159, 177, 190, 234, 259, 281
Welthandelsorganisation (WTO) 15
– Konferenz in Seattle 13, 25, 33–38, 40, 44, 48, 52, 79, 110, 114 f., 118, 142, 159, 168, 177, 211, 215–218, 234, 236, 246, 259, 273, 279, 281 f., 286
Weltsozialforum 15, 233 f., 236, 238, 243 ff., 247 f.
Weltwirtschaftsforum 55, 177, 233, 239, 241, 247
Wenders, Wim 237
West, Cornel 45
Weston, Galen 129
Windsor 55, 160–166
Winfrey, Oprah 222
Wohnungen 93, 145, 275, 277
– Sozial- 24, 149 f.
World Trade Center 152, 278 f., 281
Wolfensohn, James 56
Workers' Rights Consortium 50, 96

Zapata, Emiliano 263, 265
Zapatisten 53, 190, 193, 197, 241, 249–265
Zedillo, Ernesto 83, 255
Zerzan, John 58
Zoellick, Robert 213, 216, 218, 283